世界経済史の方法と展開
—— 経済史の新しいパラダイム（1820-1914年）——

入江節次郎

藤原書店

経済史の新地平の開拓
―― 「はしがき」に代えて ――

一国経済史観を脱却できない学界　学界もまた,不思議な話にこと欠かない.資本主義経済という体制は,商品経済をその内容としている.それは,商品経済の原則にもとづいて動いていく体制である,といってもよい.そこできわめて重要な点は,この商品経済が,第1, 2, 3次産業部門を包括して編成される社会的分業の体制を不可欠な基盤としながら動いているということである.

ところで,国民経済という枠組みのなかでは,この社会的分業の体制は,完結した体系を編成していくことが絶対にできない.ということは,この社会的分業の体制をベースとして行なわれていく経済の再生産・循環は,国民経済の枠組みのなかでは,達成することができないということである.

実に,この社会的分業の体制が,完結した体系を獲得して編成されていくことができる場は,世界経済をおいては存在しえないのである.換言すれば,商品経済は,世界体制の下でのみ社会的分業の完結した体系を獲得して,自立的に動いていくことができるのである.現実的にも,資本主義は,成立してから今日にいたるまで,世界体制のもとで発展してきているのである.

この点,今日では,誰しも異論を唱えることができないほどのものになっている.しかしながら,誠に不思議なことに,経済の発達史を跡づけていく使命を与えられている経済史学界は,なお全般的な趨勢としては,商品経済が,世界体制としてのみ存立しえていることを無視しているかのような姿勢を取り続けているのである.一般的には,なお一国経済史の枠組みを乗り越えることができない状況に留まっているのである.

〈不思議〉が生じている一因　では,どうしてこの不思議なことが生じているのであろうか.国民経済史学のほうが,官許の学として相応しいとされるためであろうか.世界共通の年号が存在しているのに,わざわざ特殊な年号を制定するというような権力下の体制に,経済史研究者も,また馴化し追従して

しまっているためであろうか.

　国際主義と自由主義とが社会科学存立の第一の前提条件であることを頭のなかでは理解しながらも, このことが日常意識のなかに内在化せず, そのために研究に際しても, 国家主義と管理主義とを意識から清算できないためであろうか. たしかに, こうしたことも, この〈不思議〉が生じている一因であろう.

〈不思議〉を真に解消していくには　しかしながら, こうした意識の問題だけにこの〈不思議〉の原因を帰することはできない. つまり, 意識を変革するだけでは, この〈不思議〉は解消されない. この解消のためには, 経済史の方法の転換が必要とされているのである. ところが, 一国経済史の枠組みを乗り越えていけるような世界経済史究明の方法は, なお未開拓であり, 確立されてはいないのである. この課題に応えるために, 本書は執筆されたのである. 題して「世界経済史の方法と展開——経済史の新しいパラダイム (1820-1914年)」と銘打たれたゆえんである.

世界経済史の方法はただ一つというものではないが　ところで, 世界経済史の方法は, ただ一つといったものではないであろう. たとえば, 世界経済体制の中核に位置し, パリやアムステルダムやウィーンやフランクフルトやペテルスブルグといった世界各地の主要国際金融市場を包摂しながら歴史的に活動していったロンドン世界金融市場をまず動態的に押さえる. そして, その上でこの市場を支配している世界的な金融業者のマーチャント・バンカーズのグローバルな金融活動の歴史的な軌跡を明らかにしていく. こうしたことから接近していく世界経済史の方法も, たしかに成立しうるであろう. 特に世界的な景気循環の波動の歴史的な究明には, こうした世界金融史的な接近が有効なものとなるであろう.

　私が1982年に刊行した『イギリス資本輸出史研究』(新評論刊, 483ページ) や, その続刊である1991年刊行の『世界金融史研究』(藤原書店刊, 724ページ) は, 世界金融市場を中心に据えて世界経済史の新地平の開拓を試みたものであった.

社会的分業の世界的編成を軸として　たしかに, 貨幣資本の蓄積・循環にかかわる世界金融史の研究は, この蓄積・循環の形式が資本の蓄積・循環を一般的

に表徴するものであるがゆえに，世界経済史への有効な接近となりうるものと考えられる．しかしながら，金融は，経済の全機構のなかでは，どちらかといえば，上部に位置しているものとされなければならないであろう．

そもそも，商品経済の体制が世界システムとしてのみ存立しうるということの基底的な条件となっているのは，社会的分業が世界的にのみ完結した体系に編成されうるということであった．とするならば，むしろ世界金融史の研究に先立ち，世界金融史のさらにベースとなるような社会的分業の世界的編成の史的態様を明らかにしていく世界経済史の新地平の開拓が，いまや誠に求められているのではなかろうか．

このような基本的な世界経済史の方法を切り開いていく道を示していくこと．このようにして上述の〈不思議〉を真に解消していくこと．そこに，本書刊行の意義と目的があることを，何よりもまず記しておかなければなるまい．

21世紀の歴史的課題に応えるためにも　ところで，この21世紀が，現在のような形態の国家の清算を歴史的な課題とする世紀になることはほぼ間違いない．反動的ないろいろな動きがあることは否定できないにしても，この歴史的な課題はいよいよ強まっていくものと思われる．

そして，このような形態の国家が無用にして有害なものであることは，世界経済史を考察することによってきわめて明瞭になるのである．経済の真の発展のためには，この形態の国家が無用・有害なものであることが歴史的に証明されることになるからである．そのためにも本書の刊行は緊要であると考えられたのである．

なお，参考までに，本書に盛り込まれた私の思想は，国際的平和主義と自由主義の精神が充満している京都同志社大学において，研究に専心していた時日の経過のなかで，ごく自然に醸成されたものであることを特に申し添えておきたいと思う．

2002年1月12日

入江節次郎

世界経済史の方法と展開　目次

経済史の新地平の開拓——「はしがき」に代えて …………………………… 3
　　一国経済史観を脱却できない学界／〈不思議〉が生じている一因／〈不思議〉を真に解消していくには／世界経済史の方法はただ一つというものではないが／社会的分業の世界的編成を軸として／21世紀の歴史的課題に応えるためにも

第Ⅰ部　方法の前提と基底

A　方法の前提——経済史学の本命は世界経済史 ………… 23

1　経済学に占める経済史学の位置——経済史学の対象を規定 …… 23
　　この位置が明確ではなかった／経済学を構成する3領域／3領域のそれぞれの重要性／第1の領域を考察するに当たっては／第2の領域を考察するに当たっては／そこでも商品経済が／第2の領域と経済史学／古代経済史や中世経済史は／経済史学の主題的な内容は

2　一国資本主義史か世界資本主義史か——当面する重要な問題 … 27
　　商品経済が支配的となる経済社会とは／商品経済が存立していくことができる場は／工業製品を観察すれば容易に判ることだが／国民経済重視の考え／国民経済重視の考えの難点／世界資本主義という表現は用いられているが／世界経済が主体的な範疇／労働力商品の担い手はもっぱら国民であるか／世界資本主義と国家／世界資本主義と土地／ローカルにしてナショナルな金融業者の存在も／イギリスの事例を取り上げるが／それ自体としては存立しえない〈一国資本主義〉／ローザ・ルクセンブルクに学ぶ／世界経済史が経済史の本命／通貨の名称の相違という問題／社会主義圏の存在も

3　経済史観についての3つの見直し …………………………… 34
　　根本的に見直していかなければならない問題

(1)　目的意識制約性の認識——経済史学における客観性の見直し ……… 34
　　目的によって内容が規制される／経済史学は実証科学であるが／研究者が選択した諸事実にもとづいて／主観性の濃厚な学問分野でもある／目的意識制約性は尊重されなければ／目的意識の差異に応じて多様な経済史が／いまも求められている経済史学の目的

(2) 発展段階史観の見直し ……………………………………… 36
　　　　発展段階史観と呼ばれるもの／未来を見詰めよという点では／断続的な史観に／資本主義内部についての発展段階史観／帝国主義研究から世界資本主義認識へ／世界資本主義として一本のものにしなければ／そこでも経済史を断続的に見る傾向が／現代経済史こそ経済史の本命だというように／段階的特質出現の根拠が不明確／経済史を学ぶ必要がなくなる
　　(3) 時間か空間か——未来を映し出す経済史を ………………… 40
　　　　未来を映し出す経済史を創造するには／経済史は長い時間的な経過を追わねばならないか／時間を限定した〈場〉の設定が必要／対象領域が広大な世界経済史については特に／経済史における時間と空間との関係

B　方法の基底——社会的分業の世界的編成の史的態様を　… 43

　1　交替する主導産業を核として ……………………………… 43
　　　　社会的分業の編成のされ方／最初の主導産業は／1870年ころからは重工業が／鉄工業が主導産業になった時期／主導産業を核として社会的分業の世界的編成が／主導産業は時代ごとに交替／世界的な景気変動をも主導
　2　綿工業はいつごろ主導産業として定着したか
　　　——世界資本主義が始まった時期—— …………………………… 46
　　　　労働力の商品化の体制が成立した1820年代が画期／産業革命の経済史的意義／世界商品市場と世界金融市場の成立が重要／すべての市場は世界市場に／1820年代に労働力の商品化が成立したとされるのは／紡績部門について見てみよう／1820年代以前の状況／1820年代になると
　3　資本主義的綿工業の勃興の諸要因 ………………………… 49
　　　　奴隷貿易が重要な要因／なぜ奴隷貿易が近代的綿工業勃興の要因に／砂糖プランテーションという前史／エリック・ウィリアムズの説くところ／海運業と造船業の著しい発展を／銀行創業の資金の源泉に／海上保険事業の発達を／蒸気機関発明の研究資金も／鉄道建設の推進も／豊富な棉花の供給が確保されたのは／世界経済史的に考察することによって

第Ⅱ部　方法の展開

第1次大戦期までの3つの時代
—— 第Ⅱ部の「はじめに」に代えて —— ………………… 57

方法の展開の方法／3つの時代とは／第1次大戦期以降については

第1章　世界資本主義の第Ⅰ段階 ………………… 59
—— 綿工業資本主義の時代（1820-1850年）の史的位置 ——

1　綿工業資本主義の時代の分析の道標 ……………… 59

1820年代が画期とされるのは／ランカシアの綿工業が世界の綿工業に／どのような意味で世界の綿工業とされるのか／資本主義が世界経済システムとして成立したことを説いていくには／綿工業資本主義の時代の世界的な産業や市場の構造の再編成

2　「世界の綿工業」成立の意義 ……………………… 61

綿工業における新たな技術革新／自動ミュール紡績機の普及／安価な綿糸の大量生産体系の樹立／資本主義の体制がいよいよ固められていく／世界の綿工業として／棉花はどこから供給されたか／新しい世界経済史的位置づけが合州国の農業に／棉花が世界商品になることによって／棉花の輸出の増加が銀行手形の振り出しの増大を／この銀行手形の振り出しの増大を媒介として世界の通商が発展

3　世界商品市場と世界金融市場の成立 ……………… 65

（1）世界商品市場の成立の意義 ……………………… 65

世界商品市場の成立／世界経済全体が資本主義の体制に／世界通商の基軸構造の形成／綿製品の輸出地域側に有利な市場構造に／ヨーロッパの経済が農林産品の生産地域の経済を支配する体制に／奴隷労働を一方のベースとしながら世界通商は発展／奴隷貿易の禁止以降も

（2）世界金融市場の形成 ……………………………… 68

ロンドン世界金融市場の成立／まずは世界の短期金融市場として／世界の短期金融市場から世界の長期金融市場へ／マーチャント・バンカーズの地位の確立／世界のバンカーとして／短期金融市場と長期金融市場の連関／世界の資本市場ロンドンに／各国政府債の発行によって通商が増大／優良な各国政府債は国際通貨に／ロンドン世界金融市場は自由が保証された市

　　　　　場／世界金融市場の位置づけ／大物マーチャント・バンカーズにしても単
　　　　　独では／ロンドンが世界の商業情報のセンターに

4　ロンドン世界資本市場の成立を前提として ……………… 74

　(1) ヨーロッパ大陸の諸地域における近代的綿織物工業の勃興 …… 74
　　　　　安価な綿糸の供給に支えられて／ロンドンが世界の資本市場になったことを

　(2) 世界的な通商の構造変動 …………………………………… 75
　　　　　世界の綿工業の輸出先の地域分布の変動／熱帯・亜熱帯産品の直接輸入が
　　　　　増大／南西アフリカや東アフリカとの通商が増大／世界の綿工業の発展と
　　　　　ブラジルの奴隷需要の増大／奴隷購入の見返りにアフリカに送られた綿製
　　　　　品／ブラジル政府がロンドン市場で多額の政府債を発行したことが／ブラ
　　　　　ジルを介してイギリスの綿製品がアフリカへ

　(3) 合州国の州債がヨーロッパへ ………………………………… 78
　　　　　多くの政府債が世界資本市場で発行されることによって／ヨーロッパ以外
　　　　　の地域で発行された公債も世界資本市場へ／合州国の州債の発行の目的／
　　　　　大銀行の設立のためにも／合州国の州債が世界資本市場に持ち込まれた意
　　　　　義／州債は金や銀と同じようなものとして

　(4) 遠隔地で事業活動を行なう大会社の設立 ………………… 81
　　　　　ラテン・アメリカの各地で事業活動を行なう鉱山会社が／対外直接投資が
　　　　　すでに始まる／多国籍企業のはしりとされるような会社の設立も

5　世界的に鉄道建設の進展が始まる ……………………… 84

　(1) 早くも〈鉄道の時代〉がイギリスでは到来 ………………… 84
　　　　　ロンドン世界資本市場の成立に条件づけられて／蒸気機関の導入によって
　　　　　機械制工業の態勢が成立しただけではない／陸上の交通手段の革命的変化
　　　　　がより重要／最初の鉄道会社のストックトン＝ダーリントン鉄道／リヴァ
　　　　　プール＝マンチェスター鉄道の建設／イギリスでは〈鉄道の時代〉が始まり
　　　　　〈鉄道熱〉の時期が進行

　(2) ヨーロッパ大陸における鉄道建設の第1期 ………………… 86
　　　A　ベルギーの鉄道建設　86
　　　　　ヨーロッパ大陸で先鞭をつけたベルギー／ロンドン世界資本市場でのベル
　　　　　ギー政府債の発行によって／さらにベルギーでは民間会社の手で
　　　B　フランスの鉄道建設　87
　　　　　フランスでも国際的な資金の供給に支えられながら鉄道建設が／パリ＝ルア
　　　　　ン鉄道の建設資金はイギリスからも／アングロ＝フレンチ協力態勢のもとに
　　　　　／アングロ＝フレンチ協力態勢の具体例／具体例はこれにとどまらない／鉄
　　　　　道の建設労働者も国境を越えて
　　　C　その他ヨーロッパ大陸諸地域の鉄道建設　90

ヨーロッパ大陸の各地で／ロシアなどの鉄道建設について見れば／ドイツの鉄道建設／機関車も国際的に供給されることによって／フランスやベルギーなどからも機関車が

  (3) 東インドなどの鉄道建設 ……………………………………… 92
    カナダやキューバでも比較的早く鉄道建設が／東インドの鉄道建設の特徴／東インドにおける鉄道建設の目的

  (4) アメリカ合州国における鉄道建設 …………………………… 93
    1828年ころから／運河交通の発展と有機的に連関／州債がヨーロッパで売れることを前提として／1840年代から合州国は本格的な鉄道建設の時代へと

  (5) 世界的な鉄道建設の第1期的な進展の経済史的意義 …… 94
    次の時代の主導産業登場の条件の形成過程

 6 主導産業は当該時期の世界的景気変動をも主導するという歴史事例 …………………………………………………………… 95
    ヨーロッパの綿工業が好況になると／合州国銀行手形振り出しの増大／茶やコーヒーなどの出荷地域が好況に／飢餓の東インドの出現は

 7 綿工業資本主義の時代の歴史的位置 ………………………… 97
    世界資本主義の成立期／どうしてこの時代は世界資本主義の成立期であるといえるのか／世界資本市場の成立がさらに重要／鉄工業資本主義に移行していく条件の醸成／世界資本主義の骨格的な原形の形成期

第2章　世界資本主義の第Ⅱ段階 ……………………… 101
  ―鉄工業資本主義の時代（1850-1870年）の史的位置―

 1 鉄工業資本主義の時代の分析の道標 ………………………… 101
    世界資本主義の成立期であった綿工業資本主義の時代／〈世界的鉄道建設の第1期〉の進展も綿工業資本主義の時代に／鉄工業資本主義の時代の解明は〈世界的な鉄道建設の進展の時代〉の到来から／世界的な鉄道建設の進展を可能にしたもの／世界的な鉄道建設の進展と近代的工業化の促進／近代的工業化の促進と多角的通商の増進／前の時代の社会的分業の世界的編成の構造は消滅したか

 2 世界的な鉄道建設の進展の時代 ……………………………… 103
    鉄工業を主導産業とする時代に／時代は交通手段の発達を求める／世界的な鉄道建設の第1期の進展に基礎づけられながら／世界的な鉄道建設の進展を数字的に示すと／海上の交通手段も発達していったが／陸上の交通手

段の発達が先導

3　世界的に進展した鉄道建設の資材調達
────イギリスの鉄工業を世界の鉄工所に──── …………………… 106

鉄道建設は請負業者の手によって／イギリスからの鉄道資材の供給の増大(1)／イギリスからの鉄道資材の供給の増大(2)／世界的な鉄道建設の進展と世界の鉄工所イギリスという態勢の樹立／イギリスからの蒸気機関車の供給にも支えられて／イギリスからの機械類の供給も増大／イギリスからの国内産品の総輸出額の推移と比較すると

4　世界的な鉄道建設の資金調達 …………………………… 111

鉄道建設の資金は国境を越えて／アメリカ合州国の鉄道建設について見ると／アメリカ合州国の鉄道用材の輸入業務に乗り出したマーチャント・バンカーズ／合州国の鉄道会社の社債発行にマーチャント・バンカーズが係わる／アメリカ合州国の鉄道会社の社債の外国での保有分／社債だけを見たのでは不充分／ヨーロッパの地方の農村からも／アメリカ合州国の鉄道会社の証券類は広くヨーロッパで／ヨーロッパ大陸の鉄道建設については／マーチャント・バンカーズが係わったヨーロッパ大陸の鉄道建設／ベアリング社も／東インドの鉄道建設では

5　世界的な鉄道の建設地域の近代的工業化 ……………… 117

近代的工業化が促進された地域の特徴／どのような形態で近代的工業化は／鉄道建設請負業者がまず工場を建設／鉄道関連工場の建設資金も国際的に調達／鉄道資材や車輛の供給も国際的分業の態勢で／鉄道建設の資金が広く国境を越えて調達されたことに条件づけられて／アメリカ合州国における鉄道建設の進展と近代的工業化／東インドにおける鉄道建設の進展と近代的工業化の問題／東インドにおける鉄道建設の主目的を考慮しなければ／具体的な事例に即して／ヨーロッパに依存の態勢は鉄道資材についてだけではなかった／イギリスの鉄道関連工業の発展を支えた東インドの鉄道建設／鉄道建設の東インドにとっての意義／現地の経済水準とは不釣合いな東インドの鉄道／近代的工業化促進の契機にならず／世界経済システムにおける従属の新しい形態が／経済恐慌の世界性がいっそうはっきりとしてくる時代に

6　重層的に組み込まれた前の時代の構造 ………………… 124

南北戦争に起因する棉花飢饉／急速に開発が求められた他地域の棉花耕作／東インドだけではなくエジプトでも／エジプトが食料の輸入地域に／増大したエジプトの棉花輸出／アメリカ合州国の棉花供給に支えられていた態勢が崩れた／棉花の新たな供給地としてスーダンが世界資本主義の体制に

7　鉄工業資本主義の時代の歴史的位置 …………………… 127

生産財生産部門が主導産業に／世界的な鉄道建設の進展を市場的な支えとしたことが重要／鉄道建設地域の近代的工業化の資材や資金も国際的に調達／鉄道建設が近代的植民地創生の契機となった地域も／世界的な景気変

動の連関性がいっそう明確に／前時代の社会的分業の世界的編成の構造は重層的に組み込まれた／綿工業資本主義の時代から重工業資本主義の時代への過渡期

第3章　世界資本主義の第Ⅲ段階 …………………… 131
　　──重工業資本主義の時代（1870-1914年）の史的位置──

1　重工業資本主義の時代の分析の道標 ……………………… 131
〈大不況〉期を理解するためにも／〈大不況〉期はなぜ帝国主義に移行していく時期になったか／世界資本主義の重層的支配の構造の形成／〈南北問題〉の歴史的基盤が

2　鋼の時代に ………………………………………………… 132
(1) 製鋼業における技術革新の意義──近代的製鋼業がいくつかの地域に … 132
鉄工業に技術革新が生じる条件が／鋼の大量生産の体系に／〈鉄から鋼へ〉の時代に／指標的に捉えると／軟鋼の開発／平炉製鋼はまずイギリスで普及／いくつかの近代的製鋼業国が出現／特定の国の製鋼業が世界の製鋼所になるという形はとらず

(2) 近代的鉄鋼業の地域間の競争関係──地域間の分業関係に注目を ……… 137
各国の鉄鋼業相互間の関係は自由競争的なものであったか／鉄鋼業における国際的な協調にもとづく競争関係／鉄鋼業内部における国際的分業関係の展開／銑鉄生産についても／イギリスから特にアメリカ合州国やドイツに銑鉄が／アメリカ合州国へのイギリスからの銑鉄の輸出／ドイツへのイギリスからの銑鉄の輸出／外域への鉄鉱石依存を強めたイギリスの製銑業／平炉鋼優位のイギリスと鉄鋼業における社会的分業の世界体制／高級製品の生産の優位をもって鉄鋼業の競争条件の変化に対応

3　産業構造の再編成 ………………………………………… 143
(1) 鉄鋼業内部の構造変動──〈独占〉への道 ……………………… 143
製銑高炉の大型化／協調にもとづく競争の態勢が／鉄鋼一貫メーカーが鉄鋼業の支配的な企業形態に／新しい鉄鋼所の立地条件

(2) 製鋼業が重工業の縦断的統合体の核に──金融資本の形成 …… 145
上昇的・下降的統合の形態が／縦断的統合体が重工業の支配的な企業形態に／他の工業部門では横断的結合体が／金融資本という機構に包摂

(3) 近代的化学工業の興隆と非鉄金属部門の発展 …………… 148
近代的化学工業興隆の技術的な基礎条件が生まれる／非鉄金属部門の重要性の増大／非鉄金属の鉱産物の産地が社会的分業の世界的編成に組み込まれていく／自然環境破壊の時代の始まり

4 世界的な交通・通信手段の発達 ……………………… 150
  (1) 鉄道建設のいっそうの進展──特にアジア，アフリカにおいて … 150
    A 重工業資本主義の時代における鉄道建設の発展 150
      (a) 鉄道建設のさらに進展していった地域 150
      世界的な鉄道建設それ自体はさらに進展／広大な領域において／ロシア帝国において／アルゼンチンでは／アメリカ合州国では／東インドでは
      (b) その他アジアにおける鉄道建設の進展 152
      日本や中国で／ビルマ，セイロン，インドシナ，ジャワなどでは／マラヤやシャムでは
      (c) アフリカにおける鉄道建設の進展 153
      地中海地域の北アフリカ以外の地域でも／1870年代には鉄道建設が南アフリカでいっそう進展／金鉱の輸送を目的とする鉄道も／ローデシアでは鉱産物の輸送を主目的として／南西アフリカの鉄道建設
    B 重工業資本主義の時代における鉄道建設進展の意義 156
      (a) 景気循環の形態を変える要因に 156
      鉄道建設を支えとして鉄鋼業の世界的景気循環の主導性が／恐慌後の不況を長引かせる要因が
      (b) 後進地域をモノカルチュア経済体制に仕立て上げる条件に 157
      鉄道建設の進展と後進地域におけるモノカルチュア経済体制の形成／小麦類の世界市場への供給増大の要因に
      (c) 後進地域における鉄道建設の進展と建設地における近代的工業化 158
      資金や資材は大量に先進地域から／中国の鉄道建設も資金はヨーロッパから／現地における近代的工業化進展の契機になったか／ロシアや東ヨーロッパにおける鉄道建設の進展と近代的工業化／植民地の鉄道建設は現地の近代的工業化を促進する契機にはならなかった／アルゼンチンの鉄道建設の進展と近代的工業化促進の問題は／中国の鉄道建設の進展と近代的工業化促進の問題は／1908年には中国に鉄鋼コンビナートが
      (d) 鉄道建設の推進がヨーロッパ資本系銀行の進出の契機に 161
      典型的事例──ロシア＝中国銀行の進出
  (2) 海運革命の進展──大型快速鋼汽船の建造 ………………… 162
    スエズ運河開通の影響／帆船に対する汽船の制覇／帆船と汽船の保有トン数の比較／大型快速鋼汽船の出現／大洋航路における大型快速鋼汽船の制覇の状況／不定期航行の貨物船が増大
  (3) 通信手段の革命──世界的な情報の中心地としてロンドンが ……… 165
    世界的な電信網の形成／アフリカにも及んだ／太平洋横断の海底電線が／遠隔地からの情報が直ちに／ロンドンの市場的中心性がいっそう強まる

5　世界的な農業の構造変動 …………………………………… 167

(1) 世界的な小麦供給地域の増大──小麦輸入地域の農業の構造変動 …… 167

A　新たな世界的な小麦供給地域の登場　167
交通手段の発達に媒介されながら／どのような地域が新しい小麦供給地域になったか／ロシアやアメリカ合州国については

B　世界的な小麦供給地域の増大の影響　169
イギリスでは休耕地が目立つ状況に／小麦輸出国であったドイツでは／アメリカ合州国でも酪農業の比重が増すなど

(2) 南半球からの冷凍食肉の供給の増大 ……………………………… 170

A　冷凍蔵輸送船の就航や冷凍工場の建設　170
重工業の発達に条件づけられて／大型冷凍蔵輸送船の開発／大規模な屠殺冷凍工場の発達

B　南半球からの冷凍食肉の供給に依存する態勢が　172
大量の冷凍食肉が南半球から／特に南アメリカからの冷凍食肉の供給の増大が著しい／ヨーロッパだけが冷凍食肉を受け入れたのではない

C　この依存態勢下のヨーロッパの畜産業　173
ヨーロッパの畜産業はそのために圧迫されたか／安価な動物性蛋白質への需要の増大に対応して／ヨーロッパの畜産業の構造変動

D　酪農製品や魚肉の世界的な供給態勢も　174
食肉の世界的な供給態勢が変わっただけではない

(3) 落花生，椰子油，ココアなどが重要な世界商品に …… 175

A　落花生や椰子油などの重要性の増大　175
植物油に対する需要の増大／石鹸産業興隆の基盤が

B　ココアといった嗜好品の供給地も拡大　176
重工業の労働者からの需要の増大にも支えられて／ココア，タバコ，コーヒー，砂糖といった嗜好品の供給地の拡大

(4) 労働力の新たな世界的移動とアジアの米 ……………… 177

A　後進地域の鉱山業の発展の障碍　177
労働力の新たな世界的移動の進行／後進地域の鉱山業における労働力調達の困難／労働力の調達の困難を克服するために／それでもなお労働力は不足した

B　中国人契約労働者の導入　178
奴隷制度の帝国主義的再編成の形態／中国人契約労働者の導入はこのときに始まったのではない／特にマラヤなどでの中国人契約労働者の導入の成功が前提となって

C　アジアの農業への影響——アジアの米の相場が世界景気の指標に　180

　　　　中国が米の輸入地域に／シンガポールに集荷された米の積み出し地域／シャム、フランス領インドシナ、ビルマが米の世界的な供給地域に／シンガポールから輸出されていった米の量／米の輸出高の推移と中国人契約労働者の増大との関連／世界商品になったアジアの米の相場が世界景気の指標に

6　世界的な通商の多角化と世界金融市場の変動 …………… 184

　(1)　世界的な通商の多角化 ………………………………… 184

　　　A　世界的な分業態勢に編成された重工業の構造に規制されて　184

　　　　相互に重工業製品を交流し合うという関係が／工業地域から非工業地域への重工業製品の供給についても

　　　B　後進地域の第1次産品の輸出市場の拡大に対応して　186

　　　　後進地域の輸入元市場も拡大していくことになった／東インドの輸出市場の構造変化と輸入元地域の独占態勢の崩壊／東インドの地域別の輸出入額の推移に即して考察を／アルゼンチンの対外通商関係は／輸出市場としてイギリスは大きな地位を占め続けたけれども

　　　C　鉱山業の地理的な分布の拡大に基礎づけられて　189

　　　　鉱山業の世界的な分布が拡大した／オーストラリアにおける鉱山業の発展／オーストラリアからの鉱産物輸出の増大と対外通商構造の変化／19世紀末まではカナダの対外通商は大きくイギリスに依存／20世紀になると鉱山業に対する外域からの資本導入が増大／鉱産物の輸出の増大に基礎づけられて／カナダの対外通商の多角化が／イギリスを通じての資本の輸入が引き続き増大していったにもかかわらず／イギリスやアメリカ合州国とのカナダの貿易収支を見てみよう

　　　D　モノカルチュア経済体制との関連　194

　　　　商品輸出地域としての中南アフリカ／モノカルチュア経済体制下の諸地域の対外通商の動向／対外通商の増大はこうした地域には必ずしも有利にはならなかった／それどころか「南北問題」を生み出す基盤を創出

　　　E　アジアにおける特殊な条件の形成　197

　　　　アジアにおいて圏内通商が多面的に展開／欧米とアジアとの通商の発展はアジア圏内の通商の増大に連鎖／東インドや日本における近代的工業化の進展に伴って／東インドの綿糸や日本の綿製品がアジア市場に進出／そのアジア市場は大きくヨーロッパ市場に依存／アジア圏内の労働力の移動の増加は綿製品の圏内通商の増大をも／東インドのジュート類の輸出の増加もアジア圏内の通商の増大に／地域間の複雑な絡み合いが世界的な通商の多角化の構図に

　(2)　世界金融市場の構造変動 ……………………………… 201

　　　A　短期金融世界市場の構造変動——手形引受業務に参入の金融機関が増大　201

　　　　世界通商の多角化の濃密化と金融市場の変化／新たな短期金融世界市場の構造変動の内容／短期金融世界市場の濃厚な網の目が

B　長期金融世界市場の構造変動　204
　　　　マーチャント・バンカーズは長期金融業務にさらに重点を／大物マーチャント・バンカーズに主導された世界資本市場の再編成／帝国銀行などの増設も後進地域への資本輸出をより容易に／海外銀行における提携と競争の関係／エジプトでの事例／南アメリカでは／海外銀行が提携と競争の関係を保持したのは／植民地地域でも公債の発行が増大
　　C　長期金融世界市場の態様の変化——重工業資本主義時代の資本輸出　208
　　　(a)　態様の一般的変化　208
　　　　いくつかの資本市場を介して資本輸出が／複数の国が資本輸出国に／後進地域への資本輸出が増大／資本輸出の新たな役割／重工業資本主義の時代には資本輸出がなぜ増大したか
　　　(b)　資本輸出と国際通商との新たな関係　212
　　　　どのような新たな関係が／ロシアの資本輸入と工業製品の輸入／資本はフランスから近代的工業製品はドイツから
　　　(c)　資本輸出の世界的分業の態勢——地域的ないし対象業種別の分業　214
　　　　資本輸出の地域的な分業の態勢／資本輸出先の重点地域に相違が／特にアジア, アフリカについては／いろいろの国から資本が流入した地域でも／資本輸出の対象業種についての分業関係
　　　(d)　資本輸出をめぐる国際的提携——この提携が頓挫した事例をどう捉えるか　216
　　　　南満州鉄道会社についても／ロンドンから資金的に支えられたドイツの資本輸出／ドイツの植民地への資本輸出についても／協調的な資本輸出が基調／協調的な資本輸出の展開が頓挫した事例として／バグダート鉄道への投資をめぐる国際的提携の頓挫の内容／帝国主義的国家権力の介入を抜きにしては

7　〈大不況〉期と帝国主義の時代——第3章の結びに代えて………　219
　(1)　〈大不況〉期を経て独占的・金融的資本主義の体制が確立……　219
　　　〈大不況〉期の特徴／物価低落の要因を明らかにしていくには／不況が長引いたのは／独占的・金融的資本主義の確立を説いていくにも
　(2)　独占的体制のもとでの国際的経済活動 ……………………　221
　　　「資本家団体のあいだでの世界の分割」という事態の進展／経済領域の拡大を目指す闘争／他の国家権力も協力することによって実現／「帝国関税同盟」の構想／しばしば政治権力の発動と結びついた資本輸出
　(3)　帝国主義の時代——国家権力の最高の発揚期 ……………　224
　　　帝国主義の時代になっていった根拠／帝国主義の定義／重工業資本主義と帝国主義との関連の究明／帝国主義に関して指摘されなかった重要な点／帝国主義の体制下では大国は軍国主義国家の様相を濃厚に帯びる／世界帝国主義というシステムは存立しえない／古典的帝国主義期にその根が植えつけられた／政治レベルで帝国主義を表現すると／現時点においても帝国

主義の体制は生き残っているか

結　び ………………………………………………… 227

方法の最初の立脚点／資本主義的蓄積が行なわれていく商品経済社会の基盤／簡単明瞭な原理によって／世界経済史こそ経済史学の本命／なぜ下火のように一見なったか／一国資本主義史か世界資本主義史かと問うのは時代遅れ／経済史の根本問題への解答を迫る世界経済史／主導産業を定立する意義／綿工業資本主義の時代に世界資本主義の骨組みが形成される／鉄工業資本主義の時代は過渡期／重工業資本主義の時代に現代世界資本主義の原形が形成／そこに現代があるという様相を

あとがき ………………………………………………… 235

重化学工業資本主義の時代について／第2次世界大戦後の主導産業は／自動車や航空機の産業の興隆／自動車産業や情報技術産業は新しい主導産業になっているか／主導産業とは産業構造の世界的な編成を主導するもの／第2次世界大戦後の世界金融市場の態様は／現代における帝国主義の体制の問題／生き延びていくものと滅び去っていくもの

統計表一覧……………………………………………… 240
人名索引………………………………………………… 241
企業名索引……………………………………………… 247
地名索引………………………………………………… 250
事項索引………………………………………………… 254

世界経済史の方法と展開

―― 経済史の新しいパラダイム（1820 - 1914 年）――

第Ⅰ部　方法の前提と基底

A 方法の前提
―― 経済史学の本命は世界経済史 ――

1 経済学に占める経済史学の位置――経済史学の対象を規定

この位置が明確ではなかった 経済史の本命的な対象は，世界資本主義である．どのように考えれば，このような結論に到達することができるであろうか．

経済史が対象としなければならない経済社会は，何よりも商品経済が支配する社会でなければならない．このことを解き明かしていくことから接近していくのがよいと思う．

そして，このことを解き明かしていくには，経済学という体系のなかで占める経済史学の位置を明確にしていくことから入っていくのが，最善の道ではないかと考えられる．

これまで，というよりも今日もなお，経済学という体系のなかで占める経済史学の位置が，必ずしも明確にされているわけではない．経済史の対象が定着しないで混迷している要因の1つは，この経済史学の位置の不明確さに求められるように思われる．では，この体系のなかでどのような位置を占めるものとして，経済史学は押さえられなければならないか．

その位置は，経済学を構成する3領域の1つに経済史学を定置し，他の2領域とのきわめて密接な関連において経済史学を捉えることによって定められる．

ところで，経済学を構成する3領域とは何か．

経済学を構成する3領域 経済学を構成する3領域の1つは，原理論として体系的には総括される理論の領域である．2つは，一般的に政策学として総括されるかなり広範な領域である．3つは，経済史学の領域である[1]．

第1領域と第2領域とについては異論はないが，第3領域は，現状分析で

はないかとする向きもあろう．けれども，そもそもアカデミズムとしての経済学に現状分析それ自体を大きく含めるというのは，いかがなものであろうか．また，このように構成されるものとして経済学を捉えると，経済史学という重要な領域が経済学の体系からこぼれ落ちてしまって，歴史学の一領域として転生させられるということになりかねない．さらに，現状分析の重要な一部として経済史学は位置づけられるのだ．そのような声も聞くのである．この主張は，現状を明らかにするために経済史学が存在していることを忘れるな，という警告としては判らないことはない．けれども，現状分析と経済史学とは，性格の次元を異にするものといわなければなるまい．

3 領域のそれぞれの重要性　これら3領域のそれぞれの重要性には，格差がない．この点，たとえば，第1領域がもっとも重要である，というように誤解している向きがあるかもしれない．けれども，これら3領域は，正しくは〈三位一体〉の関係を保ちながら，全体として経済学の構成要素となっていると把握されなければならない．形態的には，3領域は，円形のなかに巴状に配置されて存在している，と比喩的に捉えることもできる．

さらに重要な点は，これら3領域のそれぞれが，お互いの存在を絶えず強く意識せざるをえない〈緊張関係〉で結ばれているということである．そこでは，他の領域のことは無視して，それぞれの領域の研究を行なうことが許されない．他の領域との関係を不断に意識しながら，当該領域の研究を進めなければならない．こうしたことが，意味されているのである

第1の領域を考察するに当たっては　第1の領域を考究するに際しては，よくいわれているように，実在しない〈商品経済に一元化された経済社会〉をあたかも存在するかのように仮定してこれを前提，つまり措定しなければならない．経済社会は，現実とは異なって，純粋に資本家，労働者，地主の3階級によってのみ構成されていると仮定されなければならない．巨大な国家権力機構や行政制度などは，商品経済の外部にあるものとして，そこではすべて捨象されるのである．

---

1) 捉え方のニュアンスは異なるが，経済学が，経済史‐経済学原論‐経済政策という3つの契機をもって構成されていることそれ自体については，史学の立場からも主張されている（井上幸治『歴史とは何か』藤原書店，1991年，285ページ，参照）．

そればかりではない．自然的な地理的条件にも規制されながら歴史的に形成されてきた産業構造や市場構造，いろいろな形態をとりながら発展してきた経済の組織といったものも捨象された経済社会が，対象として措定されるのである．

まったく現実には存在しない経済社会を対象として，第1の領域の考究はなされているわけであるから，そこで導き出される経済理論をもって現実の生きた経済を充分に解明することはできない．この理論は，大きな制約を免れえないものなのである．経済理論は，経済学の1領域にすぎないのである．

第2の領域を考察するに当たっては　第2の領域には，具体的には，財政学，国際経済，労働経済，産業の名を冠した経済学や産業構造論といった分野などが含められる．これらの分野を考察するに当たっては，第1の領域の場合とは異なって，非商品経済的ないし非資本主義的な社会的諸要素を対象である経済社会のなかに組み込んでいかなければならない．また，自然的な地理的な条件の規制を受けながら歴史的に形成されてきた産業構造や市場構造，さらに，これまた歴史的に作り上げられてきた経済の組織や制度が，対象のなかに取り込まれて，考察が進められなければならない．

そこでも商品経済が　といっても，この第2の領域を考究する際の対象となる経済社会は，非商品経済的ないし非資本主義的な社会的諸要素が支配的になっているような時代のものではない．社会科学としての経済学を認識できるような〈商品経済が支配的となる経済社会〉が，この領域の考究に際しても，前提とされていなければならない．このことは，第2の領域の第1の領域に対する密接な関係的な位置づけからも導き出されるのである．

ところで，この第2の領域の考究において明らかにされるのは，理論的な法則というよりも歴史段階的な性格をもつ諸傾向ということになる．そして，こうした諸傾向についても，あるいは，この領域の考究においてしばしばなされる政策的な提言にしても，第1の領域の考究において明確にされた商品経済の法則の規制を受けることが，強く意識されねばならない．そのような限界があることが，銘記されなければならない．この点を忘れると，見当はずれの認識がなされることになる．各領域の研究相互は，緊張関係において捉えられねばならないとしたのは，こうしたことが内意されているのである．

第2の領域と経済史学　この第2の領域の構造や組織などであるが，今日では当然のこととして認められるようになってきているが，経済の理論的な考察から直接的にその形成を解くことはできない．これらは，歴史的に形成されてきたし，また，形成されていくものなのである．そこから，次の3つのことが導き出される．

　1つには，この領域の研究において，歴史的な実証研究が重要な内容になるということである．したがって，また，この領域の歴史研究である，たとえば，財政史，金融史，貿易史，工業史，農業史といった部門史的な研究は，次の第3の領域に飛び出していくものではなくして，この第2の領域内にとどまる，ということである．このように理解するのが正しいと思うのである．

　2つには，とはいえ，第3の領域である経済史学とこの領域との離れ難い緊張関係は，歴史研究を不可欠なものとするこの第2の領域の性格に基礎づけられて生じている，ということである．

　3つには，ということは同時に，第3の領域の経済史学が，第2の領域の部門的な歴史研究に対してしっかりとしたベースを提供するものでなければならない，つまり，そのようなものになる総体史でなければならない，と論理づけられるのである．

古代経済史や中世経済史は　そして，第3の領域である経済史学の対象が，商品経済が支配的となる経済社会でなければならないことは，3つの領域の三位一体的関係からおのずから導き出される．したがって，商品経済が未発達であって，当該経済社会を支配するにいたっていない古代や中世の経済社会それ自体を経済史の対象として設定することは，経済学の重要な領域を構成する経済史学としては，それほど大きな意味をもたないということになるのである．それゆえに，古代経済史や中世経済史は，歴史学の対象にはもちろんなりえても，経済史学の本命的な対象とすることはできないのである．

経済史学の主題的な内容は　さらに，第3の領域の総体史としての経済史の主題的な内容が，特に第2の領域の部門的な歴史研究との係わりからも問われてくる．その内容は，個別的な産業の構造や地域的な市場構造の形成との関連を明らかにするものでなければならない．また，経済の組織や制度の発達を根拠づけるものでなければならない．こうしたことも問われてくるのであ

る.総体的な経済の構造を表徴する〈社会的な分業の世界的な編成〉の史的展開が,その内容の中核に位置づけられざるをえないことが,ここに明確に導き出されてくるのである.

2 一国資本主義史か世界資本主義史か——当面する重要な問題

商品経済が支配的となる経済社会とは 経済史学が,その対象として設定すべき経済社会は,商品経済が支配する社会である.経済学という体系のなかで占める経済史学の位置づけを明確にすることを通じて,このことが把握できたわけであるが,とりもなおさず,この社会が,資本主義体制の社会なのである.

では,どのような条件が整ったときに,この社会が成立したと考えたらよいのであろうか.資本主義体制を特質づける商品経済は,何よりも人間労働力の商品化に求められると認識しなければならないわけであるから,資本主義社会成立の基準は,人間労働力の商品化の形成に定められなければなるまい.

といっても,その基準の条件として,すべての分野の労働力が,市場において商品として調達されるような体制ができ上がる必要はない.あとでも触れることになろうが,成立期の資本主義の主導産業である綿工業(具体的には,イギリスはランカシアの綿工業)の基幹部門に位置する紡績業の労働力の主体をなす不熟練労働力が,市場で調達される態勢ができ上がればよいのである.

商品経済が存立していくことができる場は こうした綿紡績業の不熟練労働力の商品化の成立を契機として,資本主義体制の社会が成立し,それから資本主義的商品経済が発達していくことになる.ところで,この商品経済の発達は,主導産業を核として世界的に編成される社会的な分業の基盤の上に,市場に媒介された循環の体系として自己を存立させながら実現していく.そして,社会的な分業の完結した体系を編成できる場は,ということは換言すれば,資本主義的商品経済社会が循環の体系として自己を存立させていくことができる場ということになるが,こうした場は,世界経済をおいてはないのである.

つまり,一国経済的な枠内において,社会的な分業の完結した体系の編成を行なうことは,絶対にできないのである.この枠内において,資本主義的商

品経済社会が循環の体系として自己を存立させていくことは不可能なのである．

工業製品を観察すれば容易に判ることだが　思うに，いろいろな工業製品を観察すれば容易に理解されることであるが，当該製品は原材料から原料へと辿っていくと，すべて鉱業や農林水産業といった第1次産業の産品に還元される．工業製品の原料である第1次産業産品をことごとく国民経済の枠内で調達することはできないのである．さらに，多くの国民経済の場合，工業製品が生産される際に用いられる動力源や燃料も当該国民経済の枠内ですべて調達することもできないのである．

　第1次産業の生産は，基本的には自然的・地理的条件に規制されて，全地球的規模に分散して行なわれる．社会的な分業の編成が，世界的にのみ完結した体系を樹立しうるのは，基底的には，このような第1次産業の基本的な性格に根拠づけられているのである．単純明快に理解される第1次産業のこの性格は，しっかりとわきまえられていなければならないのである．

国民経済重視の考え　それゆえに，かなり以前に発表された見解を取り上げるのはどうかと憂えられるのではあるけれども，「国民的規模における社会的分業とそのうえに立つ経済循環」[2]を志向する体制であるというように国民経済を捉え，「資本主義発達の……正常的な過程は，すぐれて『国民経済』という構成をとりつつ進行するもの」であり，「世界的規模においておこなわれるのでは」ない[3]とされる考え方を肯定することはできないのである．

国民経済重視の考えの難点　この考え方の難点は，この叙述に引き続いて「資本主義の発達……はまた，世界的な規模においては，さまざまな国民経済間の絡み合い，対立と競争という情景を展開することになる」[4]とされていることに示される．

　そこでは，1つには，あたかも国民経済を主体的な単位として活動がなされるかのように商品経済社会が捉えられているからである．そして，2つには，資本主義が，世界的にはもっぱら対立と競争の次元において理解されている

---

[2]　大塚久雄『国民経済——その歴史的考察』弘文堂新社，1967年，117ページ（『大塚久雄著作集』第6巻，岩波書店，所収，87ページ），参照．
[3]　大塚久雄『国民経済』（前掲）163ページ（『著作集』［同上］121ページ），参照．
[4]　大塚久雄『国民経済』も『著作集』も同上ページ．

からである．つまり，そこでの〈連携〉の局面が見失われているからである．
世界資本主義という表現は用いられているが　念のため，この見解の表明者も，すでに指摘されているように[5]，世界資本主義という表現それ自体は，使用されている．けれども，その内容は，「『一国資本主義が特定の経済構造としてそこにあるといったような意味で，存在するもの』ではなく……複数の一国資本主義が絡み合い……ながら移行していく，そういう総体の姿」だとされるのである．あくまでも，一国資本主義が主体であると捉えられているのである[6]．
世界経済が主体的な範疇　いわゆる[7]〈国民経済〉は，そのすべてについていうることであるが，世界経済に包摂されることによって，はじめてその存立の基礎を与えられているのである．当該国民経済とされるものを構成している社会の制度や，これを統轄していると称される政治の体制が，似たようなものであるか，それとも相違しているものであるか，そんなことに関係なくこのようにいいうるのである．

別様に表現すれば，商品経済という次元で捉えるかぎり，というよりも，このように捉えなければならないわけであるが，世界経済が主体的な範疇であり，いわゆる〈国民経済〉は，従属的な範疇ということになるのである．
労働力商品の担い手はもっぱら国民であるか　資本主義の体制は，国民経済を必然的に基礎にしなければならないと考える人たちのなかには，資本主義のもっとも基本的な生産要素である労働力の担い手の労働者の特殊性を強調するものが少なくない．つまり，この労働者は「民族，文化，慣習，教育等の社会的共通性をもつ国民という形態で形成される」[8]として，この点を最強の論拠とするのである．

けれども，世界的に視野を広げれば，同一の企業体の内部においてさえ，多

---

[5] 永田啓恭「世界資本主義の概念」河野健二・飯沼二郎編著『世界資本主義の歴史構造』岩波書店，1970年，所収，10-11ページ，参照．本文中の「　」内は，同氏の指摘から引用した．

[6] なお，微妙なニュアンスの違いを示しながら，こうした世界資本主義理解をしている叙述に数多く接するのであるが，いちいち取り上げないことにしたい．

[7] 「いわゆる」としたのは，本文の記述に見られるような思考をそれなりに深めた国民経済理解に限定しないで，一般的に「国民国家をその外的機構として構築」された「経済諸関係」の「統合」（藤田暁男「国民経済」大阪市立大学経済研究所編『経済学辞典』第3版，岩波書店，1992年，448ページ，参照）といった国民経済理解まで広く含めて念頭においたからである．

[8] たとえば，藤田暁男，同上，参照．

様な民族の労働者が働いているという歴史的な現実が現存していることが，わきまえられなければならないのである[9]．実に労働力の世界的な移動の歴史は古い．そして，資本主義世界システム成立以来，この移動労働力が世界的な資本蓄積の過程にとって必要とされる労働力供給のなかで重要な役割を演ずるようになっているのである[10]．まさしく「資本主義世界経済の形成と展開の過程がきわめて広汎かつ大規模な人間の空間的移動，なかんずく労働力の国際的な移動を伴ってきたことはあきらか」[11] なのである．

世界資本主義と国家　また，資本主義は国民国家なくしては存立しえない．このように，無条件的に考えている人もいる．しかしながら，資本主義は国家機構をたしかに利用するものではあるけれども，それは当該国民経済の外的機構としての一国家に限定されるべきものではない．また，いまの国家の形態が，絶対的なものでもなければ恒久的なものでもないのである．こうした点も，わきまえておかなければなるまい．世界連邦政府といったものの出現は，それほど遠い先の話ではなさそうである．といった将来への柔軟な展望をもつことも，特に経済史研究には要請されるのである．

世界資本主義と土地　さらに，土地の移動が困難であることをあげて，世界資本主義に対する否定的な見解をいだく者もいるようである．だが，土地それ自体は，国内においても移動させることが不可能なものである．このことが，

---

9) 労働力の国際移動の重要性への着目を迫った文献の1つとして，Sassen, Saskia, *The Mobility of Labor and Capital: A Study in International Investment and Labor Flow*, Cambridge : Cambridge University Press, 1988（サスキア・サッセン著／森田桐郎他訳『労働と資本の国際移動――世界都市と移民労働者』岩波書店，1992年）があげられる．

10) サッセンの書物の「日本語版への序文」に述べられている「移民労働者は［合州国の］製造業のための主要な労働力になりつつあり」（邦訳書，5ページ）という現実を反映してか，最近の世界経済論に関する書物を見てみると，労働力の国際移動論が重要な項目として位置づけられるようになってきている．たとえば，すでに森田桐郎・本山美彦編『世界経済論を学ぶ』有斐閣，1980年には，游 仲勲「移民と国民経済」という論文が収録されているが，比較的新しいものの1つとして奥泉 清・佐藤秀夫編著『90年代の世界経済』創風社，1995年に収録されている藤本 剛「国際労働力移動」と奥泉 清「経済のグローバリゼーションと国民国家」のなかの「2 国際労働力移動と国民国家の変容」，参照．さらに，森田桐郎編著『世界経済論――《世界システム》アプローチ』ミネルヴァ書房，1995年は，ひときわ鮮明に労働力国際移動の重要性を打ち出している．なお，そこに収録されている竹野内真樹「労働力の国際化――国際労働力移動」は国際労働力移動の役割について興味ある分析を行なっていて，意義深いものであることを紹介しておきたい．

11) 森田桐郎「資本主義の世界的展開と国際労働力移動」森田桐郎編著『国際労働力移動』東京大学出版会，1987年，所収，1ページ，参照．ありきたりの事例をあげることになるが，そもそもアイルランドからの労働者の流入がなかったならば，ランカシアにおいて世界の綿工業が勃興することはありえなかったのである（こうした点，参考までに，馬場宏二『世界経済　基軸と周辺』東京大学出版会，1973年，17ページ，参照）．

念頭に置かれなければならない．しかも，資本としての土地が大きく問題とされる鉱山やプランテーション企業において特に明瞭に見られるように，土地の所有権や利用（借地）権は，世界的に移動しうるものである．早くも1820年代に，ロンドンに本社を置き，ラテン・アメリカで採掘権を取得して事業活動を行なう鉱山会社が数多く設立された．その活動の歴史は，この点を示して余りあるものがあろう[12]．

ローカルにしてナショナルな金融業者の存在も　そしてまた，世界資本主義の脈管的な役割を果たしているのは，世界金融市場であるといえようが，この市場において主導的な地位を歴史的に占めている金融業者は，マーチャント・バンカーズである．このように認識しなければならない[13]．しかし，こうした認識に対して，これは一面的な考察である．もっぱら地方の産業への金融活動を推進したローカルにしてナショナルな銀行業者がいたのであって，こうしたことからも一国資本主義は捨て難いと考える向きがある．

イギリスの事例を取り上げるが　とはいえ，イギリスでの事例を取り上げて説明すれば，地方の金融業者に預金されるその地方の余剰資金は，ロンドンなどの金融業者に預託される．この金融業者は，これをマーチャント・バンカーズにさらに預託して運用を図る．そして，この預託された資金が，アメリカ合州国（本書では，合衆国とは表記しない，為念．）の金融業者に貸し付けられる．そのようなことが，1830年代には，すでに行なわれていたのであった[14]．ときに，現在の日本でも，小金融業者が，好んで海外証券に投資しているといわれるではないか．

それ自体としては存在しえない〈一国資本主義〉　このような事柄をも念頭に置きながら表現すれば，いわゆる〈一国資本主義〉なるものは，それ自体としては存立しえない．資本主義の体制は，世界資本主義としてのみ実存しているのである．それ自体としては存立しえないものの複合体が世界資本主義で

---

12)　入江節次郎『イギリス資本輸出史研究』新評論，1982年，233ページ以下，参照．
13)　マーチャント・バンカーズについては何よりも Chapman, Stanley David, *The Rise of Merchant Banking*, Lodon, George Allen & Unwin, 1984（スタンリィ・チャップマン著，布目真生・荻原登訳『マーチャント・バンキングの興隆』有斐閣，1987年），参照．その他，一般的なマーチャント・バンカーズ史として，Banks, Erik, *The Rise and Fall of the Merchant Banks*, London : Kogan Page Ltd, 1999，参照．
14)　Chapman, *op. cit*. p. 163［邦訳，312ページ］，参照．

ある，という考えがあるが，このような複合体というのは一体どのような形態のものになるのであろうか．

また，一国資本主義の唱道者が，たとえば，スーダンやイランやベネズエラの資本主義といった用語はいうまでもなく，スペインやポルトガルやアルゼンチンの資本主義といった用語を使用しないのも，思えば不思議な話である．

ローザ・ルクセンブルクに学ぶ　なお国民経済史観の立場を超克しえない人は，この史観に対する透徹した批判を展開しているローザ・ルクセンブルク（Luxemburg, Rosa, 1870-1919 年）が，その著において論述している当時の現状や歴史的事実に裏打ちされている見解[15]を論駁できなければなるまい．

その見解を展開しているなかで，第1次世界大戦は，「『国民経済』という例題に課せられた大きな試験ではなかったか?」とローザが問い，この戦争が起こってからもドイツの工業が活動を続けられたのは，①国産の原料や生産手段の国内における大量の在庫，②占領地からの供給，③中立国の仲介による外国からの供給に支えられていたからだ，と説かれている[16]のが特に印象深い．

この説は，次の歴史的事実を考えさせる示唆を与えているように思われるからである．太平洋戦争を始めた日本の軍部と官僚たちも，日本の国民経済がそれ自体としては存立しえないことを知っていたはずであるが，戦争を始めるに当たって，次のような条件を想定していたと思われる．

1つには，戦争の早期終結＝勝利である．真珠湾攻撃は，この姿勢を象徴するものではなかったろうか．

2つには，必需物資の在庫確保である．国家権力による物資の統制は，その対応策に他ならなかったのではなかろうか．

3つには，植民地はいうまでもなく外部の政治的支配領域（満州や華北など）や，さらに，この戦争に伴う新たな占領地域からの物資の供給が確保できるということであった．ボーキサイトや錫やゴムといった資源の豊かなマ

---

15) Luxemburg, Rosa, *Einführung in die Nationalökonomie*, herausgegeben von Paul Levi, Berlin, 1925 ［ローザ・ルクセンブルク『経済学入門』岡崎次郎・時永 淑訳，岩波文庫，1978 年］に収録されている '1. Was ist Nationalökonomie?'（「国民経済学とはなんであるか」［第1章］）; '2. Wirtschaftsgeschichtliches I'（「経済的事実」［I］［第2章］），参照．

16) Luxemburg, *a. a. O.*, S. 29-30 ［岡崎／時永訳，52 ページ］，参照．

ラヤの支配＝占領が急がれたことや，石油資源のえられるボルネオやジャワに日本軍の落下傘部隊が降下したことの意義は，このようにして理解されうるのではなかろうか．

世界経済史が経済史の本命　このように考えていくと，経済史の本命が，世界経済史ないし世界資本主義史であって，国民経済史ないし国民資本主義史でないことは，明らかであるといえよう．

たしかに，経済統計は，いまのところ，いわゆる国民経済を単位として，主として権力機関によって作成され，発表されている．そして，これらが寄せ集められて世界経済統計が作成されている．

通貨の名称の相違という問題　また，それぞれの国の中央銀行と称されるものによって種類の異なる紙幣が発行されたり，それぞれの国の政府機関によって異なる補助貨幣が鋳造されたりして，通貨の名称は国ごとに相違する．しかし，このような経済統計の作成や通貨の名称の相違に見られる現実や現状も，経済史学における世界経済史の本命的な位置づけを否定する条件とはならない．

もっとも，特にこの通貨の名称の相違という現状が，世界経済システムにとって障碍になっていることはいうまでもない．そこで，かつてはポンド，いまはドルという国際基軸通貨が求められることになるのである．けれども，ポンドが辿ったのと同様に，ドルも，1995年に明白になったように，時の経過とともに凋落する運命を免れえない．けだし，基軸通貨における世界的流動性の持続的供給の必要性と，この通貨国の持続的な国際収支の赤字の容認との長期的な両立は不可能となるからである[17]．そこで，「新しい世界通貨の早期確立とそれを管理する強力な世界中央銀行の設立が焦眉の課題」[18]になってくるのである．こうしたことからも世界資本主義の新たな段階の到来が予想されることも添えておこう．

社会主義圏の存在も　さらに，現在の世界には，社会主義圏と称される地域も含まれている．しかし，このことも，世界資本主義システムの否定的な要因に

---

17) 宮崎義一「基軸通貨ドルに代わるもの」『世界』［岩波書店］，1995年8月号，117ページ，参照．
18) 同上，120ページ，参照．

はならない.社会主義圏における経済活動も,世界商品市場や世界金融市場という〈場〉で行なわれている世界的な商品経済の運動によって規制されざるをえないからである[19].

3　経済史観についての3つの見直し

根本的に見直していかなければならない問題　世界経済史の方法を開発していくには,その他,従来の経済史観について,根本的に見直していかなければならないいくつかの問題があるように思う.これらの問題について,3つの点に絞って考察していこう.

(1) 目的意識制約性の認識——経済史学における客観性の見直し

目的によって内容が規制される　人文・社会・自然の一切の科学を通じて,科学であるかぎりその内容は,いうまでもなく客観性を備えたものでなければならない.けれども,何のために当該研究がなされるか,という目的によってその内容は,規制されざるをえないのである.経済学の理論についても,そのことがいいうるのであって,このことは,アダム・スミスの『諸国民の富』やリカードゥの『経済学の原理と課税』やカール・マルクスの『資本論』を引き合いに出すまでもなく,明白な理とされてよいだろう.

経済史学は実証科学であるが　経済史学は,実証科学であるといわれるほど,その論述は,第1次資料＝史料である文書による客観的な資料的裏付けが厳密になされていなければならない.その裏付けの正確さや強度によって当該研究の価値が定まるとさえいえるほど実証性の濃度が高い学問領域である.こうした条件を備えているため,経済史学は,客観性がとりわけ強く求められる学問分野であるといってよいであろう.

研究者が選択した諸事実にもとづいて　だが,まず,わきまえておかなければならないことは,この客観的な資料に裏付けられた歴史的な諸事実であるが,こ

---

19) この厳しい現実が重視されなかったところに,ソ連経済崩壊の一因があったということはできないであろうか.

うした諸事実それ自体が存在しているのではない．そうではなくて，これらは，すべて歴史研究者の選択によってはじめて歴史的事実となりうるという厳然たる前提である[20]．その選択が，歴史研究者の人生観，世界観と離れ難く結びついてなされるのは当然なことである．けれども，この選択にもっとも強いというよりもむしろいわば全面的に影響を及ぼすのは，引き続いて述べるように歴史研究者による当該歴史研究の分析目的なのである．

主観性の濃厚な学問分野でもある　それゆえに，経済史学は，単に客観的な実証科学であるにとどまるものでは決してない．一方，歴史学一般がそうであるように，経済史学においても，自覚的に一定の目的意識をもって研究がなされ，記述されなければならない．そうでなければ当該研究の内容は意義をもちえないといってよいほどの，主観性のきわめて濃厚な学問分野なのである．

　西洋の経済社会は，近代化の進んだ社会である．これに対して，東洋に位置する日本の経済社会は，近代化の遅れた社会である．だから，日本の経済社会が，追い付いて西洋の経済社会の水準に到達していくにはどのようにすればよいか．このような課題を日本の社会は，背負っている．経済史学は，このような課題にこたえるものでなければならない．

　といった認識に立脚して，西洋経済史といわれるものに取り組んできた者の主流は，西洋経済社会を近代社会の模範であると理解し，遅れた日本の経済社会の未来像を考えていくうえで，近代西洋経済社会の成立の跡を追究することは意義深い．このように思考して，西洋の封建制から資本主義への移行の時期を経済史学の研究の主題として設定してきたのであった．こうしたことそれ自体に，経済史学における目的意識制約性の一般的な表現を見ることができよう．

目的意識制約性は尊重されなければ　このように経済史学が，目的意識制約性を強くもつところの，そのかぎりにおいて主観性の濃厚な学問分野であるとい

---

20) この点を強調したのは，E. H. カー（Carr, Edward Hallett, 1892-1982年）であった．Carr, E. H., *What is History? : The George Macaulay Trevelyan Lectures delivered in the University of Cambridge January-March 1961*, London : Macmillan and Company Limited, 1961,'Ⅰ The Historian and His Facts'（E. H. カー著・清水幾太郎訳『歴史とは何か』[岩波新書] 1962年の第1章「歴史家と事実」），参照．なお，一般的に歴史叙述における客観性をめぐる問題については，いろいろと論じられているが，たとえば，藤澤健一「歴史叙述の思想的前提——研究主体の確立と客観性」巨大情報システムを考える会編『グローバル化のなかの大学　根源からの問い』社会評論社，2000年，所収，185-196ページ，参照．

ういわば宿命は，決して否定的に受け止めてはならない．むしろ，積極的に肯定されるべきものなのである．それとともに，経済史の記述は，客観的であり，かつ公正なものでなければならないと主張されるのである．記述される内容が客観的なものであってはじめて，説得力をもちうるわけであるから，そのかぎりにおいて，この客観性は大いに尊重されなければならない．

しかしながら，この客観性をもった内容は，上述の目的意識制約性の規制を免れることができないのである．そこで，どのように客観的にして公正な経済史を記述しようとしても，確実な実証に根ざしながら，しかも，偏らないところの，つまり，一面的ないし部分的ではないような包括的ないし総体的な歴史を描くことは，およそ不可能であるばかりか，その努力は，意味のないものになっていくのである．

目的意識の差異に応じて多様な経済史が　したがって，伝統的な西洋経済史研究者や，後述の発展段階史観に立つ人びとが特にわきまえていなければならないことは，当該研究の目的意識の差異に応じて多様な経済史が形成されるということである．経済史は，その性格を異にするものがいくつもあってはならない．全体主義的な危険な体制のもとでは別であるが，そのようにいうことは絶対に許されないのである．

いまや求められている経済史学の目的　我田引水的な議論になるが，いまやどのような経済史研究の目的意識が求められているかを探索することが，最大の課題だということになるのである．結論を先取りする形でいえば，経済史の新しいパラダイムを開拓して，世界経済史の方法と展開を進めて，世界経済システムへの経済史的接近を達成していくことに，その目的が求められているのではなかろうか．

(2) 発展段階史観の見直し

発展段階史観と呼ばれるもの　発展段階史観と呼ばれるものに 2 つのものがあるように思う．

1 つのものは，経済史の概説的な教科書によく出てくるもので，経済社会の発展段階について，以下のような区分を設けて説明していこうとするものである．つまり，①原始共産制社会，②古代奴隷制社会，③中世封建的農奴制社

会，④近世資本制社会，がそれである．そして，いまや資本制経済社会は，帝国主義段階を進行していて，寄生性と腐朽性を増大させて衰退過程に入っている．いわずもがな，まさに現代は，社会主義経済社会へと音を立てて進んでいる，あるいは，進まなければならない時代である．このように把握するのである．

未来を見詰めよという点では　経済史研究者の良心は，みずから実証できるもののみを根拠として判断をするということである．人の考えの受け売りはしないということである．かぎりない批判精神に裏打ちされていることである．特に大きな戦争の体験を通じて，このことを身に染みて学んだはずである．古代から現代までの経済社会の発展の基本路線について，1人の研究者が実証をベースに明らかにすることは不可能なのである．この不可能性をおかして，この史観が展開されるところに，まず問題がある．経済社会の未来を見詰めていこうとする意欲に媒介されて，この史観が成立したことには，それなりの意義が認められなければならない．けれども，同時にこの難点は，充分にわきまえられていなければなるまい．

断続的な史観に　ところで，この史観によれば，1つの段階の経済社会構造は打ち壊されるようにして，次の段階の経済社会構造が成立する，というように把握される傾向が生じる．換言すれば，過去の段階の経済社会の構造は，弁証法的に消去されていくと捉えられることになりやすいのである[21]．

しかしながら，前の段階の経済社会構造は，打ち壊されていくのではない．前の段階の経済社会構造のなかに，新たな段階の経済社会構造が編成されていく力の萌芽のようなものが，むしろ育成されていく．そして，前段階の経済社会構造は，新たな段階の経済社会構造のなかに変容しながら重層的に組み込まれていく．このような史観が求められているのではなかろうか．究極的には，未来の世界経済システムは，過去と現在の世界経済システムを重層的に組み込んで成立する．このように捉える史観が求められているのではなか

---

21)　念のため，このような断続的な（むしろ断絶的なとまでいわれているが）捉え方は，「史的唯物論」の非科学的な俗流的理解である．こうしたことが，すでにかなり以前の 1968 年に鋭く指摘されている（平田清明「社会主義と市民社会」『世界』主要論文編集委員会編『「世界」主要論文選，1946-1995――戦後 50 年の現実と日本の選択』岩波書店，1995 年，505-512 ページ；平田清明『市民社会と社会主義』岩波書店，1969 年，93-109 ページ，参照）ことにも，ついでながら触れておかなければならない．

ろうか.

資本主義内部についての発展段階史観　2つ目の発展段階史観は，資本主義それ自体について，すでに歴史を内包するまでに発達していると認識する．そして，その発達の過程を段階的に捉えていこうとするものである．つまり，資本主義は，まず本源的蓄積期（重商主義期）に始まり，産業資本主義期（自由主義段階の資本主義期），独占・金融資本主義期（帝国主義段階の資本主義期），国家独占資本主義期（現代資本主義期）というように段階的に発達していったと捉えるのである．

　私も，かつてはこの史観に立脚し，帝国主義段階の資本主義期の経済的特質について〈帝国主義論〉という課題のもとに研究をし，その成果を世に問うてきたのであった[22]．このような経験もあり，こうした研究がすべて無意義であったというのではない．

帝国主義研究から世界資本主義認識へ　特に私の場合，帝国主義論の研究の結果取得した収穫の1つは，帝国主義論の対象として措定しなければならない資本主義は，資本主義の世界体制であり，そして，帝国主義段階の資本主義期の諸特質は，この体制のなかでそれぞれ離れ難く結び付いている．こうしたことを認識することができたということであった．この認識から，そもそも資本主義は，世界資本主義として発達してきたのではないか，という問題意識に目覚めた．そこから，世界資本主義史研究の新地平を開拓していくことに，自らのテーマを設定することになっていったのである．

世界資本主義として一本のものにしなければ　資本主義発達の段階を認める場合も，世界資本主義として一本のものとしなければならない．段階史観に立つ多くの人が誤解しているように，一国資本主義ごとに発達段階が存在するのではない．この点を見誤ると，特に，後発近代工業化地域の経済社会の発展の様相について間違った認識に陥る．たとえば，こうした地域では近代的工業化が進展し始めてからそれほど長い期間を経ていない段階にありながら，自

---

22) このような私の帝国主義研究は，『独占資本イギリスへの道』ミネルヴァ書房, 1962年で始まった．その後『帝国主義論序説』ミネルヴァ書房, 1967年,『帝国主義論への道』ミネルヴァ書房, 1973年,『帝国主義の解明』新評論, 1979年, という形で帝国主義論の研究成果を発表してきた．さらに,『帝国主義研究 I 帝国主義論の方法』御茶の水書房, 1973年,『帝国主義研究 II 帝国主義の古典的学説』御茶の水書房, 1977年という共編著を通じて歴史的段階概念である帝国主義に関する研究成果を発表してきた．

A 方法の前提 39

由競争的な状況ではなく独占的な経済社会の様相が生まれてくる．このことが理解できなくて，それは本物の独占的な経済社会ではないといった誤解をすることになるのである．

　世界資本主義として一本のものとして捉えなければ，資本主義発達の段階を認める場合も間違った認識に陥るという考えを揺がないものにすることができたのも，発展段階史観に立って帝国主義研究に取り組んできた結果であった．

そこでも経済史を断続的に見る傾向が　けれども，この2つ目の発展段階史観を絶対視する人たちの考え方には，多くの問題が所在していることに気づき始めたのであった．たしかに，新しい段階になるとその段階の特徴を示すような諸事実が量的に増大し，目につきやすくなるのではある．けれども，その事実それ自体は前の段階にも見られることが多いことに気づいたのであった．ところが，この2つ目の発展段階史観をかたくなにとる人たちのなかには，これを認めようとしない傾向があるということであった．経済史をもっぱら断続的に見て，連続面を見失っている傾向が強いということであった．

現代経済史こそ経済史の本命だというように　1つ目の発展段階史観と共通して，2つ目の発展段階史観も，たとえば，帝国主義期の資本主義の段階になると，自由主義段階の資本主義の構造は消去されてしまうというように，当人は必ずしも意識していないようではあるけれども，捉えることになっていく傾向がある．そのために，この現代版的な発展段階史観に立つ人は，とどのつまり，現代経済史それ自体こそ経済史研究の本命だと考える傾向を帯びるようになるのである．これまた，当人は意識していないようではあるけれども，底の浅い経済史研究を讃美するようになっていくのである．

段階的特質出現の根拠が不明確　また，このような資本主義の発展段階の特質は，どのようにして出現するのか．後述するように，それぞれの段階の主導産業を確定し，これを中核として世界的に編成される産業構造を動態的に分析していかなければ，この点を明確にしていくことはできないのである．誠に不思議なことに，発展段階史観に立つ人の多くは，このような追究をしないで，資本の集積・集中を中心とする資本主義的な蓄積の展開を拠りどころとする量的な面から無理に説いていこうとするのである．

根本的には，こうした捉え方に規制されて，この発展段階史観に立つ人は，次の発展段階に移行していく歴史・具体的な構造上の条件が当該発展段階の内部に成熟していくことから説いていかない．そのような傾向が認められるのである．

経済史を学ぶ必要がなくなる　何よりも大きな問題は，2 つの発展段階史観[23]を通じて共通していいうることであるが，過去の経済の構造が，消去されていくというのであれば，何ゆえに歴史を，つまり経済史を学ぶ必要があろうか，ということになるのである．

(3) 時間か空間か——未来を映し出す経済史を

未来を映し出す経済史を創造するには　歴史とは，過去を語るものであるばかりでなく，未来をも語るものでなければならない，と私は思う．経済史についても同様である．では，未来をも語ることのできる経済史は，どのようにすれば創造することができるであろうか．

この創造ができる道を建設していくには，まず，経済史とは長い時間の経過を追っていかなければならない，という思い込みを見直さなければならない．

かつて，1820 年代に焦点を合わせて，私は，ロンドン世界金融市場を中心とする長期・短期の資金の運動を追究することを通じて，資本主義世界体制の循環の態様に接近しようとする研究成果を発表した．この研究成果に対して，歴史を輪切りにして捉えていると批判した人がいたが，これなどは，その思い込みを「語るに落ちた」という形で告白したものであるといえよう[24]．

経済史は長い時間的な経過を追わねばならないか　しかしながら，長い時間的な経過を追っていくのが経済史研究の本来のありかただという考えは，見直さ

---

23) 本文にて取り上げた発展段階史観と似て非なるものに経済発展段階説といってよいものがある．諸民族の経済発展を，狩猟，牧畜，農耕，農工，農工商の発展段階に区分したフリードリッヒ・リスト (List, Friedrich, 1789-1846 年) などのドイツ歴史学派の発展段階説，経済の発展段階を，①伝統社会，②テイク・オフの先行条件期，③テイク・オフ，④成熟期，⑤高度大衆消費時代の 5 つに分けたロストウ (Rostow, Walt Whitman, 1916 年-) の発展段階説があるが，これらには触れないことにしよう．なお，こうした発展段階説については，よく整理して紹介している角山 榮『経済史学』東洋経済新報社，1970 年，35-36 ページ；39-64 ページ，参照．
24) この研究成果とは，脚注 12) に掲げた『イギリス資本輸出史研究』のことである．入江節次郎『世界金融史研究』藤原書店，1991 年も，長い期間を対象としたものではなかったが，その「はしがき」において，こうした輪切りという批判に対して，「真に世界経済史研究の方法について真剣にそして柔軟な思考をめぐらせて深く考えた上のものであろうか」(同書，3 ページ) と反論を記したためでもあろうか，こうした批判が表面化することはなかった．

なければならない．世界経済史の研究は，未来を展望する現代世界経済の根本的な構造上の特質をしっかりと認識し，この特質出現の根が，すでに歴史的に形成され，時代を追っていく過程[25]で成育していったことを明確にして，現代世界経済に対する深い理解に資し，未来に対する展望を提供していくものでなければなるまい．その場合，この特質出現の根が形成された時期の研究が，何よりも重要であるが，その研究については，研究対象の時期を長くとることは必ずしも必要ではないのである．

時期を限定した〈場〉の設定が必要　特に，世界経済史については，大きく螺旋を描いて関連しながら諸要素が展開する歴史の場が広大であるわけだから，こうした展開について動態的に研究していくためには，時期を限定した〈場〉の設定がまず必要になる．そして，その対象とする場において，さらに，焦点を絞って深く掘り下げていくことが求められてくるのである．

　こうした掘り下げをしていかないで，どのように長い時間的な経過を辿ってみても，過去についての表面的な知識は，多かれ少なかれえられるにしても，上述したような現代世界経済に対する深い理解や透徹した展望に資するような研究成果が生み出されることを期待することはできないのである[26]．

対象領域が広大な世界経済史については特に　そればかりではない．また，世界経済史の対象領域は広大であるために，特におよそ1人の研究者では実証することができないような長年月を対象として設定した歴史記述には，必ずといってよいほど危険な落とし穴が秘められているといってよいだろう．研究書であるとうたいながら，このような長年月を対象に設定した経済史の記述の内容は，結局，すでに発表されている外国の研究の受け売りの類であったり，あるいはまた，歴史統計の解説にとどまるものになっているのである．

経済史における時間と空間との関係　長い時間的な経過を追うのが経済史のあるべき姿では必ずしもないことを論じるために，「時間か空間か」という形で問題を提示したが，では，経済史における時間と空間との関係を要約的に表現すれば，どのようになるであろうか．この点，経済史の対象となる空間は，

---

[25]　この過程は，歴史段階的に明らかにされていくわけであるが，こうした解明の方法は，前述の第2番目の発展段階史観とは似て非なるものである．
[26]　入江節次郎『世界金融史研究』(前掲)，3-4ページ，参照．

形象化された時間であると，抽象的に捉えることができないであろうか．そして，この時間の流れは，川の流れの動きのようなものとして理解されるべきものではない．それは，適切な比喩ではないかもしれないが，回転する地球の動きのようなものとして理解していくことが重要ではないであろうか．

B 方法の基底
―― 社会的分業の世界的編成の史的態様を ――

1 交替する主導産業を核として

社会的分業の編成のされ方　資本主義は，世界体制としてのみ自立することができる．このように認識されうる根拠は，どこに求められるであろうか．商品経済は，機構的には社会的分業の編成によって支えられている．この編成は，すでに述べたように，世界的な規模においてのみ完結した体系を獲得することができる．つまり，世界的な規模においてのみ，社会的分業の編成という体制を確立することができる．こうしたことが，歴史的事実として示されているのである．ここに，世界体制としてのみ資本主義は自立することができるという根拠が求められるのである．

　では，この分業は，どのように編成されていくか．当該時期における社会的分業の世界的編成を主導する核となる〈主導産業〉と呼んでよいものが，まず明確に設定されなければならない．この主導産業は，当該時期の経済発達の歴史的な指標となる生産力水準を表徴するものでなければならないと考えられる．そのようなわけであるから，この主導産業は工業部門でなければならない，ということになる．そしてまた，主導産業は，後述するように，当該時期の世界的な景気循環をも主導するものとして，意義づけられることになるのである．

最初の主導産業は　いわゆる〈産業革命〉は，産業資本主義の世界的体制を作り出したものとして意義づけられる．そして，この〈産業革命〉は，イギリスはランカシアの機械制綿工業が，世界の綿工業として成立したことを起点としたのであった．この事実については，あえて証明を要しないほどの明確な

歴史的事実である．したがって，世界資本主義の最初の主導産業は，当然のことながらまずは綿工業に定められなければなるまい．

1870年ころからは重工業が　既述のように，発展段階史観には二様のものがあるが，そのうち第2番目の史観の残した功績の1つとして，1870年ころから帝国主義の時代になったとされるが，この時代到来の経済的な基底的変化の追究が求められることになった，ということがあげられる．その結果，──

　鋼の大量生産体系の成立に基礎づけられながら，近代的な製鋼業が樹立した．そして，この製鋼業を核としながら，原料部門から最終加工製品部門までの生産過程を一貫させる縦断的な統合企業体に編成された大型重工業が，1870年ころから出現することになった．この重工業を主導とする産業構造の大規模な世界的な再編成が，帝国主義期の経済的な基底の変化を規定する内容になった，と考えていかなければならない．こうしたことが，明らかにされたのであった．

　そこで，1870年ころからの世界資本主義の主導産業は，重工業に定められなければならないことについても，帝国主義研究の現水準に照らして，もはや誰しも異論を唱えることはないと思われる．

鉄工業が主導産業になった時期　ところで，機械制綿工業の形成は，何よりも蒸気機関の工場への導入に基礎づけられていたわけであるが，この蒸気機関の開発は，さらに石炭などの鉱山業や鉄道業の発達を促す基礎条件にもなった．蒸気機関の導入によって，炭坑などの鉱山の排水が容易になり，石炭など鉱産物の生産が飛躍的に増大することになったことはよく知られているところである．

　また，1820年代から19世紀の中葉にかけて，イギリスはいうまでもなくヨーロッパ大陸の西部やアメリカ合州国において，蒸気機関車によって牽引される鉄道の建設が進展し始めることになっていく．

　そして，1850年ころから，この鉄道建設は世界的に精力的に進展することになって，世界市場はいっそう発展していく．そして，世界的な鉄道建設の進展と相まち，この進展に支えられながら発展していった鉄工業が，社会的分業の世界的な編成を主導するものとして，主導産業の地位を与えられることになるのである．同時に，鉄工業が，景気の世界的な動きを主導する体制がで

き上がるのである．この場合，鉄工業とは次の段階の近代的な鉄鋼業とは異なるものであることをくれぐれも，銘記しておかなければならない．

このようにして，綿工業→鉄工業→重工業というように時期的に交替する主導産業を設定することによって，資本主義世界体制の歴史過程は，無理なく説明することができるのである[27]．

主導産業を核として社会的分業の世界的編成が　もちろん，社会的分業の世界的な編成の展開が，交通手段の発達に条件づけられたことはいうまでもない．また，この展開は，マーチャント・バンカーズによって支配されている世界商品市場や世界金融市場によって媒介されなければならなかった．そして，こうした媒介的な条件を不可欠な要因としながら，究極的には主導産業を核として当該時期の社会的分業の世界的な編成が行なわれていったのである．この過程の動態的な把握が，何よりも世界経済史究明の主眼とされなければならない．

誤解を避けるためにさらに断っておかなければならないことは，この主導産業なるものは，あらゆる産業の上に位置して，当該時期の社会的分業の世界的な編成を主導するというのではないということである．常にそれは，同等者中の一人者にすぎないわけであるが，その位置にありながら，産業構造とそれに規制された市場構造を世界的に編成していく核として位置づけられることになるのである．産業構造，市場構造の世界的な重層編成がなされていくことになるのである．

主導産業は時代ごとに交替　また，主導産業は時代ごとに交替していくわけであるが，しばしば述べるように，前の時代の主導産業を核として編成された社会的分業の世界的な編成の構造が，次の時代になると消滅してしまうというのではない．次の時代に，それは，変容しながら新しい編成の態勢に重層的に組み込まれていくことになるのである．

世界的な景気変動をも主導　世界的な景気変動の態様を究明していくには，貨

---

[27]　ここで断っておかなければならないことは，この綿工業→鉄工業→重工業というように系列的に主導産業を設定して，第1次世界大戦期までの世界資本主義の発達史を捉える方法それ自体は，決して私個人の独創ではなく，私も参加していた京都大学人文科学研究所の「共同研究　世界資本主義」において生み出されたものであった（河野健二・飯沼二郎編著『世界資本主義の歴史構造』[前掲]の特に240-241ページ，参照），ということである．

幣市場や資本市場なども組み入れて分析していかなければならないが[28]，主導産業とは，この変動を主導しているという意味でも主導産業とされることが，留意されなければならない．世界的な価格の動向も，主導産業の製品の価格の動向が，他の世界商品の価格を規制していくことを通じて定まっていくのである．こうしたことからも，主導産業を位置づける意味が存在するのである．さらに，景気変動の態様の時代的な変化も，主導産業の差異に大きく影響されて現れてくるのである．競争の条件の時代的相違も，主導産業を抜きにしては語ることができないのである．

2 綿工業はいつごろ主導産業として定着したか
──世界資本主義が始まった時期──

労働力の商品化の体制が成立した1820年代が画期　一体，綿工業が世界資本主義の主導産業として定着した時期は，いつごろとするのがよいか．換言すれば，世界資本主義をその内実とする世界経済の体制は，いつごろ成立したとすべきか．

　結論から先に述べよう．商品経済が支配する体制である資本主義の核となっているのは，労働力の商品化である．そして，この商品化が，資本主義の当初の主導産業である綿工業の基幹部門の紡績業において成立するのは，1820年代であった．そしてまた，この年代には世界資本主義における経済循環の行なわれていく脈管に相当する世界商品市場と世界金融市場とが成立したのであった．こうしたことからして，成立した世界資本主義の発達史は，この年代から始めるのが適当であると考えられる．

産業革命の経済史的意義　一般的に産業革命について，技術上の革新を中心と

---

[28] この点，たとえば，侘美光彦教授の『国際通貨体制──ポンド体制の展開と崩壊』東京大学出版会，1976年や『世界資本主義──「資本論」と帝国主義論』日本評論社，1980年といった一連の労作を参照．同教授は，世界資本主義それ自体については，国際金本位機構にもとづく統一的運動として把握される各国資本主義の連関の体系的な「総括」とされていた（『世界資本主義』250ページ，参照）が，その後の同教授の著書によれば，その世界的な統一性とその運動の自律制とが，景気循環の世界的な統一性によって根拠づけられている体制が世界資本主義である，と解釈できるような捉え方になっているように思われる（侘美光彦『世界大恐慌──1929年恐慌の過程と原因』御茶の水書房，1994年，115-116ページ，参照）．

して考える向きがある．もちろん，技術上の革新が，この革命の重要な要素となっていることはいうまでもない．しかしながら，産業革命の重要性は，これが，産業資本主義の成立を，資本主義体制への世界経済の包摂を意味する点にむしろ求めなければならない．

このように，この革命が，技術的な革新にとどまるものではなかったところに，その大きな意義が認められるのである．しかも，この技術上の革新のみに目を奪われると，この革命の時期を 1760 年ごろから 1840 年ごろまでというように，長い年月のものにしてしまいかねないのである[29]．上記の 1820 年代を画期的な時期とする捉えかたは，こうした長年月の時期設定という見方を批判し，この労働力の商品化の成立を契機として，資本主義体制の世界的な包摂が進展していくことになった点を重視していく考えにもとづいているのである．

世界商品市場と世界金融市場の成立が重要　労働力の商品化に裏打ちされた技術的な革新に根拠づけられながら大量に生産され，世界市場に流出することになった綿製品の見返りに，後述するように砂糖をはじめコーヒーや茶や小麦など，いくつかの産品が流入してくるようになった．そして，これらの産品は，世界市場で相場が立つようになった．換言すれば，これらの産品は，世界商品という性格を与えられ，ここに世界商品市場が成立することになった．産業革命の経済史的意義を捉えるには，こうしたことをまず考慮に入れなければならないのである．

さらに，これら世界商品の取引に伴って振り出された手形の決済が行なわれる世界金融市場が，成立することになった．このことも重要視しなければならないのである．そしてまた，この金融市場に集積された余剰資金をベースに，世界資本市場が 1820 年代に成立したことにも注目しなければならないのである．ついでながら，この手形には，商品の売買に裏付けられていない金融手形や，銀行手形も含まれていることも忘れられてはならない．なお，こう

---

[29]　経済史の画期をなすような革命は，政治史における革命のように時期を明確に定めることができない．また，その時期を短い期間にすることもできにくい．とはいえ，1760 年ごろから 1840 年ごろまでを産業革命の時期とすることには問題がある．何よりもこうした捉え方は，産業革命の意義をきわめて狭隘なものにしているからである．また，世界の各地で産業革命があったというような捉えかたも，この革命の意義を理解していない．

した手形については，1816年に設立された第2合州国銀行が振り出した銀行手形にも見られるように，大物マーチャント・バンカーズ宛に振り出された手形が世界金融市場において支配的な地位を占めたことは，重要な意義をもつものであった[30]．

すべての市場は世界市場に つまり，資本主義が成立したということは，商品にしても金融にしても，すべての市場が世界市場に通ずる体制ができ上がったことを意味するのであった．世界資本主義には，その経済循環の行なわれていく脈管となる世界市場という筋金が入っているのである[31]．労働力商品もその例外ではない．産業資本主義の成立を意義づける産業革命とは，このような世界市場を創造した体制的な革命なのである．このように意義づけられなければならないのであって，こうした認識はきわめて重要であると考える．

1820年代に労働力の商品化が成立したとされるのは ところで，商品経済が支配する体制である資本主義の核をなす労働力の商品化が，資本主義の当初の主導産業である綿工業の基幹部門の紡績業において成立するのは，1820年代である，としたのはどのような根拠にもとづいてのことであろうか．

安易に考えてはならないのであるが，機械制綿工業が19世紀に入って成立したからといって，近代的な労働者階層が社会的に截然と生み出されたわけではなかった．

紡績部門について見てみよう 綿工業の基幹部門である機械制紡績部門について見てみよう．その生産が行なわれた形式は，次のようなものであった．つまり，監督の役をした成年男子熟練職人が主体的な地位を占め，こうした職人は，何番手の糸何ポンドを紡ぐといくら支払われるという形の請負契約を工

---

30) 世界資本市場の成立については，その前史として，ナポレオン戦争期（1793-1815年）におけるイギリスの公債発行の激増といった事実にまで遡って考察することが必要とされる（入江節次郎『イギリス資本輸出史研究』[前掲] 87ページ以下，参照）．たとえば，ロンドン証券取引所で外国の商人は，マーチャント・バンカーズに宛てた金融手形を振り出すことによって証券類を購入することができた（入江節次郎『世界金融史研究』[前掲] 48ページ，参照）．19世紀の前半，銀行手形のうち世界金融市場において優位を占めたのは，第2合州国銀行が大物マーチャント・バンカーズ宛に振り出した手形であった（『世界金融史研究』152ページ以下，参照）．

31) このことを先駆的に説いたのは，岩田弘教授であった（岩田弘『世界資本主義——その歴史的展開とマルクス経済学』未来社，1964年，参照）．そして，川上忠雄『世界市場と恐慌（上巻）』法政大学出版局，1971年と続く一連の研究成果を経済史学界はもっと早く汲み取るべきではなかったか．なお，労働力の世界市場の形成過程については，池本幸三教授の「近代世界における労働と移住の概観——労働力の世界市場の形成過程を中心として」池本幸三編著『近代世界における労働と移住』阿吽社，1992年，所収，320-374ページ，参照．

場主と結んだ．そして，おおむねこの職人が，不熟練補助労働者を低賃金で雇用し，長時間働かせたのであった．

1820年代以前の状況　1820年代に入る前は，こうした不熟練労働者の主体は，この職人の家族や親戚縁者，そして次には，同郷の婦人や年少者たちであった．そして，さらにこれらの人たちだけでは足りなくなって，教区徒弟（Parish Apprentices）と称される救貧院（Workhouse）に収容されていた年少者たちも加わるようになった．

1820年代になると　それでも，なお，こうした労働力は不足した．そして，1820年代になると，一般の労働市場から貧しい家庭の婦人や年少者が，低賃金・長時間労働を承知で雇用されてくるようになった[32]．ここにようやく，主導産業の基幹部門において，機械制大工業を支える〈低賃金不熟練労働力市場〉が成立するという形で，労働力の商品化を核とする資本主義の体制が出現することになったのである．

3　資本主義的綿工業の勃興の諸要因

奴隷貿易が重要な要因　イギリスの商人たちが，奴隷貿易に本格的に乗り出すようになったのは，17世紀の60年代からであったが，18世紀になると，この商人たちは，世界の奴隷貿易を支配するにいたる．この奴隷貿易は，きわめて巨大な規模のものであった[33]．その貿易の最大の経済史的意義は，この奴隷

---

32) 戸塚秀夫『イギリス工場法成立史論——社会政策論の歴史的再構成』未来社，1966年，127ページ以下，参照．この貧しい労働者たちは，どこからきたのであろうか．スコットランドやアイルランドから大量にやってきたというのであれば，イギリスでは，大規模農業が早くから発展したために農村から余剰の労働力が供給される態勢ができていたので，資本主義が早期に成立する条件を与えられた，という説には疑問が投じられる．もっとも，イングランドにおける近代的農業の発展＝スコットランドやアイルランドにおける農業の衰退というように捉えているのであれば，また話は別になろうが．なお，日本ではなかなか理解しにくい教区徒弟については，同上書，107ページ以下，参照．

33) 角山榮教授によれば，「1700-86年の間にジャマイカに送られた奴隷の数だけでも61万，全イギリス植民地が輸入した奴隷は，1680-1786年の間にじつに200万にのぼったといわれる」（角山榮，前掲書，187ページ）と．これは，Curtin, Philip de Armond, *The Atlantic Slave Trade : A Census*, Madison, Milwaukee : University of Wisconsin Press, 1969によった数字であると思われるが，18世紀を通じてイギリスの商人がアフリカから輸出した奴隷の数は，200万人前後であったと推定される（Curtin, *op. cit.*, p. 142, 参照）．別の資料によれば，1701年から1810年までの間，西アフリカにおける奴隷貿易商人によってこの地から送り出された奴隷の数は，①イギリスの商人によるもの＝2,009,700人，②フランスの商人によるもの＝613,100人，③ポルトガルの商

貿易の繁栄に条件づけられながら，イギリスはランカシアにおいて，近代的綿工業が勃興することになった，ということである．

なぜ奴隷貿易が近代的綿工業勃興の要因に　周知のように，この奴隷貿易は，まずはイギリス——西アフリカ——西インド諸島を結ぶ三角貿易の形で行なわれたが，イギリスから持ち出された繊維製品は，当初は毛織物製品であった．しかし，西アフリカや西インド諸島においては，この製品の需要には限界があった．その代わりに登場したのが，東インド産のキャリコであった．この製品への需要の増大が，イギリスにおける綿工業勃興の契機となったのである．まず，このことが銘記されなければならない．

砂糖プランテーションという前史　ところで，この三角貿易の1つの地点であった西インド諸島であるが，そこは，奴隷労働にもとづく砂糖プランテーション農業が繁栄していた地域であった．そのためもあって，同じく奴隷労働にもとづく棉花プランテーションの開発は，そこでは，比較的容易であった．

そこで，18世紀におけるイギリスの綿工業の勃興は，西インド諸島における棉花プランテーションの開発が行なわれなかったならば，さらに，その前史として三角貿易の発展に支えられた砂糖プランテーションの繁栄がなかったならば，起こりえなかったということができるのである[34]．

エリック・ウィリアムズの説くところ　こうした事実にとどまらず，奴隷貿易を軸とした三角貿易の進展や，奴隷労働に立脚した西インド諸島の砂糖栽培を中心としたプランテーション経営の繁栄によって蓄積された富が，リヴァプールならびにその後背地であるマンチェスターにもたらされ，こうした諸要因に支えられて，近代的綿工業は勃興することになったのである．このことを本格的に明らかにしたのが，エリック・ウィリアムズ（Williams, Eric Eustace,

---

人によるもの＝611,000人であり，計3,233,800人のう①が約3分の2を占めた（主要3大奴隷貿易国のみの数字．Hopkins, A. G., *An Economic History of West Africa*, New York : Columbia University Press, 1973, p. 91，参照）．なおついでながら，1701-1867年における大西洋奴隷貿易の出身地別輸出数については，室井義雄「強制移民としての大西洋奴隷貿易」樺山紘一他編『岩波講座 世界歴史19 移動と移民　地域を結ぶダイナミズム』1999年，所収，124ページ，参照．

34)　18世紀のはじめから1780年代まで，イギリスの綿工業は，棉花の3分の2ないし4分の3を西インドのプランテーションから供給されたという（角山榮，前掲書，188ページ，参照）．この数字は，次の注に掲げるE．ウィリアムズの書物の叙述に依拠したものと推察される［原文，p. 72；邦訳，85ページ，参照］．さらに，1786-89年の数字についていえば，イギリス領西インドから供給された棉花は，イギリスの棉花輸入高の70％を占めたとされる（Henderson, William Otto, *The Lancashire Cotton Famine, 1861-1865*, Reprinted, Manchester : The University Press, 1969 [The First Edition, 1934], p. 41，参照）．

1911-1981 年）の研究であった[35].

　とりあえず，その成果を汲み取り，研究深化の基礎固めをしていくことが，何よりも必要であると考えられるので，その説くところを要約しておこう．

海運業と造船業の著しい発展を　1つには，奴隷貿易を軸とした三角貿易や西インド諸島のプランテーション経営の繁栄は，海運業と造船業の著しい発展をもたらした．こうした発展なくしては，世界の綿工業としてのイギリスの綿工業の興隆はありえなかった．ところで，この発展を象徴したのが，リヴァプールの異常な繁栄であった．ランカシアの綿工業は，さらにまた，実にこの繁栄に刺激されて興隆したのであった[36].

銀行創業の資金の源泉に　2つには，この奴隷貿易を軸とする三角貿易や砂糖プランテーション経営によって蓄積された富が，リヴァプールやマンチェスターに設立された銀行の資金の源泉になったことである．富者の財が近代的な銀行設立の資金の基礎となることは，日本の各地の銀行業の興隆史に照らしても明らかである．そして，こうした銀行業の勃興に基礎づけられた資金の供給に支えられながら，ランカシアにおける近代的綿工業も生成・発展していくことになったのである[37].

　また，この銀行業の興隆が生じなかったならば，海外からのこの綿工業の原料の搬入と海外への綿製品の搬出の輸送手段となる後述のリヴァプール＝マンチェスター鉄道を建設する計画を現実化していくこともできなかった，

---

35) Williams, Eric Eustace, *Capitalism and Slavery*, New York : Russell & Russell, 1961 (The First Edition, Chapel Hill : University of North Carolina Press, 1944)［E. ウィリアムズ著, 中山 毅訳『資本主義と奴隷制――ニグロ史とイギリス経済史』1968 年］，参照．

36) Williams, *op. cit.*, pp. 57-64 ［邦訳，69-76 ページ］，参照．

37) この綿工業は, 運転資金のみならず, いままで少なからざる人たちによって考えられていたのとは違って設備資金でさえも外部からの資金調達に依存していたのであった．このことについては, 田中章喜「産業資本の蓄積様式――イギリス綿工業における資本調達, 1780-1854 年」『政経論叢』（国士舘大学), 1988 年第 4 号（通巻第 66 号), 1988 年 12 月, 49 ページ, 以下;拙著『世界金融史研究』（前掲）75 ページ, 参照. なお, 綿工業以外に対しても, イギリスの銀行は, 1830 年代になる以前から実際には長期信用を与えていたという見解については, Cottrell, Philip Leonard, *Industrial Finance 1830-1914 : The Finance and Organization of English Manufacturing Industry*, London : Methuen & Co., Ltd., 1980, p. 15 & p. 210, 参照. 関連して参考になる分析については, Cameron, Rondo, "England, 1750-1844," *in* Cameron, Rondo *et al.*, *Banking in the Early Stages of Industrialization : A Study in Comparative Economic History*, New York : Oxford University Press, 1967 ［邦訳は, R・キャメロン／正田健一郎訳『産業革命と銀行業』日本評論社, 1973 年], pp. 54-55 ; Mathias, Peter, "Capital, Credit and Enterprise in the Industrial Revolution," *The Journal of European Economic History*, Vol. 2, No. 1, Spring 1973, pp. 135-139, 参照.

と考えられる[38]．

海上保険事業の発達を　3つには，世界の工場としてのランカシアの綿工業が，順調に発展していくためには，製品や原料の海上輸送の安全が確保されなければならなかった．そこに海上保険事業の発達が求められたわけであるが，この三角貿易が海上保険事業を発達させることになった．そして，また，西インドの砂糖プランターたちが，その蓄えた富をベースとして海上保険事業に乗り出していったことも銘記されなければならない[39]．

蒸気機関発明の研究資金も　4つには，そもそも機械制綿工業は，作業機械の作動が，蒸気機関の導入によって可能になったことを前提として成立したものであった．そして，この蒸気機関の発明者がウォット（通称ワット）（Watt, James, 1736-1819年）であることも，周知の通りである．ところで，この蒸気機関の発明に結実した彼の研究に対して資金援助をしたのは，西インド諸島の砂糖プランターたちであったとされる[40]．

鉄道建設の推進も　5つには，リヴァプール＝マンチェスター鉄道の建設計画それ自体を推進した中心人物が，三角貿易に深く係わっていた人たちであったということである．よくいわれているように，綿業資本が，もっぱらこれを推進したのだ，というように単純に理解してはならないわけである[41]．

豊富な棉花の供給が確保されたのは　最後にいうまでもないことであろうが，付加して述べておかなければならない重要なことは，世界の綿工業となったランカシア綿工業の大量生産体系を実現させることができた要因の1つが，アメリカ合州国から安価にして豊富な棉花の供給が確保されたことであった．そして，この供給が，奴隷労働に立脚して確保されたことであった．ところで，この奴隷労働は，これまたいうまでもないことであるが，奴隷貿易と西インドにおけるプランテーションの展開という歴史を前提にしてはじめて，合州国の棉花プランテーションの支配的な労働の形態になりえたということであった．

世界経済史的に考察することによって　このように，奴隷貿易を軸としたイギリ

---

38) Williams, *op. cit.*, pp. 98-101 ［邦訳, 114-117ページ］, 参照．
39) Williams, *op. cit.*, pp. 104-105 ［邦訳, 120-121ページ］, 参照．
40) Williams, *op. cit.*, pp. 102-103 ［邦訳, 119ページ］, 参照．
41) Williams, *op. cit.*, p. 105 ［邦訳, 122ページ］, 参照．

ス(リヴァプール)——西アフリカ——西インド諸島を結ぶ三角貿易の展開,そして,奴隷労働に立脚した西インド諸島の砂糖プランテーションの盛行,さらに,これらによって蓄積された富のリヴァプールやマンチェスター地域への投下.こうしたことにも条件づけられて,資本主義的な近代的綿工業が形成されていくことになったのである.換言すれば,資本主義の起点となったランカシアにおける世界の綿工業の出現それ自体も,広く世界経済史的に考察することによってはじめて正しく明らかにしていくことができるのである.

第Ⅱ部　方法の展開

第1次大戦期までの3つの時代
―――第Ⅱ部の「はじめに」に代えて―――

方法の展開の方法　では，第Ⅰ部の「方法の前提と基底」において記述された方法にもとづいて，具体的にはどのような経済史が展開されることになるであろうか．第1次世界大戦期までのすでに述べた3つの時代について，展開していきたいと考えるが，まず，この方法の展開の方法について述べておく必要があろうかと思う．

① 重工業が主導産業となった時代は，一般的には帝国主義とされる時代とほぼ重なる．この時代に，現代世界経済システムの原形が形成されたと捉える．未来を展望する現代世界経済システムの歴史的原形が形成された時代が，何よりも重視されなければならないという観点からして，この時代は，きわめて重要な内容をもつものと設定される．

② したがって，それ以前の2つの時代は，この原形が形成されていく歴史的な過程の時代として押さえられる．つまり，この2つの時代については，重工業が主導産業になる時代の世界経済システムが仕上げられていく過程にいたるまでの時代であると捉えられる．そして，どのようにして，その過程のなかで重工業資本主義へと発展していく諸条件が次第に形成されていったか．このような点の究明に，分析の視座が定められる．

③ 1つの時代が終了しても，その時代に形成された社会的分業の世界的な編成の構造は，消滅するのではない．それは，変容しながら次の時代に重層的に組み込まれていくと把握する．この点が，発展段階史観との決定的な相違である．過去は未来である，とされるゆえんでもある．

④ それぞれの時代については，その展開の内部に次の時代に移行していく条件が，醸成されていくことを明らかにしていく．それぞれの時代については，社会的分業の世界的な編成の構造の態様を明らかにしていくこ

とに主眼が置かれるが，その動態的な構造の内部に，次の時代の構造形成を必然的なものにする要因が，生み出されてくることを明確にしていく．
⑤主導産業は，当該時代における社会的分業の世界的編成の核となるものである．そして，こうした編成の全体構造のなかで，経済の循環は，世界商品市場と世界金融市場という脈管を通して行なわれていく，と認識しなければならない．主導産業が，当該時代の世界的な景気循環を主導するものとなるのは，こうした経済循環のありかたによるものであると考えなければならない．また，主導産業の標準的な製品の市場価格の動向が，他の商品の価格の動きを規制するとされるのも，このような経済の循環のメカニズムからして，そのようになっていくとされるのである．

3つの時代とは　次に，この3つの時代については，第I部のBの1のところですでに触れたが，これからの展開に先立ち，それぞれの時代を掲げておこう．
①第I期は，綿工業が主導産業の時代であり，おおまかな年代区分としては，1820-1850年である．この第I期は，世界資本主義の成立期として，つまり，世界経済システムの骨格の形成期として意義づけられる．
②第II期は，鉄工業が主導産業となった時代であり，同じく年代区分としては，1850-1870年である．この第II期は，第I期と第III期との過渡的な時期として押さえられる．
③第III期は，重工業が主導産業となる時代であり，同じく年代区分としては，1870-1914年である．この第III期は，現代世界経済システムの原形が形成されたと認識される．

念のため，①，②，③に掲げた最初の年と最後の年は，大体の目安とされる年を示したものであり，厳密なものではない．1850年と1870年とが重ねて表記されることも，諒とされなければならない．

第1次世界大戦期以降については　ついでながら，「あとがき」で取り上げることになるが，両大戦間の時期は，重化学工業が主導産業となった時代とすることができよう．さらに，第2次大戦後の時期について，主導産業をどのように設定したらよいか．この問題に関しても，末尾の「あとがき」において記述することにしよう．

第1章　世界資本主義の第Ⅰ段階
——綿工業資本主義の時代（1820–1850年）の史的位置——

1　綿工業資本主義の時代の分析の道標

1820年代が画期とされるのは　1820年代から1850年ごろまでの世界資本主義は，綿工業を主導産業とする時期，つまり，綿工業資本主義の時代であるということができる．なぜ，1820年代を起点とするか．

　資本主義最初の主導産業である綿工業の基幹部門である紡績業を支える労働力が，すでに述べたように，一般の〈低賃金不熟練労働力市場〉で調達される態勢が，1820年代に成立したことが，その指標とされる．このことは，労働力の商品化を核とする資本主義の体制の成立したことを意味するからである．

　ところで，このことは，多くの他の事柄に関係してくるのである．まず，いわゆる〈産業革命〉の中心的な要素をなす一連の技術革新のなかでもいわば頂点として位置付けられるような革新が，1820年代に進展したことと関連してくるのである．だから，労働力の商品化の成立に続くこの時代の分析は，まず，この技術革新の解明から入っていくのが適切であると思う．

ランカシアの綿工業が世界の綿工業に　この革新に裏打ちされた技術的生産力の優位，安価な労働力の取得，それにアメリカ合州国からの豊富な棉花供給の確保．こうした諸条件に基軸的に支えられながら，安価な綿糸の大量生産体系が樹立することになった．そして，この樹立に基礎づけられて，イギリスはランカシアという一地方において興隆した綿工業が，「世界の綿工業」として位置づけられることになるのである．

どのような意味で世界の綿工業とされるのか　では，この綿工業が，世界の綿工

業とされるのはなぜか．この綿製品は，どのようにしてどのような地域に売られていったのか．この販売の見返りにはどのような商品が入ってくることになったか．世界の綿工業の操業を現実化させた1つの要因は，アメリカ合州国からの棉花供給であるが，この供給を可能にしたこの地の棉花栽培は，どのような形態のもとで行なわれたのか．また，この棉花栽培の盛行は，この地の農業の構造をどのように変容させることになったか．さらに，この棉花の輸出代金はどのようにして回収されたか，などなど．

資本主義が世界経済システムとして成立したことを説いていくには　このような問いを究明していく過程において，商品にしても金融にしても，すべての市場が世界市場に通じる体制ができ上がったことが明確にされていく．ここにいたってはじめて，資本主義は，その経済循環の脈管である世界市場に包摂される市場の網の目を張りめぐらせた世界的なシステムとして成立したことが，明らかにされるのである．

　世界金融市場の成立は，世界商品市場の成立を前提としなければならない．こうした点で両市場は，ともに重要であり，そして，この2つの市場は深く関連しあっている．しかし，世界金融市場は，商品取引と直接的な関係をもたない金融手形の振出や割引の市場を含むことをまず念頭に置かなければならない．そればかりでなく，世界金融市場は，手形割引といった短期金融の世界市場だけでなく，この短期金融市場の発展と密接に関連しながら長期金融の世界資本市場を含むことになる．さらに，この世界資本市場の成立を前提として，世界的な産業や市場の構造が大きく再編成されていくことになっていったのである．

綿工業資本主義の時代の世界的な産業や市場の構造の再編成　ヨーロッパ大陸の諸地域における近代的な綿織物工業の勃興．アメリカ合州国における交通手段の改良事業の進展や大銀行の設立．ラテン・アメリカにおける鉱山業の近代的再編成の推進．ヨーロッパと熱帯・亜熱帯産品生産や奴隷供給の後進地域などとの通商関係の変化．こうした一連の事柄が，世界資本市場の成立を前提として展開していくのである．そしてまた，この前提のもとで進展したもっとも大きな出来事は，世界的な鉄道建設が，この時代に進展し始めたことであった．ヨーロッパ大陸やアメリカ合州国においてのみでなく，東インドに

おいても鉄道建設が進展し始めるのである．

　1850年代から世界資本主義の主導産業は鉄工業へと交替していくが，このようになっていく条件が，この「世界的鉄道建設の第1期」と名づけられうるこの時期における鉄道建設の進展の過程で醸成されていくことになるのである．そして，この進展もまた，世界資本市場の成立を前提としてはじめて現実化することができたのであった．

　ここに掲げたいくつかの事柄を道標として定めながら，以下の分析を進めていくことにしていきたい．

2　「世界の綿工業」成立の意義

綿工業における新たな技術革新　綿工業資本主義の最初の10年間は，主導産業において新たな技術革新が進展した時期であった．この革新は，綿工業の基幹部門である紡績業における労働力の商品化の成立を前提とし，これと深く係わったものであった．

　蒸気機関を導入したミュール紡績工場は，19世紀に入ると綿紡績部門における支配的な生産形態になった．ところで，さらに，1823,4年ころから，この部門に〈大型ミュール〉紡績機が普及することになった．そのために紡績工場の規模が，いっそう大きくなり，労働者の作業範囲が広がっていった．

　そして，これに引き続くようにして〈自動ミュール〉紡績機が綿紡績部門に普及していくことになった．そのことによって，紡錘当たりの生産量が増大し，より均質な，撚性が強く切れにくい良質な糸の大量生産が可能になった．

自動ミュール紡績機の普及　この自動ミュール紡績機の普及は，重要な意味をもった．これによって糸はしっかりと糸巻きに巻きつけられるようになり，織布工程がそれだけ容易になったからである．ここに，水力を用いる〈農村の工場〉に対する蒸気力を用いる〈都市の工場〉の決定的な優位が確立することになったからである[42]．

安価な綿糸の大量生産体系の樹立　そして，こうした技術革新によって，良質に

---

42)　入江節次郎『イギリス資本輸出史研究』（前掲）63ページ；68-69ページ，参照．

して安価な綿糸の大量生産体系が樹立されることになったことを前提として，織布部門において力織機の採用が急速に進むことになった．このことは，イギリスにおける力織機の数が，1820年には14,150台であったのが，1829年には55,500台となったと概数ではあるが示されるようになったことからも知られるのである．「1830年代に入るかなり以前にすでに力織機の支配が決定的なものになったことはたしかであった」といわれるゆえんである．そして，この力織機の普及に条件づけられながら，大規模な紡織兼営が，綿工業の支配的な企業形態となるのである[43]．

資本主義の体制がいよいよ固められていく　このような紡績部門の技術革新の現実化は，この部門における労働力の商品化の成立を前提とするものであったが，また，この技術革新という環境条件の変化に対応して，労働力の商品化の傾向がさらに強まっていくことになったのである．つまり，資本主義的な労働力市場がいっそう拡大していくことになったのである．ここに機械制大工業の成立を支える豊かな〈低賃金不熟練労働力市場〉ができ上がるという形で，労働力の商品化に表徴される資本主義の体制が，いよいよ固められていくことになっていったのである．

世界の綿工業として　近代的な綿工業の成立という事態の進展にかかわって，特筆しておかなければならないことは，このランカシアの資本主義的な綿工業が，世界の綿工業という形態をとって，世界市場を基盤としてその姿を現したことであった．このことは，すでに1820年代の初めに，重量ベースで綿糸と綿布を合わせた輸出比率が66.5パーセントに及んでいたことに象徴的に示される．大衆向けの比較的安価な機械織の一般製品が輸出されたわけであるから，同時期の価格をベースとした比率ではやや下がるが，それでも綿糸と綿布を合わせた輸出比率は，55.6パーセントに及んだのであった．

　その輸出先は，ヨーロッパ大陸の諸地域はいうまでもなく，トルコ，エジプト，バーバリ諸国，その他アフリカの諸地域，そして，アメリカ大陸の諸地域や西インド諸島，さらに，東インド，中国，ジャワ，オーストララシア，日本

---

43) イギリスの1820年代における力織機の数字ならびにカッコ内の叙述については, Chapman, Sir Sydney John, *The Lancashire Cotton Industry : A Study in Economic Development*, Manchester : The University Press, 1904 (Reprinted, Clifton : Augustus M. Kelley, Publishers, 1973), pp. 28-29；入江節次郎『イギリス資本輸出史研究』(前掲) 63ページ［脚注34）］；69ページ，参照．

といった広大な地域に及んだのであった[44]．

このように，ランカシアの綿工業は，余剰な生産物を海外に輸出する産業としてではなく，はじめから世界市場を足場として近代的綿工業としての態勢を整えたことが，銘記されなければならない．

棉花はどこから供給されたか　イギリスはいうまでもなくヨーロッパではまったく産出されない棉花という原料を用いて，資本主義的な世界の綿工業がランカシアに勃興したことの意義も，きわめて重要なものであった．しかも，世界の工場としてのイギリスの綿工業という態勢の確立を可能にした要因の1つは，奴隷労働に立脚した安価にして豊富な棉花が，アメリカ合州国から供給されうるようになったことであった．

1816-1820年においては，イギリスに輸入された棉花のすでに47.3パーセントがアメリカ合州国産のものであったが，1826-1830年には，その割合は，74.5パーセントにもなるのである．そして，1808年に開設されたリヴァプール棉花取引所において，こうした遠隔地から供給される棉花が，世界商品として，見本にもとづいて等級づけをされて取引されるようになるのである[45]．

新しい世界経済史的位置づけが合州国の農業に　アメリカ合州国において生産される棉花に大きく依存しながら，世界の綿工業として近代的綿工業が誕生しえたという事実は，産業資本主義の成立によって，この国の農業が奴隷労働に立脚した棉花プランテーションを中心として再編成されることを意味したのであった．少し具体的に述べると，実にアメリカ合州国の棉花生産の8割以上が輸出に向けられる年が現れたり，また，その年には棉花の輸出が農産物輸出の67パーセントも占めるという構造になったことに，このことが示さ

---

44) 綿製品の地域別輸出分布など詳しい数字については,前掲『イギリス資本輸出史研究』80-83ページ，参照．なお，綿糸と綿布の輸出と国内消費について1819-1821年と1829-1831年とを比較した数字は，Ellison, Thomas, *The Cotton Trade of Great Britain*, New Impression, London: Frank Cass & Co. Ltd., 1968 (The First Edition, 1886), pp. 59-60に与えられている．さらに，ランカシア綿製品の1820年と1830年の地域別輸出分布の数字については，Ellison, *op. cit.*, pp. 63-64とSpackman, William Frederick, *Statistical Tables of the Agriculture, Shipping, Colonies, Manufactures, Commerce, and Population of the United Kingdom of Great Britain, and Its Dependencies, Brought Down to the Year 1842, Compiled from Official Returns*, London: Longman and Co., 1842, p. 35, 参照．

45) 入江節次郎『イギリス資本輸出史研究』（前掲）64-66ページ，参照．アメリカ合州国以外の棉花供給地域は，ブラジル，西インド，エジプト，東インドであるが，これらの地域はすべて，ヨーロッパ以外の地域であることに注目しなければならない．

れる[46]. つまり，アメリカ合州国の農業が，棉花プランテーションを中心とする態勢となり，その棉花プランテーションは，世界の綿工業の動向によってその発展が規制されるような構造が創造されることになったのである.

棉花が世界商品となることによって　アメリカ合州国産の棉花は，イギリスだけに輸出されたのではなかった．後述するように，ヨーロッパ大陸の諸地域において，近代的綿織物工業の勃興を起点としてやがて紡績業も興ってくるようになるにしたがって，フランスなどにも輸出されていった[47].

棉花の輸出の増加が銀行手形の振り出しの増大を　ところで，世界金融市場の成立について言及する前に先走って筆を進めることになるけれども，こうした棉花の輸出が，増大していくことに条件づけられながら，世界の貿易が拡大していくことになっていったのである．そのメカニズムは，次のように作動したのであった．つまり，──

　この棉花の輸出に伴って棉花手形（Cotton Bill）が振り出された．この手形は，当時の合州国の中央銀行であった第2合州国銀行（The Second Bank of the United States）のニューオリンズ（New Orleans）といった棉花の輸出港湾都市に設置された出先機関によって，この銀行の銀行券と引き換えに買い取られた．それから，さらにこの手形は，フィラデルフィアのこの銀行の本店に送られた．そこで，この本店は，取引先であるマーチャント・バンカーのベアリング・ブラザーズ社（Baring Brothers & Co.）にこの棉花手形を売り，その代金がベアリング社に設けられたこの銀行の口座に振り込まれた．そして，その口座残高を一定限度越える金額まで当座貸越を受ける形で，この銀行はベアリング社によって引き受けられた銀行手形（Bank Draft）を振り出して売る権限を与えられたのであった．つまり，オープン・クレジッツ（Open Credits）と称せられる信用をこの銀行は，ベアリング社から与えられることになった.

この銀行手形の振り出しの増大を媒介として世界の通商が発展　このオープン・ク

---

[46] より具体的には，1836年におけるアメリカ合州国の棉花の総生産高のうち輸出の占める比率の82.1%という数字と，同年における同国の農産物の輸出総額に占める棉花の輸出額の比率が66.7%であったことがベースとして考えられている（入江節次郎『世界金融史研究』〔前掲〕150ページ，参照）.

[47] 1827年から1861年まで各年のフランスなどへのアメリカ合州国の棉花の輸出高については，上村能弘『合衆国の棉花金融史研究』風間書房，1995年，76-77ページ，参照.

レジッツの枠は，ベアリング社によって250,000ポンドまでと一応は定められた．だが，ときにこの額を越えて第2合州国銀行は銀行手形を振り出したのであった．そして，貿易商人は，遠隔地貿易に際しての便利・安全な支払いの手段として，この銀行手形を喜んで購入したのであった．

現在のトラベラーズ・チェックの便利さからも容易に想像されるように，まず，この手形を用いると，現金の場合よりも有利な交換比率でポンドが入手できたからであった．また，現金でもっていると，盗難のおそれがあった．さらに，船が難破して沈むと，元も子もなくなってしまうからでもあった[48]．

これを用いて，貿易商人は，たとえば，広東からは茶や絹を，リオデジャネイロからはコーヒーや砂糖などを安全かつ有利に購入できたからであった．この手形は，アメリカ合州国に係わる世界通商に用いられたばかりではなかった．たとえば，アメリカ合州国の船に乗船した貿易商人が広東で茶を仕入れ，これをロンドンで売るといった場合の通商に際しても，その仕入れの支払いの手段としてこの手形は用いられたのであった．この銀行手形は，いくつかの通商の支払いの手段として用いられながら，長い〈地球の旅〉をしていったのである．そして，いきつくところ，その決済はロンドン世界金融市場でなされていったのである．

3　世界商品市場と世界金融市場の成立

(1) 世界商品市場の成立の意義

世界商品市場の成立　世界の綿工業が形成されたことによって，その原料である棉花が世界商品となっただけではない．そもそも，輸出と輸入とは，相関的に発展していくものである．イギリス産の綿製品の世界市場的な拡大に対応して，その原料である棉花はいうまでもなく，さらに砂糖，茶，コーヒー，タ

---

[48] 棉花手形の振り出しから第2合州国銀行手形の振り出しにいたるプロセスならびにこの銀行手形が世界通商の支払いの手段として果たした大きな役割については，入江節次郎『世界金融史研究』（前掲）151-167ページ，参照．また，ベアリング社が第2合州国銀行に認めたオープン・クレジッツの枠については，同上書，176ページ他，参照．

バコ，穀物類，木材といった産品が，これらは，もちろん資本主義的な生産物ではなかったわけであるが，世界商品という性格を与えられることになった．そして，棉花はリヴァプールで，他の農林産品はロンドンで相場が立ち，いずれも，世界市場で流通することになったのである．

世界経済全体が資本主義の体制に　イギリスは，しかもランカシアという1地域において，さらに，綿工業というただ1つの工業部門で，資本主義的な機械制工業生産の体系が成立したことによって，こうした世界商品市場での流通に媒介されて，世界経済全体が資本主義の体制に包摂されることになったのである．このことのもつ意義は，いくら強調しても強調し過ぎることはないほどのものである．

世界通商の基軸構造の形成　ところで，これら農林産物世界商品の生産地域における綿製品に対する購買能力は，ひとえにこれら農林産品の世界市場への流出能力に掛かっていた，といって差し支えないであろう．綿製品の販売側からいえば，その販売がこれら農林産品の生産地域に順調に行なわれていくためには，農林産品の世界市場への流出が先行的に大きくなっていなければならないことが，その条件とされたのであった．

綿製品の輸出地域側に有利な市場構造に　綿製品の輸出地域側から捉えると，この世界通商の基軸構造は，輸入先行型の貿易構造の形成ということになろう．後述するように，特に，1820年代の終わりころからヨーロッパ大陸への綿織物の輸出が減少傾向を示すようになった．そこで，この減少分を補うために，世界商品となった農林産品の生産地域に対して綿織物の販売を増大させていかなければならなくなった．そのためには，前提として，対応的にこれら農林産品がいっそう世界市場に流出していくことが求められたのであった．ところで，これら農林産品の相場は，棉花についてはリヴァプールにおいて，他の産品についてはロンドンにおいてというように，これらの産地を遠く離れたところで定められた．そこで，これらの産品のヨーロッパへの輸出が増大すればするほど，これらの相場は，下降傾向を示すことになったのである．

一方，資本主義的世界商品である綿製品の価格については，特に1825年の経済恐慌に続く不況期に委託荷販売制度が崩壊して産地での買い付けが一般化して[49]，海外の競売市場で買い叩かれることが少なくなった．その結果，世

界市場価格であるマンチェスターの綿製品市場価格は安定する傾向を強めたのであった。ここに，明らかに綿製品の輸出地域側に有利な世界通商の市場構造ができ上がることになったのである。

ヨーロッパの経済が農林産品の生産地域の経済を支配する体制に　つまり，綿工業の製品の販路の拡大は，世界商品である農林産品の生産地域における需要に依存していたはずであるにもかかわらず，実際には，世界商品である農林産品の生産地域の経済が，皮肉にもこれらの産品に対する資本主義的工業地域を中心としたヨーロッパの購買力に依存する体制ができ上がったのである。

ともあれ，資本主義的工業製品の生産国の貿易収支は，既述のように世界商品である農林産品を先行的に取り込まなければならなかったことから，恒常的に赤字という構造にならざるをえず，その均衡を保持するためにも資本の輸出が重要な意味をもってくることになるのである。

奴隷労働を一方のベースとしながら世界通商は発展　このような世界通商の展開は，さらにもうひとつの重要な局面をもっていたのである。そもそも，資本主義的な綿工業の勃興の要因として，奴隷貿易と奴隷労働が果たした役割についてはすでに述べた。だが，成立した世界資本主義体制も，この奴隷貿易や奴隷労働を不可欠な支えとしながら発達していくことになったことを，世界通商の構造は内意していたのであった。

何よりも，世界の綿工業の発展それ自体が，合州国の棉花プランテーションの奴隷労働に大きく基礎づけられていた。そして，この奴隷の食料になった米は，輸出向けに古くから耕作が行なわれていたサウス・カロライナやジョージアの米の栽培プランテーションから主として供給された。注目すべきは，この米の生産もまた奴隷労働に依拠していたのであった。さらに，綿製品の世界的な通商の発展とともに，砂糖・タバコ・コーヒーなどの世界的な通商もさらに増大したが，これらの生産も奴隷労働によって遂行されたのであった[50]。

---

49)　世界通商の態様に大きな影響を及ぼすことになった委託荷販売制度の衰退については，入江節次郎『世界金融史研究』（前掲）147ページ，参照．

50)　1850年の数字となるが，アメリカ合州国の棉花プランテーションの数は，74,031であってプランテーション総数の約80％を占めた．また，棉花栽培に従事していた奴隷の数は，1,810,000人で農業に就労の合州国の奴隷総数の72.6％に相当していたとされる（上村能弘，前掲書，84-85ペ

奴隷貿易の禁止以降も　ついでながら，イギリス政府は，1807年にイギリス帝国内の奴隷貿易を禁止した．だが，世界の奴隷貿易がそのために行なわれなくなったのではなかった．たとえば，後述するように，ブラジルを中心にした奴隷貿易に携わった歴史の古い[51]　ポルトガルの奴隷貿易商人の手によって，1820年代から著しく発展していったこの地域のコーヒーの栽培農園向けに，大量の奴隷が，東アフリカなどから送られてくることになるのである．このポルトガルの奴隷貿易商人は，少なからずイギリスのリヴァプールやアメリカ合州国のボルティモア（Baltimore）などの造船所で奴隷輸送船を建造し，また，イギリスやアメリカ合州国の商人から資金的な援助を受けたのであった[52]．

(2) 世界金融市場の形成

ロンドン世界金融市場の成立　このような世界商品市場の成立によって，この商品の流通に伴って発生する信用関係の連鎖が，つまり，この流通に伴って振り出される手形が，ロンドン世界金融市場に集約されて決済される機構が成立することになった．

　このようにロンドンが世界金融市場の中心となりえたのはなぜか．何よりも，そこでは直ちにゴールドを調達できるからであった．そこには世界の遊休資金が集積された．この集積された資金をベースとして，そこは，短期金融市場と密接に関連しながら同時に世界の長期金融市場に，つまり，世界資本市場となったのであった．

まずは世界の短期金融市場として　ロンドン世界金融市場は，世界商品流通の増大にしっかりと根ざしながらその足場を固めていったのであり，この点がま

　　ージ，参照）．それから，合州国の米の輸出の歴史統計については，Dethloff, Henry C., *A History of the American Rice Industry, 1685-1985*, College Station, Texas : Texas A & M University Press, 1988, p. 10 & p. 41（ヘンリー・C. デスロフ著，宮川淳監修訳『アメリカ米産業の歴史』ジャプラン出版，1992年，29ページ；75ページ），参照．

51)　この点，たとえば，池本幸三，布留川正博，下山晃『近代世界と奴隷制——大西洋システムの中で』人文書院，1995年，93-98ページ，参照．

52)　ブラジルの奴隷貿易の歴史については，布留川正博「近代奴隷制度崩壊へのプレリュード——19世紀前半におけるブラジルの奴隷貿易とその廃止」池本幸三編著『近代世界における労働と移住［理論と歴史の対話］』阿吽社，1992年，所収，133-179ページ，参照．なお，奴隷貿易禁止以後における大西洋奴隷貿易へのイギリスの寄与についていろいろな面から論じたものとして，たとえば，Eltis, D., "The British Contribution to the Nineteenth-Century Transatlantic Slave Trade," *The Economic History Review*, Second Series, Vol. XXXII, No. 2, May 1979, pp. 211-227, 参照．

ずしっかりと踏まえられなければならない．さらに，そこで決済された手形であるが，商品流通に直接関係なく振り出されるいわゆる金融手形も次第に増大していくことになったことが，留意されなければならない．

　このような基盤に支えられて，そこでの遊休資金の活用を図るためにロンドン世界金融市場に，世界的に資金が集積される態勢が作り上げられたのであった．こうした資金は，国際的な金融市場を遠く離れた地方的な金融市場からも送られてきたのであった．この豊かな資金プールの存在を前提として，ロンドン金融市場は，世界の短期金融市場としての機能を強化していったのである．すべての金融市場は，世界金融市場に通じる道ができ上がったのであった．

世界の短期金融市場から世界の長期金融市場へ　すでに触れたように，さらに，こうした集積された資金をベースとして，ロンドンが，同時に短期金融市場と密接に関連しながら世界の長期金融市場に，つまり，世界資本市場となったことの意義も重要であった．

　このようになることができた歴史的な基盤として，ナポレオン戦争中（1793-1815年）に，その戦費を賄うための巨額のイギリスの政府債[53]の発行・売買市場として，ロンドン資本市場が発展していったことが，まず，念頭に置かれなければならない．

マーチャント・バンカーズの地位の確立　市場の発展には，その市場の担い手が存在しなければならない．マーチャント・バンカーズは，世界通商とこの通商に伴う金融業務，つまり，世界商品の流通に伴って振り出される商業手形の引受・割引業務，さらに，商品取引に直接関係なく振り出される金融手形の引受・割引業務を通じて巨万の富を蓄積して短期金融世界市場において支配的な地位を占めていたが，この資本市場の担い手として登場してきたのであった．

世界のバンカーとして　マーチャント・バンカーズは，資金力が巨大であったというだけではなかった．みずからの取引業者を通じてヨーロッパ大陸の主要商業都市において，イギリスの政府債を販売しうる能力をもっていた．こ

---

[53] 1815年におけるイギリス政府債の発行残高が，7億4,490万ポンドであった（入江節次郎『イギリス資本輸出史研究』［前掲］95ページ，参照）ことに，その巨額さが示される．

うしたことのために，ナポレオン戦争中に，イギリス政府債の大口引受業者として，ロンドン資本市場を支配していくことになったのである．そればかりではない．

　この政府債の発行によって調達された資金は，ヨーロッパ大陸において軍務についているイギリスの兵士の給与や食糧の調達費や武器などの輸送費に充てられるためのものであった．また，この資金は，同盟国への援助に充当されるためのものであった．こうしたことのために，ヨーロッパ大陸で流通しうる通貨でこの資金が調達されることが，きわめて好都合とされたのであった．そして，こうした調達能力をもっていることからも，マーチャント・バンカーズは，ナポレオン戦争中，イギリスの政府債の発行やその売買を重要な業務としていたロンドン資本市場を支配する地位を占めることになっていったのである[54]．

短期金融市場と長期金融市場の連関　ロンドンが世界的な短期金融市場となりえたのは，そこが世界的な資金プールになっていたことに基礎づけられていた．そして，このことを不可欠な前提として，そこは，世界的な長期金融市場としても発展していくことになったわけであるから，その意味で両市場は，基底的に不可分に結びついていた．

　また，世界的な短期金融市場を支配した金融業者も，世界的な長期金融市場を支配していくようになる金融業者も，同じくマーチャント・バンカーズであったことからも，この両市場は密接な関連を保ちながら発展していくことになった．

世界の資本市場ロンドンに　ナポレオン戦争後，まず，フランス政府が賠償金支払いのために，また，オーストリア，ロシア，プロシアなどの諸政府が，インフレーションの収束や財政の立直しなどのために，ベアリング社やロスチャイルド（The Rothschilds）を発行業者として巨額の政府債をロンドン資本市場において発行したのであった[55]．

　ヨーロッパ大陸の諸国だけではなかった．新興のラテン・アメリカ諸国も，

---

54)　詳細については，同上書，87-110 ページ，参照．
55)　同じく，同上書 110-121 ページ，参照．なお，「1820 年代においてロンドンにて発行されたヨーロッパ大陸諸国の政府債」の一覧については，同上書，166-167 ページ，参照．

1822 年, 1824-1825 年, 1829 年に相次いでロンドン資本市場において政府債を発行した. 優良な政府債という名を保ったブラジル政府債は, ロスチャイルドによって, また, ブエノスアイレス債はベアリング社によって, その発行が引き受けられた[56]. さらに, ラテン・アメリカのその他の政府債の発行は, この 2 業者ほど大きく有名ではなかったが, やはりマーチャント・バンカーズの事業を営んでいた業者によって引受けられたのであった.

各国政府債の発行によって通商が増大　これら各国政府債の発行業者であったマーチャント・バンカーズは, こうした政府債の発行それ自体に伴って取得される利益が大きいためという理由だけから, これらの発行引受業務を行なうことになったのではなかった. こうした政府債の発行によって, 当該国の地域に関連する通商が促進されることになったわけであるが, マーチャント・バンカーズは, これらの発行を引き受けることによって, その通商に係わる利益を取得できるという期待が存在したからでもあった[57].

　各国政府債の発行によって, 当該国の地域に関連する通商が促進された事例としては, 1820 年代におけるラテン・アメリカ諸国の政府債の発行と同地域との通商の増大との関連があげられる. とりわけ, 成立した近代的綿工業が, この年代において同地域に綿製品の販路を増大させることができた要因として, 1820 年代にロンドンにおいてラテン・アメリカ諸国の政府債が発行されたことが考慮に入れられなければならない[58].

優良な各国政府債は国際通貨に　各国政府債への投資それ自体は, 長期金融を意味した. ところで, この投資は, 形式的には証券投資であった. そして, この証券は, 短期的な投機の手段にもなりうるものであった. そればかりではない. 通商に伴う支払いの手段として, 優良な各国政府債は, 商業手形よりも有利なものとして受け取られたのであった.

---

56)　ついでながら, ロスチャイルドがブラジル政府債の発行に係わったことを契機として, ブラジルは 1825 年ころから〈ロスチャイルドの国〉と呼ばれるようになったことに触れておこう. また, ベアリング社は, それからアルゼンチンとの深い金融的結びつきを展開し, かなり後のことになるが, この関係は, ブエノスアイレスを舞台として 1890 年に勃発したベアリング世界経済恐慌の引き金の役を演ずるまでに発展していく. こうした歴史的な根が, 1824 年におけるブエノスアイレス債の発行にベアリング社が係わったことによって植え付けられたのであった (同上書, 223-224 ページ, 参照). なお, 1822 年, 1824-1825 年, 1829 年にロンドン世界資本市場において発行されたラテン・アメリカ諸国の政府債の一覧については, 同上書, 218-219 ページ, 参照.
57)　こうしたことの証明については, 同上書, 126-127 ページ, 参照.
58)　同上書, 84 ページ; 350-351 ページ; 364-365 ページ, 参照.

このことを証明する代表的な歴史的事実を掲げよう．1818年, 1828-1830年, 1839-1840年, 1847年に, イギリスでは穀物危機が到来したために, 穀物の輸入が増大した．ところで, こうした時期において大量の穀物の輸入ができたのは, 優良な各国政府債が, その支払いの手段として役立ったからであった[59]．

ロンドン世界金融市場は自由が保証された市場　ところで, 世界的な金融業者のマーチャント・バンカーズは, どのような条件を与えられたためにロンドン金融市場を拠点とする活動をすることができたのであろうか．これを保証したのは, この市場が, たしかに地理的にはイギリス国内に所在しているけれども, そこは, 原則的にイギリス政府の規制の加えられない〈自由な〉金融市場であるという条件であった[60]．この自由なくしては, ロンドンが, 世界的な短期金融市場としても, また, 世界的な資本市場としても, 中核的な位置を占めることはできなかったのである．この点が, きわめて重要な意味をもつのである．

世界金融市場の位置づけ　世界金融市場というとき, あるいはまた, 世界資本市場というとき, 狭義においては, これらは, ロンドン金融市場やロンドン資本市場を意味する．だが, ロンドン金融市場やロンドン資本市場は, 他の国際金融市場や他の国際資本市場を包摂し, これらと緊密な連携を保つことによって, はじめてその機能を営むことができたのであった．このようなわけであるから, 世界金融市場とか世界資本市場というとき, 広義においては, こうした包摂や連携の諸関連の総体を意味する, ということができよう．

　さきに, ロンドンは, 「世界金融市場の拠点的な存在」であるとか, 「世界的な資本市場としても, 中核的な位置を占める」とか述べた．だが, その意味に

---

59) この点に関する掘り下げた分析については, 同上書, 337-341ページ, 参照.
60) 入江節次郎『世界金融史研究』(前掲), 47-48ページ, 参照. 具体的に, たとえば, ロンドン証券取引所が, ドイツやフランスの証券取引所と対比して政府の規制から自由であった点については, Michie, R., "Different in Name Only? The London Stock Exchange and Foreign Bourses, *c*. 1850-1914", *in* Michie, R. C. (ed.), *The Development of London as a Financial Centre*, Volume 2: 1850-1914, London: I. B. Tauris & Co. Ltd, 2000, pp. 286-287, 参照. また, Atkin, John, "Official Regulation of British Overseas Investment, 1914-1931", *The Economic History Review*, Second Series, Vol. XXIII, No. 2, 1970, p. 32 においても, ロンドンのシティの金融活動については, 第1次世界大戦時まで, イギリス政府は干渉しないという政策を維持したと述べられている (関連して, 鈴木俊夫「第一次世界大戦前イギリスの海外投資とシティ金融機関」『社会経済史学』第65巻第4号, 1999年11月, 33-36ページ, 参照).

は深長なものがあって,そこでは,ロンドンが国際短期金融市場として,あるいは,国際資本市場としてパリやアムステルダムやフランクフルトなどに対して優位を占めたことだけが意味されているのではない.より重要な点は,ロンドン金融市場が,パリなど他の金融市場を包摂し,これらの市場との連携の保持を不可欠な条件としながら,その支配的な地位を占めえたことが,そこでは内意されているということであった[61].

大物マーチャント・バンカーズにしても単独では だから,大物マーチャント・バンカーズにしても単独で世界的な金融活動を展開していくことはできなかった.たとえば,ロスチャイルドは,パリ,フランクフルト,ウィーンなどの金融市場を活動の拠点としている兄弟の業者たちとともに,これらの地域の金融業者たちの協力をえて,はじめて大物マーチャント・バンカーズとしての地位を保つことができたのであった.また,ベアリング社は,パリのオッタンゲル社 (Hottinguer & Co.) や,アムステルダムのホープ社 (Hope & Co.) とともにベアリング・グループを結成することによってはじめて,第2合州国銀行を頂点とする19世紀前半におけるアメリカ合州国金融市場を支配することができたのであった[62].

ロンドンが世界の商業情報のセンターに このように,ロンドンが世界商品市場の中心に位置し,世界金融市場の拠点となったことから,世界中の商人や金融業者たちが,出先機関やエイジェントを設けたり常駐させたりして,そこに進出してくるようになった.そして,商品や貨幣がそこに蝟集するようになったばかりではない,そこは,世界の商業情報が集中するセンターになっ

---

61) 入江節次郎『世界金融史研究』(前掲) 65-66ページ,参照.
62) ロスチャイルドについては, Wilson, Derek, *Rothschild : The Wealth and Power of a Dynasty*, New York : Charles Scribner's Sons, 1988 ; Ferguson, Niall, *The World's Banker : The History of the House of Rothschild*, London : Weidenfeld & Nicolson, 1998 ; 中木康夫『ロスチャイルド家――世界を動かした金融王国』誠文堂新光社, 1960年 ; ジャン・ブーヴィエ著・井上隆一郎訳『世界の企業家2 ロスチャイルド――ヨーロッパ金融界の謎の王国』河出書房新社, 1969年, 参照. また, ベアリング社については, Orbell, John, *Baring Brothers & Co., Limited. A History to 1939*, London: Baring Brothers & Co., Limited, 1985 ; Ziegler, Philip, *The Sixth Great Power : A History of One of the Greatest of All Banking Families, the House of Barings, 1762-1929*, New York : Alfred A. Knopf, 1988, 参照, さらにベアリング・グループのアメリカ合州国金融市場での活動については, 前掲の『世界金融史研究』の索引を手掛かりにされたい. 特に, Hidy, Ralph Willard, *The House of Baring in American Trade and Finance : English Merchant Bankers at Work 1763-1861*, Cambridge, Massachusetts : Harvard University Press, 1949 (Reissued, New York, Russell & Russell, 1970) は貴重である. なお, ホープ社のすぐれた社史としては, Buist, Marten G., *At Spes Non Fracta : Hope Co. 1770-1815 : Merchant Bankers and Diplomats at Work*, The Hague, Netherlands : Martinus Nijhoff, 1974 があることを紹介しておきたい.

たのである．そればかりではない．ロンドンは，世界の海上保険事業のセンターにもなっていった．

4 ロンドン世界資本市場の成立を前提として

(1) ヨーロッパ大陸の諸地域における近代的綿織物工業の勃興

安価な綿糸の供給に支えられて　ランカシアにおける世界の紡績業から安価な綿糸の供給が確保されることになったことを前提として，輸入したこの綿糸を原材料とする機械制綿織物工業が，早くも1820年代後半に，プロシアやオーストリアやロシアなどにおいて勃興することになった．

のちの時期に世界の各地で見られるようになった原材料部門を飛び越して，製品部門からという形の近代的工業化のパターンの歴史的な原形が，ここに示されることになった．

ロンドンが世界の資本市場になったことを　ところで，こうしたヨーロッパの諸地域における近代的綿織物工業の勃興は，ロンドンが世界の資本市場となったことに条件づけられて現実化したのであった．

これらの地域の国ぐには，ナポレオン戦争後，ロンドン世界資本市場において相次いで政府債を発行した．このことによって，これらの国ぐには，国内公債の発行をその分だけ少なくすることができた．短絡的な論理の展開になるかもしれないが，これに見合う分だけ国内の新たな工業建設に資金がまわることになった．

そればかりではなかった．こうした後発工業国の場合，近代的な綿織物工業の勃興に際して，国家の助成がなされたわけであるが，この助成も国外からの資金の導入によって容易になされる条件を与えられたのであった．同時に，この綿織物工業は，国家の助成を受けることで，国家のお墨付きという信用を与えられることになった．そして，この信用に裏付けられて，こうした後発工業地域の近代的綿織物工業に対し，イギリスから民間の資金や熟練職人や機械類が導入されてくることになっていった[63]．

(2) 世界的な通商の構造変動

世界の綿工業の輸出先の地域分布の変動　このように，ランカシアから供給される綿糸に依存しながら，ヨーロッパの諸地域において近代的な綿織物工業が勃興することになった結果，世界の綿工業からこの諸地域への綿糸の輸出は，増大していくことになった．けれども，この諸地域への綿織物の輸出は，ヤードを単位とするか金額を単位とするかによって数字は異なってくるが，いずれにしても早くも 1820 年代を通じて，地域的な比重を激減させていったのである[64]．

熱帯・亜熱帯産品の直接輸入が増大　また，1820 年代になると，イギリスの再輸出は，その伸びを停止し，減少傾向さえ示すようになった．特にタバコ，コーヒーといった熱帯・亜熱帯産品については，プロシア，オーストリア，ロシアなどへの再輸出の減少傾向をはっきりと認めることができるのである[65]．

このようになったのは，再輸出先のこうした品目に対する消費需要が減少したためではなかった．こうした再輸出先の諸地域が，これら産品を生産する熱帯・亜熱帯の現地からポンド勘定でより安く直接に購入する傾向を強めたからであった．

では，どのようにしてこれらヨーロッパ大陸の諸地域は，ポンド資金を用いる余裕をもつことができたのであろうか．それは，プロシア，オーストリア，ロシアなどの国ぐにが，ロンドン世界資本市場で政府債を発行したためであった．そして，これらの産品を直接に購入する支払い代金として，このポンド資金は，これらの産品を販売した諸地域に移動していった．

そのために，これら産品の生産地域は，世界の綿工業の製品に対する購買力を増大させたのであった．1820 年代にロンドン世界資本市場で政府債を発

---

63)　入江節次郎『イギリス資本輸出史研究』(前掲) 328-330 ページ，参照．なお，当時，織物機械それ自体のイギリスからの輸出は規制されていたが，形状をとどめないように機械類を解体するといった巧妙な工夫が講じられて，法の規制をくぐり抜けた機械類の輸出が不断に行なわれたのであった．

64)　前掲の同上書，81-83 ページ，参照．対照的にラテン・アメリカ地域への綿織物の輸出が，絶対的にも相対的にも増大することになるが，これまたロンドン資本市場からラテン・アメリカ地域に向けられた投資の盛行と係わっていたことについては，すでに述べた．

65)　ヨーロッパ大陸諸地域へのイギリスの再輸出額は，1820 年の 90 億 2,070 万ポンドから 1830 年には，その 70.3% に相当する 63 億 3,730 万ポンドに減少したことが示されている．関連した数字については，前掲の同上書，322-327 ページ，参照．

行したためにプロシアやオーストリアやロシアなどにおいて生じることになった余裕ポンド資金が，一定の迂回経路を経て，世界の綿工業の製品に対する熱帯・亜熱帯産品生産地域における増大した輸入代金の支払いの手段となったと理解されなければならない．

南西アフリカや東アフリカとの通商が増大　1807年にイギリス政府は，イギリス帝国内の奴隷貿易を禁止した．けれども，すでに触れたように，そのために世界的に奴隷貿易が行なわれなくなったのではなかった．ポルトガルの奴隷貿易商人が，イギリスの奴隷貿易商人に代わって支配的な地位を占めることになった．

このポルトガルの奴隷貿易商人によって，ポルトガル領西アフリカ（アンゴラ）やコンゴやポルトガル領東アフリカ（モザンビーク［Mozambique］）やマダガスカルなどから，リオデジャネイロを中心としたブラジルの港に多数の奴隷が運ばれたのであった．

数字的に示してみよう．1817年から1843年の間にアフリカからブラジルに運ばれた奴隷の数は，517,300人であった．同じ期間にアフリカからアメリカ大陸に運ばれた奴隷の総数は，652,800人であったから，その79.2パーセントを占めたわけである．そして，この517,300人のうち1821-30年に運ばれた奴隷の数は，277,200人であり，53.6パーセントの重みを占めたことも記しておかなければなるまい[66]．

世界の綿工業の発展とブラジルの奴隷需要の増大　では，なぜ新たに多数の奴隷がアフリカからブラジルに送られてくることになったか．世界の綿工業の発展に即応して合州国からの棉花の輸出が増大した．このことに伴って棉花手形の振り出しが増加した．そして，すでに説明したように，このことに条件づけられて，合州国銀行手形の振り出しも増大した．この銀行手形を支払いの手段としてブラジルからはコーヒーや砂糖のヨーロッパや合州国への輸出が

---

66) 数字はすべて公式の記録のものであり，その他，密貿易がかなりあったと想像される．なお，1817年から1843年の間にブラジルに運ばれた517,300人の奴隷の乗船地は，アンゴラが217,500人で42.0%，コンゴが130,800人で25.3%，東アフリカとマダガスカルとが116,300人で22.5%であった．そして，これらの地域を合計すると，464,600人で89.8%の重みを占めた．それから，奴隷の上陸地では，リオデジャネイロが377,700人で73.0%を占め，それにバイア（Bahia）［サルバドール（Salvador）］とサンパウロを加えると467,900人となり，517,300人のうちの90.5%を占めた．これらの数字については，Curtin, *op. cit.*, p. 237 & p. 239, 参照．

伸びていった．そのために，これらの産品を生産するプランテーションの奴隷需要が増えたためであった．

奴隷購入の見返りにアフリカに送られた綿製品　この奴隷購入の見返りとしてブラジルからアフリカの奴隷供給地に送られたのがイギリスから輸入された綿製品であった．実に，1828,9年ころの数字によれば，リオデジャネイロの輸入のうちイギリスからの輸入は70パーセント以上を占めたとされるが，このイギリスからの輸入の額にして約3分の1が，奴隷供給地のアフリカへ再輸出されたといわれるのである．そして，このイギリスからの輸入の内容は，主として綿製品であったと考えて差し支えない[67]．

ブラジル政府がロンドン市場で多額の政府債を発行したことが　1829年と1830年の数字によれば，ブラジルは，イギリスの綿布の総輸出額のそれぞれ11.5パーセントと9.3パーセントを取り込んだ．この数字に見られるように，多額のイギリスの綿製品がブラジルに送られたのであった．このようになりえた大きな要因は，ロンドン世界資本市場において，ブラジル政府が多額の政府債を発行したことであった．

　ブラジル政府は，少な目に見積もって，1824年には1,333,300ポンドの，1825年には2,352,900ポンドの，1829年には759,200ポンドの，1839年には313,000ポンドの，そして，1843年には732,000ポンドの政府債をロンドンで発行したのであった[68]．こうした多額の政府債の発行が，イギリスからの綿製品をブラジルが大量に輸入する資金的な支えとなったのである．

ブラジルを介してイギリスの綿製品がアフリカへ　このような諸関連の展開をまとめると，世界の綿工業は，世界の資本市場からのブラジルへの投資に媒介されて，ブラジルへの綿製品の輸出を増大させていくことができた．そして，ブラジルはその輸入した綿製品の約3分の1を，奴隷の供給地である南西アフリカや東アフリカなどに再輸出した．こうしたアフリカの地域は，イギリスの綿製品を直接購入するに必要な支払いの手段の欠如していたところであった．しかしながら，世界の綿工業は，ブラジルを媒介的な中継ぎ地点とす

---

67) Walsh, Robert, *Notices of Brazil in 1828 and 1829*, 2 Vols., London : Frederick Westley and A. H. Davis, Vol. II, 1830, p. 536, 参照．
68) 入江節次郎『イギリス資本輸出史研究』（前掲）213ページ，219ページ；同『世界金融史研究』（前掲）84ページ，参照．

ることによって，対アフリカ通商の困難を克服していったのである．

(3) 合州国の州債がヨーロッパへ

多くの政府債が世界資本市場で発行されることによって　ロンドン世界資本市場を通じての諸国の政府債の発行が本格的に行なわれ始めたのは，すでに述べたように，1820年代からであった．そして，引き続いて1830-40年代にも，ロスチャイルドやベアリング社などを発行業者として，次のような国ぐにの政府債が発行された．

具体的にいえば，借款国として名をなしていたロシアやプロシア，やはり借款国として古いポルトガル，最初の鉄道借款で有名になったベルギー，さらに，合同借款という新しい形態のスペイン＝キューバ，そして，1820年代に優良政府債を発行して信用をえていたブラジルなどであり，これらの国ぐにが，この資本市場で政府債を発行していったのである[69]．こうした展開は，ロンドン世界資本市場の位置がいよいよ強固なものになっていく過程でもあった．

ヨーロッパ以外の地域で発行された公債も世界資本市場へ　こうした過程の進展に即しながら，ヨーロッパ以外の地域で発行された公債が，ロンドンを核とするヨーロッパの資本市場に，きわめて大量に持ち込まれることになった[70]．かなり古くから，合州国政府債や合州国銀行株は，ひときわ信用のある証券としてロンドンやアムステルダムの資本市場で流通していた．このことを前提として，1817年と1822年にはニューヨーク州債，1824年にはペンシルベニア，バージニア，ルイジアナの州債，1826年にはふたたびバージニア州債，1828年にはオハイオ州債がロンドン資本市場に持ち込まれた．

そして，1830年代になると，ニューイングランドのニューハンプシャーなどの4州や，州債を発行していなかったノース・カロライナ州を例外として，当時のアメリカ合州国において発行されたすべての州債が，ロンドンを中心

---

69) その一覧については，入江節次郎『世界金融史研究』(前掲) 84ページ，参照．
70) さきに世界資本市場については，広い概念としてこれを理解しなければならない，と述べたが，たとえば，1817-18年に発行されたオーストリア政府債も，ウィーンなどヨーロッパの都市で売り出されるものが多かったが，これをさらにロンドンに持ち込んで売るというようなことが，不断に行なわれたのであった（入江節次郎『イギリス資本輸出史研究』[前掲] 117-118ページ，参照）．

とした世界資本市場に著しく大量に持ち込まれ,そこで流通することになった[71]。

合州国の州債の発行の目的　こうした合州国の州債は,どのような目的のために発行されたのであろうか.1つには,内陸の交通手段の改良事業を推進するためのものであった.

　まずは,運河の開発と河川の水路の改良事業が,こうした交通手段の改良事業を代表した.これらの事業が,州の直営事業として行なわれる場合には直接その資金を調達するために,また,民間の株式会社形式で行なわれるときには,州が州債を発行してそれと引き換えに株式を取得するという方法によって,その事業資金の調達がなされた.州債を受け取った会社は,それだけでは資金調達の目的を達成することができない.そこで,これらの会社は,エイジェントを介してロンドンを中心とする世界資本市場に州債を持ち込んだのであった.

　次に州債発行の目的になった内陸の交通手段の改良事業は,鉄道建設の推進であった.アメリカ合州国の鉄道建設は,運河交通を補完していくような形で,1828年ころから進展していくことになった.そして,1840年代になると,〈鉄道の時代〉を迎えるまでになっていくのである.

　運河と異なって鉄道の建設は,アメリカ合州国ではもっぱら株式会社形式によって推進された.この場合も,州が州債を発行して,これと引き換えに株式を取得するという方法で,鉄道会社は州の資金援助を受けたのであった.鉄道会社は,州債をそのまま持っていたのでは資金調達の目的を達成できない.そこで,同じようにこの州債を世界資本市場に持ち込んだのであった.

　さらに,こうした州債の発行による資金援助を受けて進展した交通手段の改良事業としては,その他,道路会社や橋梁会社による道路や橋梁の建設事業があった[72]。

大銀行の設立のためにも　ところで,綿工業資本主義の展開に伴い合州国の綿花に対する需要が増大していった.そして,これに応じるために,新しいプラ

---

71) 合州国の各州債が,最初にロンドン資本市場に持ち込まれた年の一覧については,入江節次郎『世界金融史研究』(前掲) 229ページ,参照.
72) より詳しい状況については,入江節次郎『世界金融史研究』(前掲) 190-201ページ,参照.

ンテーションの建設が進められていった．その創業には，土地や奴隷の購入のために多額の資金が必要とされた．また，プランテーションの経営に当たっては，年一回の収穫と次の年度の収穫との間に，多額の資金が求められた．

といって，プランテーション地帯では，社会的な遊休資金の蓄積は，きわめて不充分であった．そこで，プランターたちが，その所有する土地を担保として提供し，これによって銀行の株式資本への応募ができるようになれば好都合である．そして，こうした銀行の設立が要請されたのであった．また，プランターたちが，その担保として提供した土地の総額の一定割合に見合う融資を受けられるような銀行になることも目ざされた．さらに，その担保として提供された土地は，同時に州が銀行の資金調達を援助するために発行する州債の担保にもなりうるように考慮された．

つまり，こうした特徴のある制度を有する土地銀行（Land Banks）ないし不動産銀行（Property Banks）と称されるものが，アメリカ合州国の南西部のプランテーション地帯に設立されていくことになった．そして，州は巨額の州債を発行して，州直営のあるいは民間の株式会社形式の土地（不動産）大銀行の設立とその経営のための資金援助をしていくことになっていった．ところで，州債の発行を通じての銀行の資金調達を現実化していくために，こうした州債もまた，世界資本市場に持ち込まれていくことになっていった[73]．

合州国の州債が世界資本市場に持ち込まれた意義　このように，アメリカ合州国の州債が世界資本市場に持ち込まれえたのは，何よりも世界資本市場が，すでに強固なものに仕上げられていたことを前提にしていた．そして，こうした持ち込みによって，運河の開発や鉄道の建設といった交通手段の改良事業の進展や，棉花プランテーションの発展を支える土地銀行の設立が，19世紀前半のアメリカ合州国において現実化していった．

換言すれば，綿工業資本主義の時代におけるアメリカ合州国経済の発展の基礎作りは，世界資本市場が存在していたという条件に支えられて，はじめて進展していくことができたのであった．

そこで，アメリカ合州国内で発行された州債が世界資本市場に持ち込まれ

---

73)　同じく，同上書，201-205ページ，参照．

たことによって，その州債発行の目的が交通手段の改良事業であるような場合には，これによってイギリスからの建設資材の購入が，容易になされることにもなったのである．こうしたことによって，この改良事業そのものも順調に進展することになった．

州債は金や銀と同じようなものとして　ヨーロッパでは，当時，アメリカ合州国の州債は，金や銀と同じようなものとみなされる，といわれるほど信用された[74]．ロンドンの金融業者は，融資をする際の担保物件としても，州債を大いに活用したのであった．融資をする側のロンドンの金融業者は，手持ちの資金を節約するために，融資を受ける側のアメリカ合州国の機関の名を出して，州債を担保として短期の金融債を発行し，アメリカ合州国側の資金需要に応じたりしたのであった[75]．

アメリカ合州国の州債が，ヨーロッパにおいて金や銀と同じように見なされたことに条件づけられて，この州債のヨーロッパへの流入の増大は，その分だけこの地における世界通商の支払い手段の増加を意味した．世界通商が，その分だけ増大することになった，といってもあながち過言ではない．

また，ヨーロッパにアメリカ合州国の州債を持ち込んだ合州国側の金融業者の代表格は，何といっても第2合州国銀行であったが，この銀行は，この持ち込みによってえた資金のすべてを州債発行の事業目的に直接的に充てたというわけではなかった．合州国の一般的な商品輸入のための資金としてもこれを用いたりしたのであった．合州国の州債が世界資本市場に持ち込まれたことによって，このような経路を通じても世界通商が増大することになっていったことも理解しておかねばならない．

(4) 遠隔地で事業活動を行なう大会社の設立

ラテン・アメリカの各地で事業活動を行なう鉱山会社が　金や銀といった貴金属類の古くからの宝庫であったラテン・アメリカではあるが，1809-1824年の長期にわたる独立戦争のために，この地の鉱山は荒廃してしまった．独立を

---

74)　[Curtis, Benjamin Hobbins], *An Article on the Debts of the States*, from *the Democratic Review*, for January, 1844, Boston : Press of T. R. Marvin, 1844, p. 11, 参照.
75)　具体的な事例については，入江節次郎『世界金融史研究』（前掲）336-337ページ，参照．

達成したのち,この地での鉱山業の再建が,緊急の課題になった.これまでのような原始的な採掘方法によるのではなく,蒸気機関や熟練職人をイギリスから導入し,近代的な採掘方法によって鉱山の作業が行なわれるようになれば,この地の金や銀の生産は著しく増大していくことになるだろう.そのためには,資本が必要である.そして,こうした鉱山の再建事業に対しては,現地政府の保護も与えられることになるだろう.

そのような期待に対応するかのように,ロンドンに本社を置き,実際の事業活動は,ラテン・アメリカの各地で行なう大鉱山会社が,1824-25年に数多く設立され,世界資本市場で株式を発行するにいたるのである[76].

対外直接投資がすでに始まる こうした鉱山会社の資本発行が,ロンドン世界資本市場で行なわれ,その応募がなされると[77],会社の発起人たちは現地にエイジェントを派遣し,現地政府から借地権や鉱山の採掘権を獲得する手続きを進めた.その結果,事業着手の目処がつくと,技師や熟練職人や鉱山労働者に対する現地行きの呼び掛けがなされた.同時に現地に輸送される蒸気機関や機械・工具などの購入が進められたのであった.そして,設備一式とともに会社別に一団となって,コーンウォール(コーンワル.Cornwall)のファルマス(Falmouth)といったイギリスの港を出帆したのであった.現地での採掘や精錬の業務は,エイジェントのもとで統轄されて行なわれたのであった[78].

このような事実は,すでに1820年代に対外直接投資といったものが,世界資本市場の成立を前提として,かなり大規模に行なわれていたことを意味するものであった.

多国籍企業のはしりとされるような会社の設立も ラテン・アメリカ地域だけについても,ロンドンに本社を置き,実際の事業活動は現地で行なう会社が設

---

76) 入江節次郎『イギリス資本輸出史研究』(前掲)の第X章「ラテン・アメリカへの民間投資」の第1節「鉱山業への投資」,参照.

77) 当時の株式は,その応募に際しては,直ちに全額を払い込む必要はなかった.こうした鉱山会社の場合,大部分が額面価格の5%を払い込めばよいとされた(具体的な事例については,English, Henry, *A General Guide to the Companies Formed for Working Foreign Mines, with Their Prospectuses, Amount of Capital, Number of Shares, Names of Directors, & c. and an Appendix, Showing Their Progress since Their Formation, Obtained from Authentic Sources ; with a Table of the Extent of Their Fluctuations in Prices, Up to the Present Period*, London : Boosey & Sons, 1825 に掲げられた各社について見られたい).

78) 前掲の『イギリス資本輸出史研究』266-267ページ,参照.

立されたのは，鉱山業の分野だけではなかった．たとえば，西インド会社といった拓殖事業を営む会社は，その代表であるとされている．だが，それにとどまるものではなかった．その他，ラテン・アメリカの銀行業や大農場経営や真珠採取業といった業種において活動する会社が，1820 年代になると設立されたのであった．また，カナダやオーストラリアなどについても，殖民事業や農業関係などにおいてロンドンに本社を置く同じような形式の大会社が，この年代に設立されたのであった[79]．

さらに，ヨーロッパ大陸において事業活動を営む大企業も，この年代に，ロンドンに本社を置く形で設立されたのであった．その代表格とされるのが，〈イムペリアル・コンチネンタル・ガス会社〉(The Imperial Continental Gas Association) であった．1824 年 11 月にその設立が公表されたこの会社の資本金は 200 万ポンドであり，その当時における最大のガス会社であった．

この会社は，ロンドンに本社が置かれたため，一般的には国内のガス会社と一括して表示された．そのようなことから，この会社は対外直接投資を体現している事業体であるという点が見失われがちである．だが，実際には，この会社は，ヨーロッパ大陸の諸都市で広く照明事業を営んだのであった．こうした点からして，今日の多国籍企業のはしりであると，この会社は意義づけられねばならない．ロンドン世界資本市場は，このような会社も生み出すことになったのであった[80]．

ついでながら，イギリスは，ガス照明事業の開発において先発地域であったことが銘記されなければならない．すでに 1812 年には，照明事業を行なう〈ロンドン・ガス燈コークス会社〉(London Gaslight and Coke Company) が設立されたが，その 4 年後にはリヴァプールなどの地方都市にもガス会社が設立されるにいたったのであった．こうしたガス事業の早期的な発展を抜きにしては，イギリスにおける近代的工業化の早期的実現を考えることはできない．同時に，こうしたガス照明事業の早期的な発達に根ざしながら，世界資本市場の成立に条件づけられて，この照明事業がヨーロッパ大陸に浸透していっ

---

79) 入江節次郎『イギリス資本輸出史研究』(前掲) 153 ページ, 163 ページ, 273 ページ以下, 参照．
80) 同上書, 145-146 ページ；入江節次郎『世界金融史研究』(前掲) 59 ページ, 参照．

たことを重視しなければならないのである[81].

5　世界的に鉄道建設の進展が始まる

(1) 早くも〈鉄道の時代〉がイギリスでは到来

ロンドン世界資本市場の成立に条件づけられて　綿工業資本主義の時代は，また世界的に鉄道建設が進展し始めた時期であった．この進展は，やはりロンドン世界資本市場の成立に条件づけられており，この市場からの金融的支えによって現実化したのであった．ところで，この時期における鉄道建設の進展は，次の鉄工業資本主義到来の内的条件を醸成する過程となった点で，きわめて重要な意味をもつものであり，前節のなかで論述するよりも，ここに節をあらためて論述していくことが好ましいと考えられたのであった．

蒸気機関の導入によって機械制工業の態勢が成立しただけではない　既述のように，ジェームズ・ウォットの蒸気機関の発明は，イギリス——西アフリカ——西インド諸島を結ぶ三角貿易の展開と，西インド諸島における砂糖プランテーションの盛行によって蓄積された富が，研究資金として投下されたことによって，はじめて成功を見るにいたったものであることをまず忘れてはならない．そして，この機関の実用化によって，作業機が伝導装置を介して動力機によって作動する機械制綿工業の態勢が確立し，綿工業資本主義の土台が形成されることになった．

　だが，それだけではなかった．蒸気機関が炭坑に導入されることによって，坑内の排水作業が容易にできるようになり，石炭の生産が飛躍的に増大することになった．さらに，海運業も，汽船が開発されて，変革されることになった．綿工業資本主義の時代は，全般的にはなお帆船の時代であったけれども，1811年には，イギリスで最初の汽船が建造された．そして，1824年には，大洋航行の〈ゼネラル・スチーム・ナヴィゲーション会社〉(General Steam

---

81) Falkus, M. E., "The British Gas Industry before 1850," *The Economic History Review*, Second Series, Vol. XX, No. 3, December 1967, pp. 494-498, 参照.

Navigation Company) という大汽船会社が，ロンドンで設立されるにいたったのであった[82]．

陸上の交通手段の革命的変化がより重要　けれども，帆船に対する汽船の制覇は，後述のようにずっと後の時期のことになるのであった．こうしたことからして，綿工業資本主義の時代には，交通手段の改良に与えた蒸気機関導入の意義は，鉄道業においてもっとも大きかった．鉄道業に対する蒸気機関車の導入それ自体は試験的なものとしては，1804年のイギリスはウェールズのマーサー・ティドフィル鉄道（Merthyr Tydfil Railway）が最初であったし，恒常的なものでは，1812年のイギリスはリーズ（Leeds）の鉄道においてであったとされる．

最初の鉄道会社のストックトン＝ダーリントン鉄道　このような近代的鉄道業展開の前史というべきものを看過してはならないのであるが，1820年になると，イギリスのクリーブランド州のストックトン（Stockton）と，同じくダーラム州のダーリントン（Darlington）とを結ぶ蒸気機関を導入したストックトン＝ダーリントン鉄道が，イギリスの議会において認可され，1825年に開通するにいたるのである．この鉄道は，イギリスにおける最初の会社形式の鉄道事業であった．

リヴァプール＝マンチェスター鉄道の建設　陳列されていて，いまでも見ることのできる〈機関車ナンバー・ワン〉("Locomotion No.1") が走り，旅客も運ぶストックトン＝ダーリントン鉄道が成功したことを前提にして，1826年には，リヴァプールとマンチェスターとを結ぶリヴァプール＝マンチェスター鉄道（Liverpool and Manchester Railway）の建設計画が，イギリス議会において立法上の認可を与えられることになった．

かつては奴隷貿易の拠点港であり，その後，綿花の陸揚げと綿製品の積み出しの港となったリヴァプールと，ランカシアの綿業地帯の中心的市場都市であるマンチェスターとを結ぶ鉄道が，さきのストックトン＝ダーリントン鉄道を差し置いて一般的には最初の本格的鉄道とされている．この路線の鉄

---

82) 1825年には，〈ゼネラル・スチーム・ナヴィゲーション会社〉は，22隻の汽船を保有していたという (Cornford, Leslie, *A Century of Sea Trading 1824-1924 : The General Steam Navigation Company Limited, Illustrated by W. L. Wyllie & J. Spurling, with Other Illustrations Reproduced from Old Prints*, London : A. & C. Black, Ltd., 1924, pp.1-9 & p.26, 参照)．

道の建設がこのように意義づけられることは，何よりもこの鉄道が，世界の綿工業の発展を直接支える役割を担っているからであった．

イギリスでは〈鉄道の時代〉が始まり〈鉄道熱〉の時期が進行　リヴァプール＝マンチェスター鉄道の建設の完成には4年の歳月を要した．そして，1830年9月，この鉄道の開通とともに，イギリスでは，〈鉄道の時代〉(Railway Age) が始まることになった．それから次々に鉄道建設が進展していくことになり，1843年から1853年にかけて，特に〈鉄道熱〉(Railway Mania) と称される時代が進行していくことになった．この時期に，国内の主要鉄道網が，ほぼ完成していくのである[83]．

(2) ヨーロッパ大陸における鉄道建設の第1期

A　ベルギーの鉄道建設

ヨーロッパ大陸で先鞭をつけたベルギー　イギリスにおいて鉄道業が先進的に発達したことの影響は，早々にして他の国に及んでいった．ロンドン世界資本市場の成立という条件に支えられながら，ヨーロッパ大陸の諸地域でも鉄道建設が，連鎖的に進展していくことになったのである．

ヨーロッパ大陸における鉄道建設計画の先駆的な推進者は，ベルギーの開明的な君主であったとされるレオポルドⅠ世 (Leopold Ⅰ, 本名 Georges Chretien Frederic Leopold, 1790-1865年；在位, 1831-1865年) であった．そして，この君主が鉄道建設の認可をしてから1年後の1835年5月5日には，ブリュッセル (Bruxelles；別称：ブラッセル [Brussels]) とメケレン (Mechelen；別称：マリーヌ [Malines], メクリン [Mechlin]) とを結ぶ鉄道が開通したのであった．

ロンドン世界資本市場でのベルギー政府債の発行によって　さらに，両起点からの幹線鉄道網の建設が，1842年の工事完成を目指して，進められることになったのである．この鉄道網建設の所要資金は，約616万ポンドと見積もられたが，そのうち約581万ポンド (94.3%) は，ベルギー政府債の発行によって賄

---

83)　入江節次郎『独占資本イギリスへの道』ミネルヴァ書房, 1962年, 37ページ；同『イギリス資本輸出史研究』(前掲) 139-141ページ, 参照.

われることになるのである．まず，約 110 万ポンドの政府債（4%利付）が，1836 年 6 月 1 日に，残念ながら具体名は判らないが，ロスチャイルドのエイジェンシーとされる金融業者の手を通じてロンドン世界金融市場で発行されたのであった[84]．

さらにベルギーでは民間会社の手で　やがて，ベルギーは，民営鉄道の建設期に入っていく．資本総額 629 万ポンドの 7 つの鉄道会社が，1845 年に設立されることによって，この方向が確定することになった．注目すべき事実の 1 つは，こうした鉄道会社の株式資本は，ロンドンに活動の拠点をおく金融業者の I. L. ゴールドスミッド[85]によって引き受けられ，そのほとんどすべてが，イギリスにおいて応募されたことであった．こうしたベルギーの民間鉄道業への金融業務も，国境を越えてなされたのであった．つまり，こうした金融を推進した業者はベルギーの J. R. ビショフシャイム（J. R. Bischoffsheim）といった金融業者だけではなかった．パリのオッタンゲル社，ロンドンのデニソン＝ヘイウッド（Dennison and Heywood），リヴァプールのアーサー・ヘイウッド（Arthur Heywood）といった業者も，こうした金融業務に加わった[86]．

B　フランスの鉄道建設

フランスでも国際的な資金の供給に支えられながら鉄道建設が　ベルギーの鉄道建設によって拍車を掛けられ，そして，フランスにおいても国際的な資金の供給に支えられながら，鉄道建設が進んでいくことになった．パリやアルザスの綿業都市であるミュルーズ（Mulhouse）を起点とする地方的な短い鉄道は，1837 年から 1840 年にかけて開通した．そして，これに引き続いて，1840 年代の前半，3 つの本格的な鉄道が開通して，フランスは鉄道網建設の時代を迎えることになった．3 つの鉄道のうち 1843 年春に開通したパリ＝ルアン鉄道

---

84) Boulger, Demetrius Charles, *The History of Belgium 1815-1865, Waterloo to the Death of Leopold I, with Synopsis of Belgian History from Caesar to Waterloo*, Reissued, London : Sir Issac Pitman & Sons, Ltd., 1913 (The First Edition, 1902), p. 276 ; Jenks, Leland Hamilton, *The Migration of British Capital to 1875*, Thomas Nelson and Sons Ltd, 1963 (The First Edition, 1927), p.140, 参照．

85)　このユダヤ系の金融業のオーナーであり経営者であった Goldsmid, *Sir* Isaac Lyon (1778-1859 年) は，当時のロンドン大学である University College の創設を援助したことで名をなしただけでなく，1824 年 12 月に設立された帝国ブラジル鉱山会社と 1825 年 3 月に設立されたチリ＝ペルー鉱山会社の取締役を兼務したのであった（入江節次郎『イギリス資本輸出史研究』[前掲] 265 ページ，参照）．

86)　入江節次郎『世界金融史研究』（前掲）90 ページ，参照．

(Paris-Rouen Railway) は，終着駅のあるルアンがパリとロンドンとを結ぶ交通の要衝に位置するため，きわめて重要なものであった[87]．

パリ=ルアン鉄道の建設資金はイギリスから　ところで，アイルランド人のブラント（Blount, *Sir* Edward Charles, 1809-1905 年）は，パリ=ルアン鉄道の建設を推進するために，1831 年に，この建設資金の供給を目的とする銀行をパリに創設したのであった．この銀行は，フランス人のパートナーの名を加えて金融業のシャルル・ラフィット=ブラント社（Charles Laffitte, Blount & Co.）に発展していく．そして，このような金融機関に集められたイギリス人からの資金供給に大きく支えられながら，本格的な最初の鉄道であるパリ=ルアン鉄道をはじめとするフランスの鉄道建設が行なわれていくことになった．

アングロ=フレンチ協力態勢のもとに　このように，イギリスからの資金の供給にいかに大きく支えられて，当時のフランスの鉄道建設が行なわれたかは，鉄道会社の株式資本の所有の分布状況を見ることによっても知ることができる．

たとえば，さきのパリ=ルアン鉄道会社のイギリス人の株主数は，200 人であった．ところで，その持株総額は，2,300 人のフランス人の株主のそれとほぼ同額であったとされる．

そして，パリ=ルアン鉄道の成功を契機として，その後，約 20 年間にわたりフランスではいくつかの幹線鉄道の建設が行なわれていくが，これらは，資金的にはアングロ=フレンチ協力態勢のもとに進められていったのであった．

アングロ=フレンチ協力態勢の具体例　この協力態勢の具体例を少しばかり紹介することにしよう．1845 年に 1,500,000 ポンドの資本金で設立されたアミアン=ブーローニュ（Amiens-Boulogne）鉄道会社の当初の株式応募者 1,750 人のうち半数以上が，イギリスの人であった．また，この 1845 年には，鉄道を建設する会社が，フランスで 50 以上新設されたが，これらに対するロンドン

---

[87]　最初の鉄道のうち，パリを起点としてセーヌ川の左岸と右岸を走る 2 つの鉄道は，ロスチャイルドが参加した事業であった．また，このミュルーズを起点とする鉄道は，地方の綿業資本家の建設したものであった（Henderson, William Otto, *Britain and Industrial Europe 1750-1870 ; Studies in British Influence on the Industrial Revolution in Western Europe*, Second Edition, Leicester University Press, 1965 [The First Edition, Liverpool : Liverpool University Press, 1954], p. 66, 参照）．さらに，1843 年には，オルレアン（Orléans）とルアンとを結ぶ鉄道が開通するが，これもロスチャイルドの資金によって建設されたのであった（Ferguson, *The World's Banker* [*op. cit.*], p.18, 参照）．

市場での株式資本応募額は，80,000,000 ポンドに及んだという．この市場での応募者が，すべてイギリスの人というわけではなかったが，フランスの鉄道建設が，資金的にはアングロ＝フレンチ協力態勢のもとに進められたことを示唆する数字とすることができよう[88]．

具体例はこれにとどまらない　また，1846 年には，オルレアン＝ボルドー鉄道会社（Orléans-Bordeaux Railway Company）の株式 13 万株のうち 7 万株を 715 人のイギリスの人が所有していると報じられた[89]．さらに，1847 年には，パリ＝ルアーブル（Le Havre），パリ＝リヨン（Lyon），パリ＝オルレアン，ストラスブール（Strasbourg）＝バーゼル（Basel ; Basle）といった重要な鉄道が開通し，全鉄道路線は 1,830 キロメートルになった．そして，その当時，総じてフランスの鉄道会社の株式のほぼ半ばが，イギリスの人によって所有されていたという[90]．

鉄道の建設労働者も国境を越えて　イギリスの人からの資金供給に大きく支えられて建設されたパリ＝ルアン鉄道は，イギリスの鉄道建設請負業者であるトマス・ブラッシィ（Brassey, Thomas, 1805-1870 年）とウィリアム・マッケンジー（Mackenzie, William, 生没年, 不詳）がその工事を請負った．そして，鉄道建設資材だけではなく，建設労働者までもイギリスから供給されたのであった[91]．その後も，1840 年代や 1850 年代におけるフランスの鉄道建設は，資金や資材の供給をイギリスから受けて進められたばかりでない．線路建設の作業員も，イギリス人の鉄道建設労働者の指導のもとに仕事に従事したとされる[92]．

---

88)　詳しくは，入江節次郎『世界金融史研究』（前掲）90 ページ，参照．
89)　Henderson, *Britain and Industrial Europe* (*op. cit.*), p. 73, 参照．
90)　Henderson, William Otto, *The Industrial Revolution on the Continent* (*Germany, France, Russia*), *1800-1914*, London : Frank Cass & Co. Ltd., 1961, pp. 114-115 ; 小林良彰「フランスの工業化とイギリス」入江節次郎編著『世界経済史』ミネルヴァ書房，1997 年，所収，103 ページ，参照．
91)　建設労働者だけであったかどうか不明であるが，トマス・ブラッシィが初めてフランスで鉄道建設請負工事に着手したとき，この業者のもとで働いたイギリス人の労働者は 5,000 人もいたという（Henderson, *The Industrial Revolution* [*op. cit.*], p. 114 ; 島田悦子『欧州経済発展史論——欧州石炭鉄鋼共同体の源流』日本経済評論社，1999 年，89 ページ，参照）．
92)　Clapham, J. H., *The Economic Development of France and Germany, 1815-1914*, Reprinted (on Fourth Edition, 1936), Cambridge : Cambridge University Press, 1951 (The First Edition, 1921), p. 134, 参照．

C　その他ヨーロッパ大陸諸地域の鉄道建設

ヨーロッパ大陸の各地で　その他，1830年代の後半から1840年代にかけて，ロシア，プロシア，オーストリア[93]，ハンガリー，ドイツの諸邦，オランダ，スウェーデン，デンマーク，スペイン，ポルトガル，ギリシア，イタリアなどにおいても鉄道建設が進められていった．

　これらの鉄道建設のすべてについての資金調達の状況については，詳しいことは判らない．とはいえ，国境を越えての調達が行なわれたと，推察して間違いないと思われる．

ロシアなどの鉄道建設について見れば　たとえば，ロシアの鉄道建設は，比較的早く発足した．1837年には，首都のセント・ペテルスブルクからパウロウスク（Pawlowsk）まで，民間会社の手によって鉄道が開通した．ところで，この会社の株主700人のうち59人が，イギリスやドイツの人であった[94]．このことは，国境を越えての資金調達の状況を推察させるに足るものであろう．こうした場合，外国人の株主は比較的多くの株式を所有するのが通例であった．

　また，イタリアの鉄道の場合，イギリスからだけではなくフランスやオーストリアからも多額の資金が供給された．さらに，スペインやポルトガルの鉄道建設には，イギリスの人たちが投機的な投資を行なったという[95]．

ドイツの鉄道建設　ドイツでも，比較的早く鉄道建設が行なわれた．最初の鉄道は，バイエルンのニュルンベルク＝フュルト（Nürnberg-Fürth）鉄道であり，これは，1835年12月に開通した．さらに，1838年には，ベルリン＝ツェーレンドルフ（Zehlendorf），デュッセルドルフ＝エクラート（Eckratt）の2つ

---

93) ウィーンに活動の拠点を置いたサロモン・マイヤー・ロスチャイルド（Rothschild, Solomon Meyer, 1774-1855年）が，オーストリアの鉄道建設の推進者であり，その建設資金は国際的に調達されたのであった（Landes, David S., *Bankers and Pashas : International Finance and Economic Imperialism in Egypt*, London : William Heinemann Ltd, 1958, p. 30 ; Ferguson, *The World's Banker* [*op. cit.*], pp. 435-438, 参照）．

94) Kreeft, Christopher, *First Russian Railroad from St. Petersburg to Zarscoe-Selo and Pawlowsk, Established by Imperial Decree of 21st March, 1836, and Carried into Execution by a Company of Shareholders in Russia, England and Germany*, Translated from the German, St. Petersburg, 1837, p. 3 & p. 23, 参照．

95) 入江節次郎『世界金融史研究』（前掲）91ページ，参照．スイスにおいても1837年にバーゼル＝チューリヒ鉄道の事業計画がまとまり，株式が募集されるようになっていくが，株主の中心は北イタリアなどの外国人であったという（黒澤隆文「スイス鉄道網の形成過程——19世紀の鉄道政策と経済空間」森田安一編『スイスの歴史と文化』刀水書房，1999年，所収，207ページ，参照）．

の鉄道が,そして,その翌年の1839年には,ドイツ最初の幹線鉄道とされるドレスデン＝ライプチッヒ鉄道が,開通した．1840年代のドイツの鉄道建設の具体的な状況については省略するが,この地域を西から東へと向かう路線,また,北から南へと走る路線がいくつか開通し,1850年には,ドイツの操業鉄道路線は,5,856キロメートルとなり,フランスの2,996キロメートルを遥かに凌駕したのであった[96]．

機関車も国際的に供給されることによって　ドイツ最初の鉄道であるニュルンベルク＝フュルト鉄道に用いられた機関車は,ロバート・スティヴンソン（Stephenson, Robert, 1803-1859年）が建造したものであった．そして,機関車のみならずレールにいたるまでイギリスから購入された．そればかりでなかった．運転手もイギリスの人たちであった．こうした状態はしばらく続くのであって,蒸気機関車のイギリスからの供給の数字を掲げることができるだけではあるが,1845年末までにドイツの鉄道業がイギリスから購入した機関車は,237台であったとされる[97]．

フランスやベルギーなどからも機関車が　とはいえ,状況はそれほど単純なものではなかった．上述の237台の他,ドイツの鉄道業は,1845年末までにアメリカ合州国から57台,フランスから25台,ベルギーから43台の機関車を購入しているからである．しかしながら,このようであるにしても,特にフランスやベルギーの機関車製造工場に対しては,国境を越えて資本や技術が導入されていたことを銘記しておかねばならない．また,鉄道業の展開が,ドイツの近代的工業化促進の契機となったとされることの意義づけと関連するのであるが,この1845年末までにドイツの工場から供給された同国の鉄道業への機関車は125台とされているけれども,このことは,この機関車製造の原材料までドイツで生産されたことを意味するものではなかった,ということである．つまり,ドイツの鉄道関係工作工場は,原材料である鉄や鋼の供給については依然としてイギリスの製鉄所に依存していたのであった[98]．

---

96) Henderson, *The Industrial Revolution* (*op. cit.*), pp. 19-20, 参照．
97) 藤村幸雄「ドイツの工業化と自由主義」入江節次郎編著『世界経済史』(前掲) 所収, 95ページ; Henderson, William Otto, *The Rise of German Industrial Power 1834-1914*, London : Maurice Temple Smith Ltd., 1975, p. 46;Henderson, *Britain and Industrial Europe* (*op. cit.*), p. 159, 参照．
98) Henderson, *Britain and Industrial Europe* (*op. cit.*), *ibid.*, 参照．ちなみに,1835年から1850年までの間に海外からドイツに輸入された鉄道関係の鉄材は,総額にして16,000,000ポンドに達した, と．

(3) 東インドなどの鉄道建設

カナダやキューバでも比較的早く鉄道建設が　ヨーロッパ以外では，1836年にカナダで最初の鉄道が開通した．また，翌1837年には，キューバのハバナ＝グイネス（Güines）鉄道が開通した．そして，1840年代後半には，鉄道建設は，さらに他の後進地域に進展していくことになった．ジャマイカ（Jamaica），イギリス領ギアナ（British Guiana），トリニダード（Trinidad），モーリシアス（Mauritius）において，鉄道建設は進展していった[99]．これらの鉄道建設が，ヨーロッパといっても，主としてイギリスから資本や資材や技術を供給されて推進されていったことについては,あえて説明するまでもないことであろう．

東インドの鉄道建設の特徴　こうしたなかでも，1840年代の後半から進展した豊かな大陸である東インドの鉄道建設は，きわめて特徴的なものであった．

1つには，鉄道建設は，まずは5社というようにしていくつかの民間会社の手によって行なわれたが，すべてその本社は，ロンドンに置かれ，そこで，資本の調達が行なわれるという態勢のもとに発足したことであった．

2つには，こうした会社の株式の配当については，インド政庁によって最低年率5パーセントになるように99年間の保証がなされたことであった．

3つには，鉄道建設に必要な土地は，インド政庁から無償で提供されることが，取り決められたられたことであった[100]．

東インドにおける鉄道建設の目的　このように,東インドではどのような目的のために早い時期に鉄道建設が行なわれることになったのか．経済的目的に限定していえば，まずは，東アジア航路に就航する P＆O社（Peninsular and Oriental Steam Navigation Company）などの船舶のために，採炭地から港まで石炭を運ぶのが目的で鉄道建設が行なわれた．しかし，より中心的な大きな目的は，ランカシアの世界の綿工業のために，綿製品の販売市場と原料である棉花の供給市場とを拡大することにあった[101]．

99）　今井圭子『アルゼンチン鉄道史研究——鉄道と農牧畜産品輸出経済』アジア経済研究所，1985年，50ページ，参照．
100）　入江節次郎『世界金融史研究』（前掲）92ページ，参照．このように有利な保証をされた鉄道会社であっただけに，発行額を上回る株式の応募がなされたという．
101）　こうした点の詳しい分析については．牧野 博「東インドにおける鉄道業の発展と近代植民地の建設」入江節次郎編著『世界経済史』（前掲）所収，63-88ページ，参照．

(4) アメリカ合州国における鉄道建設

1828年ころから　アメリカ合州国における鉄道建設は，運河建設の本格的な推進の時期よりかなり遅れて，1828年ころから，建設された運河交通を補完していくような形で進展していくことになった．土地には高低の落差があることから，運河開発ができない地形があることや，また，冬季には氷結するような運河があることのために，運河によって交通の発達を図ることには限界があった．この点を克服していこうとしたところに，合州国の鉄道建設の契機があった．

運河交通の発展と有機的に連関　このように，運河交通の発展と有機的な関連を保ちながら鉄道建設を行なっていくという方針は，その後も維持された．

アメリカ合州国の鉄道建設は，2つの方向に展開された．1つには，港湾に恵まれていないために，海路による交通が阻害されていた大西洋沿岸諸地域を南北に鉄道で連結していこうという方向であった．2つには，東部の大西洋沿岸諸地域と，内陸部の諸地域とを連結していこうという方向であった．

とはいえ，第2番目の方向が，経済的にもより重要であり，規模も大きく，むしろ主方向ともいえるものであった．北西部の大湖や河川と，大西洋沿岸諸地域に流入する河川とを連結する交通路の開発という目的のもとに，まずは運河によって，そして，それを補完するものとして，この2つ目の方向の鉄道建設が推進されたいったのであった．

重要な点として，アメリカ合州国の鉄道建設が，運河や河川の交通と有機的に関連しながら発展していくことになったことは，鉄道の果たす経済的な効果について大きな意味をもつものとなるのである[102]．

州債がヨーロッパで売れることを前提として　アメリカ合州国の鉄道建設は，この地の民間会社の手によって推進された．しかし，このことは，この建設資金が，国内においてすべて調達されたことや，また，公的な機関の援助なしに調達されたことを意味するものではなかった．

---

[102]　「運河の時代」が過ぎ去り，「鉄道の時代」に入っていく1840年現在，アメリカ合州国における完成した運河マイル数は3,326マイル，同じく鉄道の総延長路線は3,328マイルであり，ほぼ同じであった（入江節次郎『世界金融史研究』［前掲］193ページ，200ページ，参照）．

鉄道会社の設立に当たって発行される株式が，合州国内で応募されていく見通しがあったために，当該鉄道会社が設立されたわけではなかった．州当局が，州債を発行し，その州債と引き換えに鉄道会社の株式を取得する．そして，この州債を手にした鉄道会社は，それを売却して資金を調達する．こうした資本調達が行なわれうることを前提として，鉄道会社が設立されたのであった[103]．

それにつけても，州債を受け取った鉄道会社は，社会的余剰資金の蓄積の不充分なアメリカ合州国の国内で，これを売り捌くことはできなかった．そこで，鉄道会社は，エイジェントを介して，州債をロンドンを中心とする世界金融市場に持ち込んだのであった．これによって，鉄道建設資材の輸入が容易になされうることにもなった．

1840年代から合州国は本格的な鉄道建設の時代へと　このように，アメリカ合州国では，民間の鉄道会社の設立→州債を発行して，これと引換えの形での州当局による鉄道会社株の購入→当該州債のロンドン金融市場などヨーロッパ市場での売却，という方法で資金が調達されて，鉄道建設が進展していくことになった．そして，1840年代から本格的な鉄道建設の時代に入り，特に，ニューヨーク州，ペンシルベニア州，マサチューセッツ州で鉄道路線が増大していった．アメリカ合州国全体としては，1850年現在，総鉄道マイル数は，8,879マイルとなり，1840年現在の3,328マイルと対比するとき，約2.67倍に増大していったことが知られるのである[104]．

(5) 世界的な鉄道建設の第1期的な進展の経済史的意義

次の時代の主導産業登場の条件の形成過程　イギリスにおいて，国内の機械制綿工業が発達していっただけで，鉄工業が発展していくことになったわけではなかった．国内の炭坑など鉱山業における蒸気機関の導入も，鉄工業発展の要因の1つとして考慮されねばならなかった．また，イギリス国内の鉄道建設の進展が，この国の鉄工業の発展を促すさらに大きな要因となった．

---

103) 1820年から1837年までの間に，170,806,200ドル相当の州債が発行されたが，そのうち，鉄道建設の資金援助のために発行された州債は42,871,100ドルであり，25.1%の比重を占めた（同上書，216ページ，参照）．
104) アメリカ合州国内の各州別の内訳については，同上書，200ページ，参照．

だが，こうしたことだけではなかった．その上，これらにもまして重要なことは，イギリス以外の地域における鉄道建設の進展が，イギリスからの鉄道資材の供給に支えられて実現していったことであった．このことによって，イギリスの鉄工業の態勢が，真に確立することになったことであった．世界の鉄工業という性格が，イギリスの鉄工業に与えられることになっていくのである．

このように，世界的な鉄道建設の第1期といってよい事態が展開していったことは，この綿工業資本主義の時代の内部に，次の時代における新たな主導産業登場の条件が，醸成されていくことを意味するものであった．次の時代の主導産業というものが，突然のように出現してくるのではないのである．

また，1つの段階といってもよい時代は，切れてしまうという形で次の時代に移行するのでもない．あくまでも，連続的に発展していくのである．さらに，次の時代になっても，前の時代の主導産業を軸として編成された社会的分業の世界的編成が，消去されていくのでもない．変容しながら，それは，次の時代に重層的に組み込まれていくのである．

綿工業資本主義の時代における世界的な鉄道建設の第1期的な進展は，こうしたことを実証する材料を提供するものとなっているのである．

6　主導産業は当該時期の世界的景気変動をも主導するという歴史事例

ヨーロッパの綿工業が好況になると　主導産業は，当該時代の世界的な景気変動を主導するものである．この事例は，綿工業資本主義の時代にも，その筋道を明らかにすることができる．

ヨーロッパの綿工業が好況になると，何よりもまずアメリカ合州国の棉花プランテーションが活気づく．当然のことながら，合州国産の棉花の輸出が増大する．それに伴い，棉花手形の振り出しが増加する．棉花積み出しの港湾都市であるルイジアナ州のニューオリンズには，第2合州国銀行の支店が所在していたが，こうした支店による棉花手形の買い入れも，また増大する．

合州国銀行手形振り出しの増大　この手形は，フィラデルフィアにある第2合

州国銀行の本店に送られる．この本店は，送られてきた棉花手形を取引先のベアリング社に売る．その代金は，この銀行がベアリング社に設けた口座に振り込まれる．この口座残高が増大することになるのは，いうまでもない．その分だけ，ベアリング社によって引受・保証されるこの銀行による銀行手形振り出しの限度額が増大する．そして，この銀行手形を購入し，現地買い付けに出向いた貿易商による広東での茶や絹の，リオデジャネイロでのコーヒーや砂糖などの買い付けが増える．

茶やコーヒーなどの出荷地域が好況に　そのため，広東への茶や絹の，リオデジャネイロへのコーヒーや砂糖などの出荷地域が好況になる．これらの生産地も，また好況になる．同時に広東の商人によるこの手形を用いてのカルカッタからの東インド産品の，あるいは，リオデジャネイロの商人によるリヴァプールやロンドンからのイギリスの工業製品の買い付けが増大する．

　これくらいで説明を打ち切るが，関連の連鎖はさらに続くのである．

飢餓の東インドの出現は　イギリスにおいて機械で紡がれた綿糸は，早くも1820年代になると，東インドの手工業的に生産された綿糸の競争力を奪っていくことになる[105]．やがて，農村向けの厚手綿織物部門は別であるが，東インドの綿織物工業部門は，おおむね壊滅状態になっていく．近代的なイギリスの綿製品の侵出と，東インドにおける社会的な飢餓状態の出現として語られるこうした連関は，景気の世界的な連動とはまた別の次元の問題であることを添えておこう．とはいえ，地球上に出現する貧困や飢餓は，いつも地球上に形成される豊かさと不可分なものとしてこの反面に，その姿を現すものであることを忘れてはなるまい．

---

[105] 1812年と1830年とにおけるイギリスの綿糸と東インドの綿糸とのコストの比較については，Baines, Edward, *History of the Cotton Manufacture in Great Britain*, Second Edition, with a Biographical Introduction by W. H. Chaloner, London: Frank Cass & Co. Ltd., 1966 (The First Edition, 1835). p. 353 ; Ure, Andrew, *The Cotton Manufacture of Great Britain : Systematically Investigated, and Illustrated by 150 Original Figures, Engraved on Wood and Steel ; with an Introductory View of Its Comparative State in Foreign Countries, Drawn Chiefly from Personal Survey*, Vol.II of 2 Vols., London: Charles Knight, 1836 (Reprinted, London and New York : Johnson Reprint Corporation, 1970), p. 425, 参照．

7 綿工業資本主義の時代の歴史的位置

世界資本主義の成立期　では総括して，綿工業資本主義の時代の歴史的位置はどのように定めたらよいであろうか．

　この時代は，何よりも世界資本主義の成立期として意義づけられる．とはいえ，この時代に機械制工場を基盤とし，原材料や製品の購入や販売が市場を通じて行なわれるようになるばかりでなく，労働力の調達も市場でなされる近代的綿工業の態勢ができ上がったというだけでは，世界資本主義が成立したとすることはできない．また，この産業が社会的分業の世界的編成を主導する位置づけを与えられることになった，と表面的にいうだけでは，これが成立したと論じることはできない．

どうしてこの時代は世界資本主義の成立期であるといえるのか　世界資本主義とは，主導産業を核として世界的に編成された社会的分業の構造をもつ体制である．ところで，この編成が行なわれていくには，近代的な綿工業の成立とともに，その原料や製品の世界的な流通を軸とした世界商品市場が成立し，この商品市場と不可分な関係をもちながら世界金融市場が創設されていることが，不可欠な条件となる．

　そして，これらの市場を介して社会的分業の世界的編成の構造の再生産的な活動が保証される体制ができ上がる．つまり，こうした市場の活動が，世界的に展開される経済循環の動脈としての役割を果たすようになっていく．こうした体制が整うことをもって，はじめて世界資本主義が成立したということができるのであるが，これまでの分析を通じて，この成立の時期が，綿工業資本主義の時代であったことが明らかにされたのであった．

世界資本市場の成立がさらに重要　世界商品市場と世界金融市場とは，商品流通は金融によって裏づけられるという関係にあることから直接に結びついただけではなかった．世界金融市場の成立とは，短期金融世界市場の成立を意味しただけではなく，長期金融を内実とする世界資本市場の成立をも意味した．

　ところで，この世界資本市場の成立に条件づけられて，世界商品市場の構

造が大きく変動することになったことが,綿工業資本主義の時代の分析によって明らかにされたのであった.そして,この大きな変動の内容は,きわめて重要な意味をもつものであったことが明らかにされたのである.

鉄工業資本主義に移行していく条件の醸成　この世界資本市場の成立に条件づけられながら,綿工業資本主義の時代に,世界的な鉄道建設の第1期と呼んでもよいような事態が進展していくことになったことも,重要な意味をもつものであった.この事態の進展に基礎づけられて,次の鉄工業資本主義の時代に移行していく条件が,綿工業資本主義の内部に醸成されていくことになるのであるが,こうした状況も手にとるように把握していくことができたのであった.

世界資本主義の骨格的な原形の形成期　このことはよくいわれることであるが,資本主義体制の成立は,近代的労働者の形成だけを意味したのではまったくなかった.具体的に述べれば,近代的工業の中心地である綿工業地帯やその関連都市にはアイルランドなどから貧しい人たちが大量に入り込んできた.また,世界的には近代的工業製品の流入によって地域の農村工業が打撃を受け,そのため飢餓線をさ迷う人びとが増大したのであった.さらに,資本主義体制の成立とは,世界的には奴隷労働者の再生産がいっそう進んでいくことをも意味したのであった.

　今日の南北問題の基礎構造が,早くもここに作り出されることにもなったわけである.

　なお,この近代的工業地帯における労働者階級の生活状態も,明るく,快適なものでは決してなかった.この生活状態は,エンゲルス (Engels, Friedrich, 1820-1895年) の古典的名著[106]によっても明らかにされた「イギリス版女工哀史」や「少年・少女・児童の残虐労働史」の物語というような形で伝えられているような内容のものであった.こうしたことも,しっかりと銘記されなければならないのである.

　このような諸点をも含めて,そもそも世界資本主義の骨格的な構造的な原

---

106)　Engels, Friedrich, *Die Lage der arbeitenden Klasse in England. Nach eigner Anschauung und authentischen Quellen*, Leipzig : Otto Wigand, 1845（邦訳は,エンゲルス著／一條和生・杉山忠平訳『イギリスにおける労働者階級の状態　19世紀のロンドンとマンチェスター』[上][下]岩波文庫,1990年,他）,参照.

形が形成されたのが，この綿工業資本主義の時代であったと，総括的に結論づけることができるのではなかろうか．もっとも，現代の爛熟した世界資本主義の態様の原形が形成されるのは，のちの重工業資本主義の時代であるとしなければならない．けれども，それに先立つ綿工業資本主義の時代において，世界資本主義の骨格的な構造的な原形は形成されたことをしかと把握しておくことが，歴史研究に求められるのである．

第2章　世界資本主義の第Ⅱ段階
――鉄工業資本主義の時代（1850-1870年）の史的位置――

1　鉄工業資本主義の時代の分析の道標

世界資本主義の成立期であった綿工業資本主義の時代　世界資本主義の第Ⅰ段階の綿工業資本主義の時代（1820-50年）は，次の2つの要件が形成された点で，世界資本主義の成立期として歴史的に位置づけられる．

　1つには，この資本主義の最初の主導産業である綿工業――具体的にはイギリスはランカシアの世界の綿工業――の基幹部門である紡績業を支える労働力の主要部分が，広く〈低賃金不熟練労働力市場〉から調達される態勢が成立し，ここに労働力の商品化を核とする資本主義の体制が成立したことである．

　2つには，より重要な点として，世界商品市場と世界金融市場という世界資本主義の脈管に相当するものが形成されて，主導産業を中心に世界的に編成される社会的分業の構造を再生産しながら経済の循環が行なわれていく機構ができ上がったことである．ここに，地域的な経済の発展の様相の相違に関係なく，世界全体が，資本主義の体制に包摂される時代を迎えることになったのである．

〈世界的鉄道建設の第Ⅰ期〉の進展も綿工業資本主義の時代に　さらに，世界金融市場の局面に他ならない世界資本市場の形成を前提として，世界資本主義の第Ⅱ段階（1850-1870年）の主導産業の出現を醸成する〈世界的鉄道建設の第Ⅰ期〉と称しうるような事態が進展していった．このことも，綿工業資本主義の重要な内容の1つを構成するものとして意義づけられなければならない．

鉄工業資本主義の時代の解明は〈世界的な鉄道建設の進展の時代〉の到来から ということになれば，世界資本主義の第Ⅱ段階である鉄工業資本主義の時代の歴史的位置を究明していくに当たっては，前の時代の〈世界的な鉄道建設の第Ⅰ期〉の展開に基礎づけられながら，そして，これに継続するものとして本格的な〈世界的な鉄道建設の進展の時代〉が到来したことから説き起こしていくのが妥当であると思われる．

ところで，鉄工業資本主義の時代には，鉄工業を主導産業として社会的分業の世界体制が再編成されていくのであるが，この鉄工業を主導産業の位置に定着させることになるのは，鉄工業の発展が，広範な地域にまたがる世界的な鉄道建設の進展という市場基盤の形成に支えられたからであった．その意味からも，この本格的な世界的な鉄道建設の進展については，立ち入った考察がなされなければならない．

世界的な鉄道建設の進展を可能にしたもの では，どのようにして，この鉄道建設は進展していくことができたのであろうか．この点，鉄道建設請負業者の活動が，まずあげられなければなるまい．また，鉄道資材は，どこから調達されたかが明らかにされなければならない．そして，この調達を可能にしたのは，イギリスの鉄工業からの鉄道資材の供給であったことが知られるのである．そこで，この時代の主導産業である鉄工業は，具体的にはイギリスの鉄工業が世界の鉄工所になるという形態のもとに出現したことが明確にされていくのである．さらに，鉄道資材の購入をはじめとする世界的な鉄道建設に必要とされる資金は，どのような方法で調達されていったか．この問題が，究明されていかなければなるまい．

世界的な鉄道建設の進展と近代的工業化の促進 加えて，この時代における重要な問題の1つとして，この世界的な鉄道建設の進展は，この建設地域の近代的工業化を促進する要因となりえたかどうか，ということがある．この点，促進の要因になりえた地域と，必ずしもそのようになりえなかった地域とがある．では，その違いは，どのような条件によって生じたのであろうか．問い詰めていかなければならない問題である．

同時に考慮しておかなければならないことは，この近代的工業化の進展も，世界の鉄工所からの資材の供給に支えられながら実現していったことであっ

た.さらに,この工業化を実現していくための資金も,国境を越えて国際的に調達されたことであった.

近代的工業化の促進と多角的通商の増進 各地域における近代的工業化の促進に伴い,世界の通商は多角的増進の傾向を強めていく.そして,鉄道建設の世界的な進展,世界的な鉄材の通商の増大をさらにもたらす各地における近代的工業化の興隆,世界的通商の多角化傾向の増進,といった諸要因によってロンドン宛に振り出される手形が,いっそう増加していくことになる.経済恐慌の世界性がさらにはっきりとしてくる経済的な条件が,ここに形成されることになったということができよう.

前の時代の社会的分業の世界的編成の構造は消滅したか こうした問題だけが重要なのではない.鉄工業資本主義の時代になると,前の綿工業資本主義の時代に世界的に編成された社会的分業の構造は,消滅していくのであろうか.それとも,この構造は,変容しながら次の時代に重層的に組み込まれていくのであろうか.この問題について,具体的に検討できる格好な材料が,鉄工業資本主義の時代に発生した棉花危機の時期に与えられるのである.また,この時代に次の重工業という主導産業が出現してくる条件が醸成していくことを認めることもできる.この時代の分析のなかで,こうした諸点を明確にしていくことも,不可欠なものになるのである.

2 世界的な鉄道建設の進展の時代

鉄工業を主導産業とする時代に 綿工業資本主義の時代に続く1850年ごろから1870年ごろまでの資本主義の世界体制は,鉄工業を主導産業として編成された,とすることができよう.つまり,この新しい時代の資本主義の世界体制は,鉄工業資本主義の時代ないし段階と称することができよう.

　まずは,鉄工業がどのようにして主導産業となったのか.その理由が,問われなければならない.

時代は交通手段の発達を求める 綿工業資本主義の時代には,綿製品の世界的通商が増大していくに伴い,その原料である棉花だけではなく,砂糖・コー

ヒー・茶・穀物類・木材・絹・藍といった世界商品の流通が増大した．そのため，海上と河川に依存していた交通上の制約を乗り越え，より内陸の市場へ向けての陸上の交通手段の発達が求められた．

世界的な鉄道建設の第1期の進展に基礎づけられながら そのため，すでに綿工業資本主義の時代に，アフリカや東インドを除くアジアや南アメリカやオーストラレーシア[107]は別であるが，世界的な鉄道建設の進展の第1期と呼んでよいような陸上の交通手段の改良事業進展の基礎固めが行なわれていった．

そして，こうした綿工業資本主義の時代における鉄道建設の進展を基礎に，この新しい鉄工業資本主義の時代になると，ヨーロッパ大陸，東インド，アメリカ合州国やカナダ，さらに南アメリカや北アフリカやオーストラリアなどの諸地域にまたがって鉄道建設の範囲は著しく拡大し，まさしく世界的な鉄道建設が行なわれていく時代になっていったのである[108]．

世界的な鉄道建設の進展を数字的に示すと きわめて不充分なものになるが，いくつかの資料によりながら，この時代の鉄道建設の世界的進展の状況を数字的に示すと，第1表のようになる．この不充分な数字によっても，1855年と1865年の間に，世界全体で，鉄道の総距離は，約2.14倍増えていることが判るのである．

第1表　世界の地域別鉄道の総延長キロ数（1840 - 1865年）

(単位：1,000キロメートル)

地域別 年	ヨーロッパ	北アメリカ	ラテン・アメリカ	アジア	アフリカ	オーストラレーシア	世界
1840	4.09	4.55	0.16				8.80
1855	34.99	31.52	0.89	0.35	0.14	0.04	67.93
1860	49.62	52.61	0.84	1.35	0.47	0.34	105.23
1865	75.5	63.1		5.5	0.6	0.8	145.5

［備考］
(1) いくつかの資料を寄せ集めて作成したために，たとえば，ラテン・アメリカについて，1855年よりも1860年のほうが少ない数字が出る結果となった．
(2) 合計欄に相当する「世界」のところは，資料出所の当該欄によらないで，この表の地域の数字を単純に合計したものを掲げた．
(3) なお，少しだけ合計の数字は異なるが，1835年，1845年，1855年，1865年現在のヨーロッパ諸国の鉄

---

107) オーストラリア，ニュージーランド，ニューギニアを含む南太平洋の地域をさす広域地名である．
108) たとえば，エジプトでは1853年に，トルコでは1867年に鉄道が敷設された（水田正史「ペルシア帝国銀行の展開」入江節次郎編著『世界経済史』［前掲］所収，123ページ，参照）．

道延長キロ数については,北條功「ドイツ産業革命と鉄道建設」高橋幸八郎編『産業革命の研究』岩波書店,1965 年,所収,190 ページ,参照.
［資料出所］今井圭子『アルゼンチン鉄道史研究』（前掲）52-53 ページ；宮崎犀一・奥村茂次・森田桐郎編『近代国際経済要覧』東京大学出版会,1981 年,22 ページ；角山 榮『経済史学』（前掲）221 ページによって作成.

また,この第 1 表では,北アメリカとして一括されているが,この時代に鉄道路線が大きく伸びた地域の 1 つは,アメリカ合州国であった.この地域の鉄道の 1850 年末現在の開通路線は,14,518 キロメートルであったが,1870 年末現在の数字は 85,170 キロメートルとなり,その間,5.9 倍近く増大していることが,別の資料によって知られるのである[109].

ところで,この時代には鉄道建設が世界的に大きく進展したとはいえ,東インドを除くアジアや北アフリカを除くアフリカといった後進地域においては,なお鉄道建設は本格的には進展しなかった.こうした地域において,鉄道建設が盛んに行なわれていくようになるのは,むしろ重工業資本主義の時代に入ってからのことであった.このことを念のために添えておかねばなるまい.

海上の交通手段も発達していったが よくいわれるように,この鉄工業資本主義の時代に入るころ,1848 年にはカリフォルニア,1851 年にはオーストラリアで金鉱が発見されて,移民の波がこの両地域に押し寄せた.そのために,海上交通それ自体もいっそうの発展が促された.また,アヘン戦争（1839-1842 年）やアロー戦争（1856-1860 年）を契機として,世界資本主義への中国の包摂が深化していくことになった.このことも,海上交通の発展を促す要因の 1 つとなった.さらにまた,アメリカ合州国からのペリ（Perry, Matthew Calbraith, 1794-1858 年）の率いる 7 隻の蒸気船黒船の来航が発端となって,1854 年には,日本も世界資本主義に文字通り包摂されていくことになった.このことも,この時期における海上交通の発展を促進する要因の 1 つとなった.

陸上の交通手段の発達が先導 この時代になると,木造船から鉄船へ,帆船から蒸気船という転換が,たしかに行なわれ始めたのであった.このことは,海上

---

[109] Mitchell, B. R., *International Historical Statistics : The Americas and Australasia*, London : The Macmillan Press Ltd, 1983, p.656, 参照.なお,ちなみに,1840 年代に「鉄道の時代」に入ったアメリカ合州国の鉄道延長マイル数は,1860 年現在,ヨーロッパ全体の 30,830 マイルにほぼ匹敵する 30,630 マイルとなり,世界全体の 46.4%を占めるにいたった（宮崎犀一他編,前掲書,22 ページ,参照）.

の交通手段の発達を示す指標になるといえよう．しかしながら，延性に富み圧力に耐えうる鋼板は，まだ開発されていなかった．また，重量物である石炭を搭載し，黒煙を吐く蒸気船の帆船に対する優位が確立するには，なかなかいたらなかったのである．何よりも，大洋航路において貯炭設備のある港が乏しかったことも，この優位の確立を遅らせる要因になった．

　こうしたことから，海上の交通手段の発達が陸上の交通手段の発達を先導するようになるのは，さらにのちの時代のことであった．この時代はむしろ陸上の交通手段の世界的な発達が，海上の交通手段の発達を先導したのであった．

3　世界的に進展した鉄道建設の資材調達
――イギリスの鉄工業を世界の鉄工所に――

鉄道建設は請負業者の手によって　そしてまた，この世界的な鉄道建設は，イギリスやフランスなどの鉄道建設において卓越した実績を示した有名なトマス・ブラッシィ（前掲）といった鉄道建設請負業者によって行なわれた[110]．
イギリスからの鉄道資材の供給の増大（1）　イギリスに本拠を置く建設業者によって世界的な鉄道建設が進展していったということもあって，この建設の資材は大きくイギリスの鉄工業に依存する態勢が作られた．このことは，何よりもイギリスからの鉄道資材の輸出の増大の数字に反映された．

　この点に関し，1847-55年の数字には，レールといったもっぱら鉄道のみに用いられる鉄材だけでなく棒鉄やボルトも含められている．また，1856-70年の数字は，このような棒鉄やボルトは含められていない鉄道用鉄材のみである．この点，数字それ自体についていえば，必ずしも整合性のあるものではない．だが，判断の材料には充分なりうると考えられるので，1847-1850年につ

---

110)　Helps, Arthur, *Life and Labours of Mr. Brassey 1805-1870*, London : Bell and Daldy, 1872, pp. 161-166 (Jenks, *The Migration of British Capital* [*op. cit.*], pp. 419-420 にも要約されて引用されている）には，6ページにわたり，トマス・ブラッシィが1834年から1870年までの間に請け負った世界の鉄道建設について，鉄道名，工事路線距離，パートナーの業者名などの一覧が表示されている．そこでは，ヨーロッパの鉄道はいうまでもなく，イースタン・ベンガル鉄道（1858年）やデリー鉄道（1864年）といった東インドの鉄道ばかりでなく，さらに，セントラル・アルゼンチン鉄道（1864年）といった南アメリカの鉄道の名も見られる．

いては4年間の年平均,以降1870年までについては5年ごとの年平均を算出して,イギリス (U.K.) からの鉄道用鉄材の輸出高を示した**第2表**を掲げておこう.

第2表　イギリス (U.K.) からの鉄道用鉄材の輸出高 (1847‐1870年)

(単位:1,000トン)

年	1847-1850	1851-1855	1856-1860	1861-1865	1866-1870
年平均輸出高	359.3	582.8	467.0	413.4	721.8
(％)	(100.0)	(162.2)	(130.0)	(115.1)	(200.9)

[資料出所] Adler, Dorothy R., *British Investment in American Railways, 1834-1898*, Charlottesville:The University Press of Virginia, 1970, pp. 26-27 ; Mitchell, B. R. and Phillis Deane, *Abstract of British Historical Statistics*, Cambridge : The University Press, 1962, p.147 によって作成.

この第2表においては,表示されている年間における鉄道用鉄材の範囲に相違があり,また,南北戦争 (1861-65年) のために合州国への輸出が激減した時期が含まれている.そのため,この表によって,正確な傾向を掴むことはできにくいかもしれない.それにもかかわらず,世界的な鉄道建設の進展に伴い鉄道用鉄材のイギリスからの輸出が増大傾向を辿ったことそれ自体は,この表から間違いなく認めることができるであろう.さらに,この表を見るに当たって,後の鋼レールと対比するとき置き換え需要が生じる期間はそれほど長くはないけれども,それでも鉄材は耐久財という性格をもっているために,その需要増大のテンポは,変動性を伴いやすいものであることにも注意しなければならないであろう.

イギリスからの鉄道資材の供給の増大 (2)　比較的すっきりとした数字として,イギリスの鉄工業の鉄道用鉄材の輸出について,税関に申告された輸出額をベースとした場合,1856年から1865年までの10年間は,3,500万ポンドであったが,次の10年間は,8,300万ポンドを越えるほどになった,とされる記述があることを紹介しておこう[111].

この時代におけるイギリス (U.K.) からの鉄道用鉄材の輸出について,詳しい地域的な分布を知ることはできない.けれども,ヨーロッパ大陸や東インドばかりでなく,アメリカ合州国がかなり大きなウエイトを占めたことは,

---

111) Jenks, *op. cit.*, p. 174, 参照.

示されているのである[112]．

世界的な鉄道建設の進展と世界の鉄工所イギリスという態勢の樹立　鉄道の建設のためには，線路ばかりでなくトンネルや橋梁や駅舎をはじめ貯炭設備，操車施設，踏切り，信号機のための鉄塔といったものが整えられなければならない．そのためにも，世界的な鉄道建設の進展に伴い，イギリスからの鉄材の供給が増大したのであった．さらに，後述するように，ヨーロッパ大陸やアメリカ合州国における鉄道建設の進展は，現地の近代的工業化を促進する契機となったが，この促進がまた，イギリスからの鉄材の輸出が増大する要因となったのである．世界的な鉄道建設の進展に支えられて，この時代には，イギリスの鉄工所が世界の鉄工所になったというとき，そこまで視野を広げてその関連を考察しなければならないのである．

ところで，1846年から1870年までのイギリス（U. K.）からの鉄鋼の輸出額の推移を示した**第3表**は，世界の鉄工所イギリスという態勢樹立の跡を比較的よく表徴していると思われる．そこでは，1866-1870年の年平均輸出額が，1846-1850年平均輸出額の3.5倍強になっていることが明瞭に認められるのである．

第3表　イギリス（U.K.）からの鉄鋼の輸出額（1846－1870年）

（単位：1,000ポンド）

年	1846-1850	1851-1855	1856-1860	1861-1865	1866-1870
年平均輸出額	5,540	9,980	13,800	13,860	19,440
（％）	（100.0）	（180.1）	（249.1）	（250.2）	（350.9）

［備考］
(1) 1862年からいくつかの鉄鋼製品が，「金物・刃物」の品名項目に移されて分類されるようになった．ちなみに，1862年のその分は，約400,000ポンドであった．
(2) 1861-65年の数字を見るときには，アメリカ合州国における南北戦争に起因する輸出の激減を考慮しなければならない．
［資料出所］Mitchell and Deane, *op. cit.*, pp. 303-304によって作成．

また，別の角度から見てみよう．つまり，鉄道建設の世界的な進展や，それに伴う世界的な近代的工業化の展開を内実とする世界市場の発展を基盤とし

---

112)　具体的な数字を示しておくと，1850年から1870年までの間において，イギリスの鉄工業の鉄道用鉄材の輸出先のなかでアメリカ合州国の占める割合が35％を越えた年は，次の通りであった．——
　　35-39％：1855年，1856年，1867年，1869年；45％：1870年；52-53％：1854年，1868年；63％：1853年（Adler, *op. cit.*, pp. 26-27, 参照）．

て，19世紀の半ばころからイギリスの鉄工業が発展していった状況は，重量をベースとするイギリス（G. B.）の鉄材の輸出高の推移を示した**第4表**からさらに明瞭に汲み取ることができる[113]．

第4表　イギリス（G.B.）からの鉄材の輸出高（1840-1870年）

（単位：トン）

年	1840	1850	1860	1870
年間輸出高	268,328	783,424	1,503,000	2,826,000
（％）	(34.3)	(100.0)	(191.9)	(360.7)

［備考］この表の説明として「とりわけ1850-70年は，鉄材の輸出の増大率が，生産高の増大率を凌駕したことが示される」とされている．参考までに．
［資料出所］Birch, Alan, *The Economic History of the British Iron and Steel Industry, 1784-1879*, London:Frank Cass and Company Limited, 1967, p. 226 によって作成．

イギリスからの蒸気機関車の供給にも支えられて　当時の鉄道は，蒸気機関車によって牽引された．そして，建設された世界的な鉄道のための蒸気機関車は，大量にイギリスから供給された．1860年から1889年の期間に，イギリスの国内市場をほぼ100パーセント支配していた蒸気機関車製造企業9社は，合計14,859台を販売したが，そのうち海外鉄道会社向けは8,957台であり，60.3パーセントの重みを占めた．この時期の世界的な鉄道建設の進展は，またイギリスからの蒸気機関車の供給によっても支えられた事実の一端が，ここに示されているとしてよいであろう[114]．

　もっとも，この数字は，考察の時期が少しずれており，鉄工業資本主義の時代の数字とすることはできにくいと反論されるかもしれない．とはいえ，蒸気機関車それ自体のこの時代のみの数字を掲げることができない．ところで，ここでの分析の目的は，あくまでも世界の鉄工所の発展が，世界的な鉄道建設の進展によって支えられたことを明らかにすることにある．

---

113)　1870年代に入ってからの好況期には，イギリスからの鉄鋼の輸出はさらに増大していったことを考慮した上で読まなければならないが．そしてまた，本文で掲げた数字と符合しないのであるが，参考までに，次のようにも述べられていることを紹介しておこう．「イギリス（U. K.）からの鉄鋼の輸出は，1850年と1853年とを比較すると価格にして倍増，重量にして倍増近くに増大した．こうした増大の状態は，その後も着実に続き，1870年代の初めのころの年間の平均輸出額は，1850年の5倍となった」（Jenks, *op. cit.*, p. 174）と．
114)　角山榮「世界資本主義形成の論理的構造——世界資本主義の第I，第II段階（1760-1873年）」河野健二・飯沼二郎編『世界資本主義の歴史構造』（前掲）所収，132ページ，参照．ついでながら，角山教授は，この第I段階の始まりを筆者とは異なって1760年とされていることにも注意されたい．これまた，参考までに．

イギリスからの機械類の供給も増大　ということであるならば，この建設の進展は，ヨーロッパ大陸の諸地域やアメリカ合州国では，近代的工業化を促す契機となり，この工業化がまたイギリスからの機械類の供給によって実現していったわけであるから，蒸気機関車を含めたイギリス製機械類の輸出についてのこの時期の推移を示した数字を掲げて，そこに内包されている鉄工業資本主義の時代の世界的な鉄道建設の進展に対応するイギリス製蒸気機関車の海外への大量供給の状況を推定することにしよう．

つまり，イギリスからの機械類の年平均輸出額は，1846 年から 1850 年までの 5 年間については，100 万ポンドであったが，1851 年から 1855 年までについては，350 万ポンドとなり，そして，1856 年からの 5 年間については，450 万ポンドに増大していったとされているのである[115]．

イギリスからの国内産品の総輸出額の推移と比較すると　ちなみに，イギリス（U. K.）の鉄鋼や機械類を含む国内産品の総輸出額について，1851 年から 1870 年まで 5 年刻みの年平均輸出額を見ると，大雑把な数字ではあるが，88.9（単位：100 万ポンド），124.2（同），144.4（同），187.8（同）と推移しているのが認められる[116]．この数字は，上述の鉄鋼や機械類の輸出の激増の数字と対比するとき，この時代に，輸出額をベースとして捉えるとき，イギリスからの特に鉄鋼や機械類の輸出が，いかに大きく増大していったかをまさしく間接的ではあるが示すものといえよう．

実にこの時代における鉄鋼や機械類のイギリスからの輸出の激増を示す数字は，鉄道建設の世界的な進展を市場的な支えとしながら，具体的にはイギリスの鉄工業が〈世界の鉄工所〉になるという形で[117]，この産業が，1850 年ごろからの世界資本主義の主導産業になった状況を明らかに物語るものといえるであろう．

---

115) Jenks, *op. cit.*, p. 174, 参照．
116) Mitchell and Deane, *op. cit.*, p. 283 の数字によって計算．
117) イギリスにおける鉄の生産高は，1860 年には 383 万トンに達し，世界の鉄生産の半ば以上を占めたのであった（広岡治哉・市川弘勝「日本鉄鋼業の史的発展と技術の進歩」有沢廣巳編『現代日本産業講座 II』岩波書店，1959 年，所収，19 ページ，参照）．

4　世界的な鉄道建設の資金調達

鉄道建設の資金は国境を越えて　この時代の世界的な鉄道建設は，民間の株式会社形式で行なわれるのがむしろ多かった．そこで，この建設に要する長期の資金は，株式や社債の発行によって賄われた．ところで，この株式や社債の発行による資金の調達の場は，この建設が行なわれた地域のみでなされたのではなかった．それは，国境を越えて広く行なわれたのであった．

アメリカ合州国の鉄道建設について見ると　この点，当時の世界的鉄道建設のなかで大きな割合を占め，世界の鉄工所イギリスを支える重要な市場の1つとなったアメリカ合州国の鉄道建設について，まず見てみよう．

そこでは，この形式による資金の調達，特に社債の発行による資金の調達が，鉄道建設資材調達の支払いの手段獲得の必要性と不可分に結びついて行なわれることになった．この地域の鉄道建設のための鉄材が，鉄道会社の社債で購入されるようになった時期は1830年代に遡るが，1850代になるとこうした方法による購入が一般化した．

アメリカ合州国の鉄道用材の輸入業務に乗り出したマーチャント・バンカーズ　この展開の上で画期的な出来事は，**1つには**，トマス・ブラッシィといった鉄道建設請負業者が直接に鉄材を購入するようになったばかりではなく，さらに1848年ごろから，アングロ・アメリカン・マーチャント・バンカーズと称された有力な業者たちが，こうした鉄道会社の債券を用いて鉄道用鉄材の輸入業務に本格的に乗り出したことであった．具体的にこうした業者の名を掲げると，ベアリング社，パーマー・マキロップ・デント (Palmer, McKillop & Dent)，フース・フレデリック社 (Huth, Frederick & Co.)，ジョージ・ピーボディ社 (George Peabody & Co.) といったマーチャント・バンカーズたちが，このような輸入業務に進出してきたのであった．

このような購入方法が講じられるようになったのは，イギリスの製鉄業者も，また，当時の鉄材の積出し港であったリヴァプールに活動の拠点を置く鉄材輸出商も，鉄材売り上げの代金回収の手段として，こうした債券類を好

んで受け取ったからであった．1853年11月のある見積もりによれば，合州国の鉄道建設のために発行された債券類に対するヨーロッパからの投資額の半ばに相当する3,500万ドル分が，イギリスからのレール購入の支払いに充てられたといわれる[118]．

合州国の鉄道会社の社債発行にマーチャント・バンカーズが係わる さらに，画期的な出来事として，2つには，アメリカ合州国の鉄道会社の社債の公募発行が，イリノイ・セントラル鉄道会社（Illinois Central Railroad Company）の社債の発行を嚆矢として，1852年からロンドン資本市場で行なわれるようになったことであった．こうしたことから，ベアリング社やロスチャイルドやジョージ・ピーボディ社などが，合州国の鉄道会社のロンドンでの社債発行にこのころから大きく係わるようになったのである[119]．

社債は株式と異なって，利払いがより確実になされる．しかも，アメリカ合州国の鉄道会社の社債は，通常，無記名債（Bearer Bonds）であった[120]．こうしたことのために，鉄道建設資材購入の支払いの便宜な手段として，これが好んで用いられたのであった．

アメリカ合州国の鉄道会社の社債の外国での保有分 アメリカ合州国の財務当局は，1853年6月30日現在の数字として，合州国の244の鉄道会社の社債残高170,111,552ドルのうち，外国に保有されているのは43,888,752ドル，つまり，

---

118) Adler, *op. cit.*, p.18, p.25, p.38, p.43, & passim; Chapman, S., *The Rise of Merchant Banking* (*op. cit.*), p.91（邦訳，174-175ページ）; Hidy, *The House of Baring* (*op. cit.*), p.605n., 参照．なお，念のため，この3,500万ドルの資金とは，鉄道会社の社債だけでなく，鉄道会社の設立を援助するために発行された州債への投資額をも合算した数字である．

119) Adler, *op. cit.*, pp.18-20, p.42, p.52, & pp.55-58; Hidy, *op. cit.*, pp.409-416, 参照．なお，主として1850年代のアメリカ合州国のオールド・ノースウェスト（オハイオ川以北の，オハイオ，インディアナ，イリノイ，ミシガン，ヴィスコンシンの諸州とミネソタ州の一部）における鉄道会社の社債の発行や社債を用いての鉄道用鉄材購入にジョージ・ピーボディ社やベアリング社が係わった状況については，Hidy, Ralph Willard and Muriel Emmie Hidy, "Anglo-American Merchant Bankers and the Railroads of the Old Northwest, 1848-1860," *Business History Review*, Vol. XXXIV, No. 2, 1960, pp. 150-169, 参照．総じて「1850年代を通じて，こうした2つのアングロ・アメリカン・マーチャント・バンカーズは，オールド・ノースウェストの鉄道建設に大きな寄与をしたのであった……こうした2社が影響力を及ぼさなかったならば，この地方の鉄道の歴史……は，かなり異なったものになったであろう」(Hidy and Hidy, *op. cit.*, p. 169) と．それから，ジョージ・ピーボディ社のアメリカ合州国の鉄道建設との係わりについては，Hidy, Muriel Emmie, *George Peabody : Merchant and Financier, 1829-1854*, New York : Arno Press, 1979, pp. 328-352; Burk, Kathleen, *Morgan Grenfell, 1838-1988 : The Biography of a Merchant Bank*, New York : Oxford University Press, 1989, pp. 14-15 & p. 27, 参照．ついでながら，アメリカ合州国の鉄道会社の社債のロンドン資本市場における発行開始の時期については，小沢治郎「アメリカの鉄道建設とイギリス資本」『社会経済史学』第38巻第5号，1973年8月，61ページ，参照．

120) Adler, *op. cit.*, p. xii, 参照．

25.8パーセントの重みを占めたと報じた．

しかし，社債は，無記名債であるために，そもそも保有者を確認することが難しいことと，証券類について外国における保有高は，過少に見積もられる傾向があったことから，この財務当局の国外における保有分の見積もりは，かなり過少なものであるとされるのである[121]．

社債だけを見たのでは不充分　それはそれとしても，証券類を通じてのアメリカ合州国の鉄道に対する国境を越えての投資を見るには，さらに，鉄道会社の株式や鉄道会社を資金的に援助するために発行された州債の国境を越えての保有高を見る必要がある．そして，こうした証券類の保有高は，1853年11月現在で，さきに掲げた4,389万ドルより遥かに多い約7,000万ドル（1,400万ポンド）と推定されている．しかも，その額は，南北戦争が勃発した1861年の初めにはさらに増大し，1億ドル（2,000万ポンド）になったとされる．

それだけではない．合州国の鉄道に投じられた国境を越えての資金の移動を見ていくには,その他,鉄道会社の資金援助のために発行された郡債(County Bonds）や都市債（Municipal Bonds）の国境を越えての保有や，さらにマーチャント・バンカーズなどからの鉄道会社に対する短期資金の供与も考慮に入れなければならない[122]．

ヨーロッパの地方の農村からも　くれぐれも注意しなければならない点は，特にマーチャント・バンカーズからの資金の供与であるが，その資金の源泉は，ヨーロッパの地方の農村ということも多々あったということである．つまり，こうした農村の余剰資金が，地方の金融業者に預託される．この金融業者は，これをロンドンなどの国際金融市場に拠点をおく金融業者にさらに預託して運用を図る．そしてまた，こうした国際金融市場に拠点をおく金融業者は，この預託金をマーチャント・バンカーズを介して運用を図ることが，しばしば行なわれ，これが，たとえばアメリカ合州国の鉄道建設の資金として用いられたということであった[123]．

アメリカ合州国の鉄道会社の証券類は広くヨーロッパで　その上，重要なことは，

---

121)　Adler, *op. cit.*, pp. 23-24, 参照．
122)　Adler, *op. cit.*, p. 24, 参照．
123)　たとえば, Chapman, S., *op. cit.*, p. 163（邦訳，312ページ），参照．

合州国の鉄道会社の社債や株式が，ヨーロッパにおいて，ロンドン市場で売られただけではなかった，ということである．ロンドンで発行されたこうした社債などが，フランスやドイツやベルギーやスイスなどの金融業者によって引き受けられて，ヨーロッパ大陸に移動していったこともあった．また，こうした社債類は，マーチャント・バンカーズの在合州国のエイジェントなどによって，ロンドンを介して，あるいは直接にヨーロッパの都市に持ち込まれ，そこで売られることもあった[124]．

　1857年と1866年の経済恐慌期，また，アメリカ合州国の南北戦争期には，合州国の鉄道建設に対する外国からの資金の流入は，と絶えるようになった．しかしながら，こうした特別の時期を除き，広く国境を越えての資金の供給に支えられながら，合州国の鉄道建設は進展していったのであった．特に，南北戦争後の1860年代には，合州国の鉄道建設へのフランクフルトやアムステルダムの金融市場を介しての投資が，増大していくことになった[125]．

ヨーロッパ大陸の鉄道建設については　ヨーロッパ大陸の鉄道建設の場合も，前の時代の世界的鉄道建設の進展のときすでにそうであったように，国境を越えてヨーロッパの地主や商人などのもとに蓄積されていた多額の資金を不可欠な資金源として実現したことが典型的に見られた．つまり，この建設資金は，現地でのみ調達されたというのでもなければ，もっぱらロンドン金融市場を介してイギリスからのみ調達されたというのでもなかった．まさしく広い範囲に及ぶ国境を越えた協力態勢のもとに調達されたのであった．

　鉄道の建設は国民的な事業のように思い込まれているふしがあるけれども，ヨーロッパ大陸諸地域の鉄道建設の場合，たとえば，世界的な鉄道建設請負業者であったトマス・ブラッシィは，国境を越えてフランスやベルギーやスペインの鉄道建設請負業者と国際的なシンジケートを組織して鉄道建設を推進することが多かった．また，こうした請負業務ばかりではなく，鉄道事業の発起それ自体が，国際的なシンジケートによってなされることもあった．こうしたことも，ヨーロッパ大陸諸地域の鉄道建設の資金が国際的に調達され

---

124)　Adler, *op. cit.*, pp. 50-51, 参照.
125)　Adler, *op. cit.*, pp. 73-75, 参照. 1873年からの経済恐慌期に，アメリカ合州国の多数の鉄道会社の社債は利払いを停止したが，その社債の外域での保有高は，イギリスよりもヨーロッパ大陸の方が多かった，と (Adler, *op. cit.*, p. 77, 参照).

る要因になったと考えられる[126].

マーチャント・バンカーズが係わったヨーロッパ大陸の鉄道建設 ヨーロッパ大陸の鉄道建設にマーチャント・バンカーズが係わった代表的な事例としては,同じファミリィ・グループや提携金融業者との協力のもとに,フランスの鉄道建設に対する資金提供を行なったばかりではなく,さらに,1855年からイタリア,スペイン,オーストリアの鉄道建設のために資金の調達をしていったパリに本拠をおくジェームズ・マイヤー・ロスチャイルド (Rothschild, James Meyer, 1792-1868年) の活動が,何よりもあげられよう[127].この事実は,ヨーロッパ大陸の鉄道建設に対する国際的な資金調達の状況を表徴的に示すものであるということができよう.

ベアリング社も ベアリング社も,パリのオッタンゲル社と提携しながら,フランスの鉄道建設資金の調達に係わったり,アムステルダムのホープ社や,パリの投資銀行であるクレディ・モビリエ (Crédit Mobilier) と提携しながら,1857年に,セント・ペテルスブルクからワルシャワまでの鉄道の完成を目ざした大ロシア鉄道会社 (Great Russian Railway Company) の株式の販売を手がけた.また,ベアリング社は,ホープ社やオッタンゲル社やベルリンのメンデルスゾーン社 (Mendelssohn & Co.) などとともにこの鉄道会社の大株主になった.このことも,同じく国際的な資金調達の状況を示すものであった[128].

---

126) 具体的な事例については,Jenks, *op. cit.*, pp. 176-177;Henderson, W. O., *Britain and Industrial Europe* (*op. cit.*), p. 198, 参照.また,たとえば,1864年に東ヨーロッパでレンベルク=チェルナヴィッツ鉄道 (Lemberg-Czernowitz Railway) (265 km) がブラッシィによって建設される契約が結ばれることになるが,その資金はイギリスやオーストリアなどから国際的に導入されて建設が推進されたのであった (Cottrell, P. L., "London Financiers and Austria 1863-1875 : The Anglo-Austrian Bank," *Business History*, Vol. XI, No. 1, January 1969, p. 115 ; Jenks, *op. cit.*, p. 420, 参照).
127) Ferguson, N., *The World's Banker* (*op. cit.*), pp. 440-460, pp. 504-505, pp. 567-568, p. 571, pp. 594-598, p. 612, pp. 615-617, & pp. 687-688, 参照.また,たとえばスイスの鉄道とパリのロスチャイルドとの係わりについては,黒澤隆文「スイス鉄道網の形成過程」(前掲) 219-220 ページ,参照.
128) Landes, D. S., *Bankers and Pashas* (*op. cit.*), pp. 30-32 ; Hidy, R.W., *The House of Baring* (*op. cit.*), p. 435 ; Henderson, W. O., *The Industrial Revolution* (*op. cit.*), p. 223, 参照.トマス・ベアリング (Baring, Thomas, 1799-1873年) など外国の業者が,大ロシア鉄道会社の役員となったし,ベアリング社は,この鉄道会社のロンドンのエイジェントにもなった (Hidy, R. W., *op. cit.*, p. 473, 参照).そして,後の時期の数字を掲げることになるが,1864年現在,大ロシア鉄道会社の株式の約5分の2は,イギリスの投資家たちによって所有されていた,といわれる (Jenks, *op. cit.*, p. 244, 参照).また,1852年11月にその設立が認可されたクレディ・モビリエはその創業者に外国の金融業者が加わっていた金融機関であり,イギリスの人がその総株式の約3分の1を所有していたときもあった,といわれている (Henderson, W. O., *The Industrial Revolution* [*op. cit.*], pp. 145-146, 参照).

このようにして，こうしたマーチャント・バンカーズが，ヨーロッパの各地の地主や商人や事業主などの手元にある余剰資金をいろいろな金融業者を介して集中的に動員できる金融市場の態勢ができていたのである．そしてまた，この態勢の成立を前提として，ヨーロッパ大陸の各地の鉄道建設のための資金は，当該鉄道建設の地方から供給されたのでもなければ，ロンドン金融市場にもっぱら依存して調達されたのでもない．重ねて強調することになるが，まさしく国境を越えて広く国際的に調達される態勢が作られることになったのである．

東インドの鉄道建設では 東インドの鉄道は，ロンドンに本社を置く鉄道会社によって建設が推進されていった．この鉄道建設のために巨額の資金が投下された．1868年4月現在の数字で，東インドの鉄道会社の証券応募総額は，7,600万ポンドであり，そのうち株式によるものが5,925万ポンド，社債によるものが1,675万ポンドであったことに，このことがよく示されているといえよう．

ところで，そのうち東インドで応募されたのは，75万ポンドにすぎなかった．全応募額の1パーセント以下であった．しかも，その大半は東インド在住のヨーロッパの人たちであった．また，株主数をベースとして捉えると，1868年1月現在の東インドの鉄道会社の株主総数49,690名のうち，インド人の株主数はわずか397名にすぎなかった．こうした数字は，東インドの鉄道建設に要した巨額の資金の大部分が，ロンドン世界資本市場を通じてヨーロッパの人たちによって供給されたことを示しているのである．

東インドの鉄道会社への投資については，インド政庁による元利保証という徹底した保護政策が採用された．その結果，この鉄道証券は，イギリスの永久公債を代表するコンソル公債やインド公債よりも利子率が高く，安定した一流の証券として格付けされた．ヨーロッパの投資家たちは，何よりもこうした条件に引き付けられたのであった[129]．

---

129) より詳しくは，牧野 博「東インドにおける鉄道業の発展と近代的植民地の建設」入江節次郎編著『世界経済史』(前掲) 所収，79-80ページ，参照．なお，1858-1869年の間に支払われたインドの鉄道証券の配当総額は，約3,000万ポンドであったが，そのうち約1,400万ポンドが東インド政庁の負担分であった，と（同上，83-84ページ，参照）．それから，東インドの鉄道業への保証制度の具体的な展開については，Jagtiānī, H. M., *The Rôle of the State in the Provision of Railways*, London : P. S. King & Son, Ltd., 1924, pp. 90-145，参照．ただ，ここで注意しなければならない

5 世界的な鉄道の建設地域の近代的工業化

近代的工業化が促進された地域の特徴 ヨーロッパ大陸の諸地域やアメリカ合州国においては，鉄道の建設は，建設地域の近代的な工業化を促進する契機になった．この問題を考えるに当たってまず重要なことは，これらの地域の鉄道建設が，道路や運河の開発，河川水運の改良といった交通事業の展開と有機的な関連を保ちながら，進められていったということであった．要するに，総合的な交通政策の一環として鉄道建設が行なわれたということであった．そのため，鉄道の建設は，全地域的な市場の発展に大きな影響を及ぼすことになった．この市場の発達を基盤としてはじめて近代的工業化が，こうした地域においては進展していくことになったわけである．

どのような形態で近代的工業化は 具体的な展開としては，まず，鉄道の建設を契機として，鉄道関連工業が勃興した．そして，やがてこの工業に原材料を供給する素材製造工業が発達していった．このようなパターンが，展開されていくことになったのである[130]．

こうした工業化の進展であるが，この過程で世界の鉄工所の市場的基盤が

ことは，ロンドンに本社を置く海外の鉄道会社は，東インドの鉄道会社だけではなかった，ということである．また，植民地政府のみでなく，本国政府からも配当が保証されて1853年に設立された「カナダ大幹線鉄道」（Grand Trunk Railway of Canada）（北のモントリオール[Montreal]やケベック[Québec]から南のポートランド[Portland：アメリカ合州国のメイン州の港湾都市]やセント・ジョン[Saint John]にいたる世界最初の国際鉄道）のような事例があることにもくれぐれも留意しなければならない（このカナダの鉄道については，Jenks, *op. cit.*, pp. 198-205; Roman, Donald W., "Railway Imperialism in Canada, 1847-1865," *in* Davis, Clarence B. and Kenneth E. Wilburn, Jr. with Ronald E. Robinson [eds.], *Railway Imperialism*, New York : Greenwood Press, 1991, pp.7-24, 参照）．

130) このようなパターンが展開された事例としてよく引き合いに出されるドイツについては,たとえば，北條功「ドイツ産業革命と鉄道建設」（前掲）208-225ページ，参照．なお，プロシアにおける鉄道建設の進展によって，1850年代から，まずは蒸気機関車，次にレール，さらにレール製造の原材料である銑鉄が，輸入代替工業化を展開していくことになっていったことを数字的に示したものとして，Fremdling, Rainer, "Railroads and German Economic Growth:A Leading Sector Analysis with a Comparison to the United States and Great Britain," *The Journal of Economic History*, Vol. XXXVII, No. 3, September 1977, pp. 587-592, 参照．それから，1840年から1870年までの10年毎のドイツにおける鉄道の延長路線の増大と，銑鉄・無煙炭・蒸気機関車（これについては，1850年と1860年の数字のみ）の生産高の増大とを関連的に示した数字が，Tilly, Richard, "Germany, 1815-1870," *in* Cameron, R. *et al.*, *op. cit.*, p. 153 に示されている．なお，フランスにおけるこの時期の鉄鋼業の発達と鉄道建設の進展の関連については，島田悦子，前掲書，147-149ページ，参照．

むしろ拡大する傾向になったことに重ねて注意する必要があろう．また，鉄道建設の進展と相まって，こうした工業化の展開は，建設地域の金融市場の発達をそれなりに促すことになるが，世界金融市場の支えなくしては，こうした地域的な金融市場の発達が生じえなかったことにも留意しなければならない．

鉄道建設請負業者がまず工場を建設　ところで，鉄道関連工業の勃興であるが，何よりもまず鉄道建設請負業者が，こうした関連諸工業の工場を建設していったことが銘記されなければならない．パリ＝ルアン鉄道の建設工事を請け負ったトマス・ブラッシィが，パリの外港であるルアンに機関車製造工場を建設したのが，その代表的な事例であった．また，ベルギーの鉄道建設工事を請け負ったイギリスの業者は，ベルギーのニーヴェル (Nivelles) において，さらに，イタリアの鉄道建設工事を請け負ったイギリスの業者は，イタリアのピエモンテ (Piemonte ; Piedmont) において鉄道関連工場を建設したのであった[131]．

鉄道関連工場の建設資金も国際的に調達　こうした工場の建設資金は，イギリスの金融業者のみならず，広くヨーロッパ大陸の商業都市に拠点を置く金融業者からも供与されたのであった．鉄道建設請負業者以外の人たちによって鉄道関連工業の工場が建設される場合も，同様な形の資金の調達がなされることが多かった．そして，こうした工場の技術や設備も，主としてイギリスから供給されたのであった．

鉄道資材や車輌の供給も国際的分業の態勢で　さらに重要なことは，このようなヨーロッパ大陸の諸地域における鉄道建設の進展に伴う鉄道関連工業の勃興に条件づけられて，1860年代になると，特に東ヨーロッパ諸地域の鉄道建設について示されるのであるが，鉄道業それ自体の推進が国際的なシンジケートによってなされるようになっただけではない．たとえば，イースト・ハンガリアン鉄道 (East Hungarian Railway) の事例のように，レールはイギリスから18,000トン，機関車はバイエルンから12輌，客車はスイスから35輌，貨車はオーストリアから500輌が供給されるといった状況が，新たに見られる

---

131) Jenks, *op. cit.*, p. 176, 参照.

ようになったのである[132].

鉄道建設の資金が広く国境を越えて調達されたことに条件づけられて この傾向に関連して重要な点は，ヨーロッパ大陸の諸地域の鉄道会社の証券類が国境を越えて売られていったわけであるが，そして，その範囲はますます広がっていったわけであるが，当該鉄道会社の証券類は，ヨーロッパの諸地域からの鉄道用資材の購入の支払いの手段として，ますます役立つようになっていった，ということである．換言すれば，ヨーロッパ大陸の諸地域において鉄道関連工業が勃興したことのみならず，この地域において鉄道建設の資金が国境を越えて供給される度合いが増大していったことにも条件づけられながら，この地域の鉄道建設に際して，鉄道資材の国境を越えての広範な供給態勢が取られるようになっていった，ということである[133].

アメリカ合州国における鉄道建設の進展と近代的工業化 アメリカ合州国における鉄道建設の進展に伴う近代的工業化の推進の状況は，イギリスの鉄道用鉄材の輸出先のうちアメリカ合州国の占める割合が，1853年の63パーセントをピークとして，そのテンポはきわめて不規則ではあるが，低下していくようになる一方，この鉄材の国内生産高は，次第に増大していったことに何よりもよく示されている，と考えられる[134].

東インドにおける鉄道建設の進展と近代的工業化の問題 東インドの鉄道建設の場合は，事情が異なっていた．

　植民地政府の利子保証と土地の無償交付に条件づけられながら推進された東インドの鉄道建設は，巨大な規模のものであった．そして，巨額の資金と資材がそこには投下されたのであった．

東インドにおける鉄道建設の主目的を考慮しなければ ところで，そもそも東イ

---

132) Jenks, *op. cit.*, pp. 177-178, 参照.
133) Jenks, *ibid.*, 参照. なお，関連して市川承八郎「第一次大戦にいたるイギリスの海外投資について」（上）『西洋史学』II, 1948年10月, 75ページ, 参照.
134) 詳しい数字については，Adler, *op. cit*, pp. 26-27, 参照. なお, アメリカ合州国の鉄道レールの輸入は, 1870年代に入ってからもかなりの量であったが, それでも, 1866年には国内の生産高が南北戦争前のレール輸入の最高年であった1853年の299,000トンという水準を凌駕するにいたった, とされるのである（鈴木圭介・中西弘次「アメリカ資本主義の発展と鉄道業――南北戦争以前の時期を中心に」[三]『社会科学研究』[東京大学]第23巻第1号, 1971年11月, 99ページ, 参照). なお, 1840年からのアメリカ合州国におけるレールの国内生産高と輸入高を比較した図表については, 宮下郁男「19世紀中葉のイギリス資本輸出とアメリカ鉄道業」『経済學研究』（北海道大学）第40巻第3号, 1990年12月, 69ページ, 参照.

ンドにおける鉄道建設は，主としてランカシア綿業資本の利益のために計画されたのであった．アメリカ合州国からの棉花供給を補う棉花生産地域にこの地を仕立てていくためのものであった．同時に世界の綿工業の製品のインド内陸への浸透を図るためのものであった．つまり，ランカシア綿業資本の利益が第一義的に考慮されて推進されたのであった[135]．

アメリカ合州国からの棉花供給を補う棉花生産地域にこの地を仕立てていくことと，鉄道建設が結びついていたことは，1846年の合州国での不作に起因する棉花飢饉，さらに，後述するように，合州国の南北戦争の勃発のために生じた棉花飢饉が，東インドにおける鉄道建設推進に拍車を掛ける契機になったことからも知られるのである．

具体的な事例に即して 具体的な展開の事例を掲げてみよう．たとえば，1850年代に建設が認可されたBBCI鉄道 (Bombay Baroda and Central India Railway) や，GSI鉄道 (Great Southern of India Railway) が推進していった鉄道路線についてみてみよう．

これらの東インドの鉄道建設は，3大港湾市を起点として内陸へ向けて放射状に延びていくという形をとった．そして，当初において，ボンベイからは，アーマダバード (Ahmadabad)，ナグプール (Nagpur)，ショラプール (Sholapur) へと向かう3つの路線が建設されていった．ところで，これらの地点は，いずれも棉花地帯にあるか，棉花地帯に隣接したところにあった．また，マドラスからの鉄道路線は，ショラプールに隣接する棉花地帯の中心部を貫通する路線であった．さらに，カルカッタからの鉄道路線は，デリーまで通じるものであったが，その途中のミルザプール (Mirzapur)，アラハバード (Allahabad)，カンプール (Kanpur) は，いずれも棉花地帯に位置する大都市であった．そして，1856年には，SPD鉄道 (Scinde, Punjab and Delhi Railway) が建設を開始するが，これまた，棉花地帯を通過する鉄道であった[136]．

ヨーロッパに依存の態勢は鉄道資材についてだけではなかった 東インドの鉄道は，建設資金を全面的にヨーロッパに依存しただけではなかった．管理者や技術

---

135) 東インドにおける鉄道建設の進展が，この地に対する軍事支配の強化と関連していたことは勿論であるが，この点には立ち入らないことにした．
136) 牧野 博，前掲論文，79ページ，参照．

者や運転手や線路工夫にいたるまで，ヨーロッパの人が優先的に採用された．さらに，レール，転轍機，継ぎ目板，機械類，機関車ばかりではなく，枕木までもイギリスで調達されたのであった[137]．

東インドの鉄道業の資材調達の状態について，数字的に示してみると，レールや機関車や各種の車輛の購入分についてだけで，1880年代の初めころまでの鉄道業に対する巨額な投資額の3分の1以上が，イギリスでの支払に充てられた，とされるのである[138]．

イギリスの鉄道関連工業の発展を支えた東インドの鉄道建設 イギリスにおける鉄道関連工業製品の輸出市場のなかで，東インドはどの程度重要な位置を占めたであろうか．この点，たとえば，蒸気機関車のイギリスからの輸出のうち東インド市場が占めた大きなウェイトに，その一端が示される．

具体的な数字を掲げてみよう．1860年から1889年までの期間に販売されたイギリスの蒸気機関車の総台数は14,848台，そのうち海外の鉄道会社向けが8,957台で，60.3パーセントの重みを占めたことについてはすでに述べた．ところで，ここで重要なことは，そのうち東インドの鉄道向けが3,418台であり，総販売台数に対する比率は23.0パーセント，海外の鉄道向けの販売台数に対する割合が38.2パーセントであった，ということである．時期的に1889年までについて考察することは，これまたすでに述べたように問題があろうが，とにかくイギリスの蒸気機関車の輸出市場における東インド市場の重要さを確認することができよう．

また，関連してこの時期におけるイギリスの蒸気機関車の販売台数のうち，国内の鉄道向けは5,891台であったから，これに対する東インドの鉄道向けの比率が，58.0パーセントに及んだことにも触れておかねばなるまい．ちなみに，上記の期間におけるヨーロッパ大陸向けのイギリスの蒸気機関車の販

---

137) 牧野 博，同上，85ページ，参照．関連して問題になることの1つは，政府の配当保証に裏付けられて推進されたカナダ大幹線鉄道の建設が，この地における近代的工業化促進の契機になったかどうかということである．参考になる事実として，このカナダの鉄道のために構造鉄や車輛を生産する新鋭の工場が，早々にしてイギリスのバーケンヘッド（Birkenhead）に建設されたことがあげられよう（Jenks, *op. cit.*, p. 202, 参照）．ついでながら，カナダの鉄道建設の推進が現地における近代的工業化促進の契機になっていくのは，重工業資本主義の時代になってからのことであった（木村和男「第一次大戦前のカナダ経済とイギリス資本——カナダ資本主義の特殊構造把握のために」『社会経済史学』第41巻第3号，1975年10月，80ページ以下，参照．
138) 松井 透「イギリス帝国主義とインド社会——鉄道建設を焦点にして」『岩波講座 世界歴史 22，近代9 帝国主義時代1』1969年，所収，197ページ；Jenks, *op. cit.*, p. 227, 参照．

売台数は 2,480 台であり，東インド向けの台数よりも 938 台少なかったことにも言及しておく必要があろう[139]．

こうした数字について見るとき，イギリスの鉄工業が世界の鉄工所になったという歴史的事実は，究極的には，東インドにおける鉄道建設の進展によって少なからず市場的に支えられて出現したといっても過言ではないであろう．

鉄道建設の東インドにとっての意義　では，このような東インドの鉄道建設は，東インドにとってはどのような意義をもっていたといえるであろうか．まず，この鉄道建設の進展に条件づけられて，内陸の農業地帯が世界市場に連結されていくことになった．何よりもこのことが指摘されなければなるまい．そのかぎりにおいて，この鉄道建設は，内陸部における世界市場向けの商品作物の生産増大の要因となり，また，この鉄道建設は，内陸部をヨーロッパの工業製品市場として開発していくことを容易にし，東インドを近代的植民地に仕上げていく上で大きな役割を果たしたといえるのである[140]．

現地の経済水準とは不釣合いな東インドの鉄道　ところで，こうした東インドにおいて建設された植民地的な鉄道は，現地の経済水準とは不釣合いな贅沢な内容のものであった．イギリスの鉄道よりも広いゲージが採用されたり，ヨーロッパの人向けのホテルも内部にあるような豪華な駅舎が建造されたりした．このような諸事実が，この点を何よりもよく表徴するものであった．そのために鉄道建設費が嵩んだこともあり，利子保証の東インド政庁負担額は巨額なものになった[141]．その分だけでも，東インドの人びとの租税負担が増大す

---

139)　角山 榮「世界資本主義形成の論理的構造」（前掲）132 ページ，参照．ただし，総台数の数字は訂正した．なお，原表には，その他，イギリス圏（東インドを除く）や中南アメリカ向けの数字も出ていることを参考までに添えておこう．なお，1865 年には，東インドにおいても，蒸気機関車が製造されうることが明らかになったにもかかわらず，結局，第 1 次世界大戦後になっても，東インドの鉄道業は，イギリス製の蒸気機関車に依存する態勢を持続させたことについては，Kumar, Dharma (ed.), *The Cambridge Economic History of India*, Volume 2：c. 1757-c. 1970, Cambridge：Cambridge University Press, 1983 の Chapter VIII の '2 Railways' (by Hurd, John M.), p.749, 参照．

140)　牧野 博「帝国主義下の後進地域インド」入江節次郎編著『講座 西洋経済史 III 帝国主義』同文館出版，1980 年，所収，232-234 ページ，参照．なお，時期は少しずれるけれども，東インドにおける鉄道建設の進展が，この地における米や麦の価格の地域的格差を縮める要因になったことを実証した研究として Hurd, John II, "Railways and the Expansion of Markets in India, 1861-1921," *Explorations in Economic History*, Vol. 12, No. 3, July 1975, pp. 263-288, 参照．

141)　広いゲージが採用されたことだけの理由で標準ゲージの場合よりも 1.5 倍の建設費が掛かることになった，といわれる（吉岡昭彦『インドとイギリス』岩波新書，1975 年，139 ページ，参照）．そして，1858 年から 1869 年までの東インドの鉄道会社の純益は，16,053,000 ポンドであ

ることになったのはいうまでもない.

近代的工業化促進の契機にならず　一方, 資金も技術も資材も, イギリスに全面的に依存するものであった東インドの鉄道建設は, 関連工業を勃興させることにはなっていかなかった. この勃興に媒介されて進展していくこの地の近代的工業化をもたらす契機にはなっていかなかった. ヨーロッパ大陸などにおいては, 鉄道建設は, まず現地における鉄道関連の組み立て機械工場や修理工場勃興の契機となり, 次いで, 機関車・車輛そのものの自給態勢へと導き, さらに, 素材産業である製鉄業を発展させることになった. けれども, 東インドにおいては, このようなコースが, 展開していくことにはならなかった. 東インドでは, 石炭業や製鉄業それ自体は, 当時すでに存立していた. それにもかかわらず, この地において早期に大規模に行なわれていった鉄道建設が, むしろ東インドの近代的工業化への道を遅らせる要因になったのである.

世界経済システムにおける従属の新しい形態が　ここに要約すれば, この時期の世界的な鉄道建設は, ヨーロッパ大陸やアメリカ合州国においては, 資金や資材や技術は国境を越えて広く外域に大きく依存しながら進展していったのではあるけれども, 鉄道関連工業を起点とする近代的工業化の道を切り開いていく契機となる役割を果たしていった. イギリスとともに, これらの地域は, 近代的工業が先頭に位置する先進地域に仕上げられていくことになった.

　一方, 東インドでは, 鉄道建設は, この地域の近代的工業化における後進性を固定化したまま, この地を近代的植民地に変容させるという役割を果たしていくことになった. このようにして, 世界経済システムにおける従属の新しい構造がここに形成されていく契機として, 東インドにおける鉄道建設の進展が意義づけられることになったのである.

経済恐慌の世界性がいっそうはっきりとしてくる時代に　さらに添えておかなければならない重要なことは, こうした近代的工業化の世界的な進展や, 近代的植民地の展開に伴って, 世界の通商の多角的な増大がいっそうもたらされたということであった. 同時に, 「ロンドン宛手形」("Bills on London") の振

ったけれども, これだけでは保証利子額に達しなかった. そこで, 東インド政庁は, 13,972,000 ポンドの利子保証の負担をしたのであった (牧野 博「東インドにおける鉄道業の発展と近代的植民地の建設」(前掲), 92-93 ページ, 参照).

出しが，金融市場の世界的連携の強化に裏づけられながら，いよいよ活発に行なわれていくことになったのである．ここに，経済恐慌の世界性が，この時代に，誰の目にも疑うことができなくなる形で現出してくる基盤が形成されることになるのである．

6 重層的に組み込まれた前の時代の構造

南北戦争に起因する棉花飢饉 鉄工業資本主義の時代になっても，綿工業資本主義の時代に築かれた世界的な社会的分業の編成の構造が消滅しないで，そこに変容しながら重層的に組み込まれていった．このことを前提としなければ解き明かすことのできない具体的な事例が，鉄工業資本主義の時代に典型的に現れた．アメリカ合州国の南北戦争（1861-65年）に起因する棉花飢饉が，世界的規模で及ぼした諸影響を考察する場合，この重層的組み込みを前提としてはじめてこの諸影響を解き明かすことができるからである．

アメリカ合州国の奴隷保有の南部11州による合州国からの分離の要求に端を発する内戦の勃発によって，この南部からの棉花の輸出は中断した．そのために，1863年には，ランカシアの世界の綿工業地帯に棉花飢饉が発生し，この地帯の250,000人の労働者が完全に失業し，166,000人の労働者が部分就業という状態になった．残り120,000人の労働者の賃金は，10-20パーセント切り下げられるという事態となった．こうした状況のもとで，50,000人の労働者のために，妻子とともに海外に移住する資金を援助されたいという請願書が，イギリス議会に提出されるにいたる，という事態が現れるにいたった[142]．
急速に開発が求められた他地域の棉花耕作 そこで，合州国の棉花供給を補完する地域の開発が急速に求められることになっていった．そして，まず，東インドでは米作地帯においても棉花プランテーションの建設が，熱狂的に進められていくことになるのである[143]．東インドの鉄道建設が，この棉花飢饉を契

---

142) Luxemburg, Rosa, *a. a. O.*, SS. 39-40（邦訳［前掲］，66-67ページ），参照．なお，工場主たちが反対したために，この資金の交付は行なわれなかった．ついでながら，この棉花飢饉におけるランカシアの綿業労働者の生活状態については，森 芳三『イギリス綿花飢饉と原綿政策』御茶の水書房，1996年，47ページ以下，参照．
143) 棉花飢饉の時期における東インドからの棉花供給の増大の状況は，次の数字から知ることが

機として，いちだんと推進されていくことになっていくのも，何よりも棉花輸送の必要からであった．

東インドだけではなくエジプトでも エジプトの副王イスマーイール・パシャ Ismāʻīl Pasha, 1830-95 年；在位, 1863-79 年）は，広大な地域にわたって農民の土地を王領の棉花プランテーションに転化し，数千人の夫役農民を使って，棉花耕作をさせただけではなかった．それだけではなく，灌漑工事のための堤防の構築や運河の掘削をさせていくことになった．こうしたことを遂行したのは，アメリカ合州国の棉花供給を補完する棉花栽培地にこの地を仕立てていくためであった[144]．

エジプトが食料の輸入地域に さらに，エジプトでは，アメリカ合州国の南北戦争期における棉花価格の高騰に刺激されて，灌漑施設もないために棉花耕作がまったく行なわれていなかった零細な農地においても，この耕作がなされるようになっていった．豆類や穀物の生産までも棉花耕作への転換の犠牲にされ，これら食料農作物の輸出地域であったエジプトが，実にこれらの輸入地域になっていったのである[145]．

増大したエジプトの棉花輸出 そして，洪水が発生したり，疫病が家畜に蔓延するというような事態が生じたにもかかわらず，1863 年に収穫されたエジプトの棉花の輸出高は，1,718,791 キンタルとなった．これは，その前年の 1,181,707 キンタルよりも 45.3 パーセント増であった．さらに，その翌年の 1864 年に収

できるであろう．つまり，1856 年から 1859 年までの 5 年間における東インドからイギリスへの棉花供給量は，年平均にして 18,021 万重量ポンドであり，総供給量の 17.5％であった．だが，1860 年から 1864 年までの 5 年間における東インドからイギリスへの棉花の年平均供給量は，40,714 万重量ポンドに増大し，総供給量に対して 43.0％の重みを占めるにいたった（上村能弘，前掲書，274 ページ，276 ページ，参照），とされるのである．また，別の資料によれば，イギリスへの総棉花供給量のうち東インド産棉花の占める比率は，1862 年＝ 74.2％，1863 年＝ 72.0％，1864 年＝ 69.5％というように推移した（石田 進『帝国主義下のエジプト経済——19 世紀エジプトの植民地化過程の分析』御茶の水書房，1974 年，212 ページ，参照）とされているが，この数字もこの補完的な東インドの位置づけをよく示しているといえよう．その他，関連の数字については，宮崎犀一他編『近代国際経済要覧』（前掲）69 ページ，参照．ついでながら，「開港間なしの日本から棉花が輸出されたのもこの時であり（1863 年）又これが最後であった」（名和統一『日本紡績業と原棉問題研究』大同書院，1937 年，24 ページ［同『日本紡績業の史的分析』潮流社，1948 年，24 ページにも収録］）とされていることにも触れておこう．

144) Luxemburg, *a. a. O.*, S. 40（邦訳［前掲］，67-68 ページ），参照．
145) Landes, *op. cit.*, p. 190，参照．なお，アメリカ合州国の南北戦争を契機として，どのような棉花輸出増進政策がエジプトにおいて推進されたか．また，エジプトの農業社会は，このような政策が推進されたために，どのような影響を受けたか．このような点については，Henderson, William Otto, *The Lancashire Cotton Famine, 1861-1865*, Reprinted, Manchester : Manchester University Press, 1969 (The First Edition, 1934), pp. 44-46, 参照．

穫された棉花の輸出高は，2,001,169 キンタルへと過去最高の水準に増大していった．ちなみに，1856 年から 1860 年までの 5 年間の棉花の年平均輸出高は，510,888 キンタルであったとされる．この数字と対比するとき，アメリカ合州国の南北戦争に起因する棉花飢饉の時期において，いかにエジプトの棉花輸出が増大していくことになったか．その状況の一端を知ることができるのである[146]．

アメリカ合州国の棉花供給に支えられていた態勢が崩れた 棉花飢饉の時期を除けばヨーロッパの綿工業は，アメリカ合州国の棉花供給によって支えられていたのであった．たとえば，合州国産棉花の輸出市場において占めるイギリスの比率は，アメリカ合州国の南北戦争後の 1865-69 年の 5 年間の年平均比率では 73.5 パーセントになった．この数字は，南北戦争前の 1855-59 年の 5 年間の年平均比率の 66.8 パーセントと対比するとき，むしろ増大していることが示されているのである[147]．

しかしながら，合州国の南北戦争に起因する棉花飢饉の時期は，こうした態勢が崩れたのであった．この時期には，イギリスだけではなくヨーロッパの全地域の綿工業が，アメリカ合州国以外の東インドやエジプトの棉花生産に大きく依存する態勢へと変容していったのである．

こうした状況を示す資料として，1861-66 年におけるヨーロッパ全地域への棉花供給地のうちアメリカ合州国，東インド，エジプトの占める割合の推移を示した**第 5 表**を掲げることにしよう．

この表によって，東インドやエジプトからのこの時期における棉花供給増大の状況が知られるだけではない．棉花総供給のうち東インドが占める割合が 70.2 パーセントに達した年（1862 年）があったことや，エジプトの占める割合が 19.2 パーセントに及んだ年（1865 年）もあったことが見られるのである．アメリカ合州国からの棉花供給の減少と対照的な数字を認めることができる．

---

146) 石田 進，前掲書，213-214 ページ；Landes, *op. cit.*, p. 332；Owen, E. R. J., "Egyptian Cotton and the American Civil War, 1860-1866," *in* Issawi, Charles (ed.), *The Economic History of the Middle East 1800-1914*, Chicago : The University of Chicago Press, 1966, p. 422，参照．なお，1 キンタル ＝ 44.9 キログラムであるとされるが，厳格ではなく，ときに 45 キログラムや 55 キログラムとされることもある．

147) Ellison,, *op. cit.* の巻末の Statistical Tables, No. 3 の数字によって計算．

第5表 ヨーロッパ全域への棉花供給地のうちアメリカ合州国，東インド，エジプトの占める割合（1861-1866年）

(単位：1,000 bales)

年	アメリカ合州国（％）	東インド（％）	エジプト（％）	その他を含めて計（％）
1861	3,075 (72.4)	949 (22.3)	124 (2.9)	4,248 (100.0)
1862	102 (7.1)	1,010 (70.2)	182 (12.6)	1,439 (100.0)
1863	163 (8.4)	1,179 (60.6)	294 (15.1)	1,947 (100.0)
1864	241 (9.1)	1,374 (52.1)	427 (16.2)	2,635 (100.0)
1865	522 (18.3)	1,231 (43.0)	549 (19.2)	2,860 (100.0)
1866	1,555 (38.7)	1,706 (42.5)	279 (6.9)	4,015 (100.0)

［備考］
(1) 1ベイルは，400重量ポンド均一のものとした．
(2) 原表には，その他としてブラジル，トルコ，西インドの数字も掲げられているが省略した．
(3) ついでながら，ヨーロッパのうちイギリスの綿工業への供給地内訳については，資料出所の文献の巻末に添えられた Statistical Tables, Nos. 1 & 2，参照．

［資料出所］ Ellison, *op. cit.*, p. 91 によって作成．

棉花の新たな供給地としてスーダンが世界資本主義の体制に 特に棉花栽培の重要な地域としてエジプトが再認識されたことは，重要な意味をもつものであった．それは，棉花の新たな供給地として，ナイル川上流地域であるスーダンへのイギリスの勢力の進出をさらに促進する契機になったからである．ここに，この地が世界資本主義の体制に組み込まれていく契機が，生まれてくることになったからである．

このように，アメリカ合州国の南北戦争に起因する棉花飢饉到来の世界史的意義を理解するには，綿工業資本主義の時代に編成された社会的分業の構造が，鉄工業資本主義の時代になっても消滅するのではなく，変容しながらそこに重層的に組み込まれていくという認識に立脚しなければならないのである．

7 鉄工業資本主義の時代の歴史的位置

生産財生産部門が主導産業に 世界資本主義の第II段階（1850-70年）は，鉄工業を主導産業として社会的分業の世界的な編成が行なわれた時代であるが，前段階と異なって消費財ではなく生産財の生産部門が主導産業になったことにまず注目する必要があろう．

鉄工業は，世界の綿工業の生産設備の素材を提供する部門でもあったわけであるが，綿工業の発展に伴って鉄工業が直ちに世界の鉄工業という態勢をとって発達することになったわけではなかった．綿工業資本主義の時代に「世界的鉄道建設の第1期」と称してもよいような事態が進行し，その時間的な延長路線上に，広い範囲にわたり世界的な鉄道建設が大規模に行なわれていくことになり，これを市場的な支えとすることによって，鉄工業が新たな段階の世界資本主義の主導産業の位置を確保することができたのであった．

世界的な鉄道建設の進展を市場的な支えとしたことが重要　そして，この世界的な鉄道建設の進展は，世界資本市場の発達を前提とする世界的な資金調達の実現によって，はじめて現実化することができたのであった．特に，この資金調達の方法として発行された証券類が，鉄道建設用資材の購入の手段になりえたがために，この建設は順調に行なわれることになったのであった．だから，この世界的な鉄道建設の進展は，同時にこの時代における世界資本市場の発達をいっそう促進するものとなったのである．ロンドン資本市場を中心として，この市場が網の目のように発達していくことになり，また同時に，マーチャント・バンカーズが，他の金融業者を傘下に収めて世界的な金融市場支配の重層構造を固めていくことになったのである．

鉄道建設地域の近代的工業化の資材や資金も国際的に調達　よくいわれているように，この鉄道建設の進展は，ヨーロッパ大陸の諸地域やアメリカ合州国では，鉄道関連工業の勃興を起点とする近代的工業化の展開の契機となったのである．ところで，そもそもこの関連工業の工場が，世界的な鉄道建設請負業者によって創設される場合はいうまでもなく，その他の場合も，その資金は国境を越えて世界的に調達されたのであった．また，こうした近代的工業の発達は，工場の建設資材のイギリスからの供給に大きく支えられながら実現していったのである．この時代の鉄工業の主導性は，こうした事態の展開によっても支えられたのであった．

鉄道建設が近代的植民地創生の契機となった地域も　一方，ロンドンに本社を置く会社によって，資金も資材も技術も全面的にヨーロッパに依存しながらその建設が行なわれていった東インドの鉄道建設は，この地域の近代的工業化の契機にはこの時代にはなっていかなかった．けれども，この地域の経済の

地域的閉鎖性を打開していく役割をこの建設は担った．そして，ヨーロッパの工業製品の販売市場として，また，ヨーロッパの市場向けの原料市場として，この地域を仕立てていく物質的な条件の形成の役割をこの鉄道建設は果たすことになった．

　換言すれば，東インドを近代的植民地として世界資本主義の構造に組み込んでいく役割をこの地の鉄道建設は果たしたのであった．これは，世界資本主義の内部において，後進地域を二分化する役割を鉄道建設が果たしたことを意味するものでもあった．

世界的な景気変動の連関性がいっそう明確に　世界的な交通手段の発達，各地における近代的工業化の進展，それに，近代的植民地の形成に条件づけられながら，すでに指摘したように，世界的な多角的な通商の増大が，この時代に展開されていくことになった．この増大を現実化したのが，短期信用市場の世界的な発達であった．大物マーチャント・バンカーズを頂点とする金融業者の重層的な濃厚な網の目が，短期金融市場という局面においてもまた，形成されることになったのである．そして，この金融市場によって媒介されながら，世界的な景気変動の連関性がいっそう明確になったのである．

前時代の社会的分業の世界的編成の構造は重層的に組み込まれた　また，鉄工業資本主義の時代に発生した「棉花飢饉」の与えた世界的な影響の構図は，前段階の綿工業を主導産業として世界的に編成された社会的分業の態勢が，この時代になっても消去されるのではなく，変容しながらも重層的に組み込まれていく事例を提供した点，意義深いものであった．

綿工業資本主義の時代から重工業資本主義の時代への過渡期　ところで，綿工業資本主義に続くこの時代の資本主義が，生産財生産部門を主導として編成されることになった歴史的な意義は大きいけれども，この鉄工業は，錬鉄生産を中心とした手工業的な性格のものであった．鉄を用いる世界的な鉄道建設は，なおなお，発展の余地を大きく残しているものであった．鉄汽船では，木造帆船の競争力を決定的に打破していく力を持ちえなかった．この時代の主導産業である鉄工業の内部において，新たな技術革新を促す条件が，この時代に醸成されてくるようになっていったと，理解されるのである．

　そして，この技術革新の達成によって，鋼の大量生産体系の実現を基礎に，

同じく生産財生産部門ではあるけれども，より高次元な近代的な重工業が主導産業として位置づけられる時代，つまり，重工業資本主義の時代が到来することになるのである．その意味で，この鉄工業資本主義の時代は，何よりも綿工業資本主義の時代から重工業資本主義の時代にいたる過渡期として位置づけられることになると考えられるのである．

第3章　世界資本主義の第Ⅲ段階
―― 重工業資本主義の時代（1870－1914年）の史的位置 ――

1　重工業資本主義の時代の分析の道標

〈大不況〉期を理解するためにも　世界資本主義史の19世紀の最後の1・4半期は，〈大不況〉期（1873-1895,6年）と呼ばれるきわめて特徴のある時期であった．この〈大不況〉期は，どのようなものとして理解されなければならないか．まず，これを理解する第一の前提として，1870年ごろから進展した重工業を主導産業とする「世界的な産業構造の変化＝新たな世界的な社会的分業の再編成」を意味する世界資本主義の構造変動の内容が明確にされなければならない．

〈大不況〉期はなぜ帝国主義に移行していく時期になったか　この〈大不況〉期の過程は，世界資本主義が，帝国主義の段階に移行していった時期でもあった．経済的内容に即して表現すれば，資本主義は，この時期に自由競争を原則とする段階から独占的競争が支配的となる段階に，また，産業資本的蓄積様式を基本とする体制から金融資本的蓄積様式が支配的となる体制へと移行していった．

そして，こうした新しい段階への移行についても，この重工業を主導産業とする世界資本主義の構造変動の内容が明確にされなければならない．この明確化を前提として，はじめて資本主義の競争条件の段階的変化や，資本の蓄積様式の段階的変化が生まれてくる機構的諸要因を明らかにすることができるからである．

世界資本主義の重層的支配の構造の形成　さらに，この新しい段階には，資本による世界市場の包摂が，より広範になり，より濃密なものになっていった．経

済的な開発が遅れていて後進地域とされるいわゆる従属地域にも，港湾都市を中心として近代的な都市が成立し，こうした都市と地方との重層構造が形成された．しかも，この都市も，近代化した場所として明白に一元化できない巨大なスラム地域を内包する二元化した内容のものとなった．したがって，こうした資本による世界市場包摂の構造は，重層的支配の構造として理解されなければならない．

ところで，この重層的支配の構造の形成についても，1870年ころから進展した重工業を主導産業とする世界資本主義の構造変動の内容の明確化を前提として，はじめて把握することができるのである．

〈南北問題〉の歴史的基盤が　植民地政治支配がなくなったという意味では，今日の後進地域の状態は，重工業資本主義の時代とは異なっている．しかし，〈南北問題〉という用語に象徴される後進地域の生活水準の低さは，依然として根強く残っている．〈南北問題〉といわれるように，この貧しさは，〈独占〉や〈金融資本〉という上部の対極に生じてくる構造的なものなのである．世界資本主義の今日的な態様を示すこの構造も，重工業資本主義の時代にその歴史的な原形が形成されたと，認識されなければならない．

重工業資本主義の時代の世界資本主義の歴史構造の分析が，こうした原形形成の過程の究明に焦点を合わせてなされることになるのは，むしろ当然なことといわなければならない．

2　鋼の時代に

(1) 製鋼業における技術革新の意義——近代的製鋼業がいくつかの地域に

鉄工業に技術革新が生じる条件が　鉄工業資本主義の時代 (1850-1870年) になると，鉄という生産財生産部門が主導産業に位置することになった．こうした点で資本主義のそれなりの発展が，そこに表徴されることになった．だが，この鉄工業は，錬鉄生産体系を主軸とする手工業的な小規模生産という形態のものであった．そこに，おのずから限界があった．とはいえ，この時代が経

過していく過程で, 世界的な鉄道建設は, いっそう進展していった. また, ヨーロッパ大陸の諸地域やアメリカ合州国では, 近代的な工業が勃興してくることになった. そして, こうしたことに支えられながら, 鉄材に対する需要が著しく増大していくことになった. 手工業的に生産される鉄材では, この需要の増大に対応することができない. そこで, この制約を打ち破るような技術革新が実現し, その新しい技術が普及していくことになるのは, 歴史的な必然であった.

鋼の大量生産の体系に　そして, 現実的にもヘンリー・ベッセマー (*Sir* Bessemer, Henry, 1813-1898 年) によって新しい製鋼法が 1856 年に発明され, そして, 1860 年代になると, この製鋼法が普及していくことになった. このベッセマー転炉製鋼法の普及によって, 手工業的な錬鉄生産の衰退が始まり, 安価にして良質な鋼の大量生産の近代的な体系が樹立することになった.

　このベッセマー転炉製鋼法の普及が, 鋼の生産それ自体に与えた影響という点だけでも, いかに革命的な意味をもったかについては, それまで数日を要していた鋼の生産が, わずか 10 分間でできるようになったことに何よりも象徴的に示される[148].

〈鉄から鋼へ〉の時代に　さらに, トマス (Thomas, Sidney Gilchrist, 1850-1885 年) によって 1875 年に発明され, その従弟のギルクリスト (Gilchrist, Percy Carlyle, 1851-1935 年) によってその有効性が証明されたトマス＝ギルクリスト製鋼法は, 燐を多く含む鉄鉱石を原料とする転炉製鋼を可能にするものであった. そこで, こうした鉄鉱石資源への依存度の高いドイツやアメリカ合州国の製鋼業において, この製鋼法が普及することになった. その結果, 近代的な製鋼業が, これら両地域にもしっかりと根を下ろすことになったのである. そして, ここに, いわゆる〈鉄から鋼へ〉('From Iron to Steel') の移行が, 世界史的に完了することになったのである.

指標的に捉えると　この近代的な製鋼法による鋼の生産は, 銑鉄を原材料としてなされる. したがって, 鉄から鋼への移行の状況は, 当時のいくつかの主要な鉄鋼業地域における銑鉄生産に対する錬鉄生産の比率の推移を示した**第**

---

148) 鋼の生産のこのスピード化はよく知られた事実であり, あえて文献あげるまでもないが, ごく平明に解説したものとして, たとえば, 市川弘勝『鉄鋼』岩波新書, 1956 年, 12 ページ, 参照.

6表によって知ることができる.

この表によって,次のようなことが知られるのである,――

① 先発製鋼業地域であるイギリスにおいて,「鉄より鋼への移行」は,いち早く進展した.

② しかし,1880年代に,アメリカ合州国やドイツにおいてトマス＝ギルクリスト製鋼法の導入によって転炉製鋼が急激に普及していった結果,新しい世紀になると錬鉄生産に対する銑鉄生産の優位はアメリカ合州国やドイツ地域のほうが,イギリス地域よりもむしろ,はっきりとした形になる.けだし,古い製鉄業地域であるイギリスでは,手工業生産である錬鉄の徹底的な駆逐にかえって時日を要したからであった.

③ フランスやベルギーでは,1890年までは,鉄から鋼への移行が比較的立ち遅れていた.だが,それでも,それ以降,これは急速に進み,1900年代も終わりに近づくと,フランス地域はイギリス地域並みに,また,ベルギー地域は,アメリカ合州国地域並みに近づいていった.

④ 総じて,1870年から鋼の時代に移行し,この時代的な様相は,1880-90年代を通じてすっきりとした形態に仕上げられていった,ということである.

第6表　主要国の銑鉄生産に対する錬鉄生産の比率(％)(1870－1910年)

年	イギリス	アメリカ合州国	ドイツ	フランス	ベルギー	全世界
1870	43.7	68.0	72.0	55.0	86.0	59.0
1880	26.0	55.0	46.0	60.0	72.0	42.0
1890	23.5	34.2	36.0	50.0	67.0	32.0
1900	13.0	16.0	12.8	27.0	36.5	17.0
1910	11.1	6.5	2.7	13.4	8.8	7.3

〔資料出所〕Burnham, T. H. and G. O. Hoskins, *Iron and Steel in Britain, 1870-1930*, London:George Allen & Unwin Ltd., 1943, p.156によって作成.

軟鋼の開発　製鋼に関する技術革新は,それだけではなかった.シーメンズ (Siemens, *Sir* Charles William, 1823-1883年) は,弟のフリードリッヒ・シーメンズ (Siemens, Friedrich, 1826-1904年) の発明したガラス工業用の蓄熱式加熱法を製鉄業に応用することを考えた.そして,その指導の下に,フランスの製鋼技術者であるマルタン (Martin, Pierre Emile, 1824-1915年) は,

浅い無蓋の平炉の炉底で銑鉄と屑鉄を溶解し，高温のもとで鋼を製造する〈シーメンズ＝マルタン平炉製鋼法〉を 1865 年に発明した．

これによって，均質にして延性をもつ軟鋼の生産が現実化することになった．その結果，大型船舶用鋼材がこの製法によって製造されることになり，海運業に大変革が生じることになるのである．そして，ここに「鋼の時代」の態勢が，いよいよ固められていくことになるのである．

平炉製鋼はまずイギリスで普及 ところで，〈シーメンズ＝マルタン平炉製鋼法〉による製鋼は，まずは，イギリスの鉄鋼業において比較的早く普及し，そして着実に発展した．1 つには，この製鋼法による製鋼は，小規模の工場で製造が可能であったということから，鉄工業資本主義の時代に多数小規模工場による錬鉄生産が発達していたこの地域において，特にこの製法の採用が容易であったからであった．2 つには，この鋼を原材料として用いる近代的造船業が，先進的にこの地域で発達していたからである，と考えられる．

イギリスにおいて平炉製鋼法が早期に普及し，そして着実に発展していった状況は，1875 年から 1910 年までの主要国における鋼生産のうち平炉鋼の生産の占める割合を示した**第 7 表**から読みとることができよう．

第 7 表　主要国の鋼生産のうち平炉鋼生産の占める割合（％）（1875 – 1910 年）

年	イギリス (G. B.)	アメリカ合州国	ドイツ	フランス	ベルギー
1875	12.5	—	—	—	少量
1885	31.0	—	23.0	—	〃
1895	52.9	—	29.6	43.0	〃
1900	64.3	33.4	32.2	42.0	〃
1910	72.1	63.2	37.3	33.4	7.2

［備考］
(1) イギリス (U. K.) の 1878-1914 年におけるベッセマー鋼と平炉鋼の各年の生産高は，Carr, J. C. and W. Taplin, *History of the British Steel Industry*, Oxford : Basil Blackwell & Mott, Ltd., 1962, p. 108, p. 126, p. 195 & p.237 に示されている．なお，参考までにこの点に関しては，Birch, Alan, *op. cit.*, p. 363 には，イギリスにおける 1870 年から 1880 年までのこうした鋼の年生産高が表示されている．
(2) アメリカ合州国，ドイツ，フランスの 1896-1914 年におけるベッセマー鋼と平炉鋼の各年の生産高は，Carr and Taplin, *op. cit.*, p. 240, p. 243 & p. 247 に示されている．ベルギーについては，平炉鋼の生産高が表示されるようになるのは 1904 年からであり，それから 1914 年までの各年のベッセマー鋼と平炉鋼の生産高が，Carr and Taplin, *op. cit.*, p. 245 に示されている．
［資料出所］Burnham and Hoskins, *op. cit.*, p. 183 によって作成．なお，ベルギーの 1910 年の数字は，Carr and Taplin, *op. cit.*, p. 245 によった．

いくつかの近代的製鋼業国が出現 そして，このような一連の技術革新に基礎づ

けられながら，いくつかの近代的な製鋼業国と呼ばれるような地域が，出現することになったのである．このことは，こうした国の鋼の生産高の推移を示した**第8表**からも知ることができよう．

特定の国の製鋼業が世界の製鋼所になるという形はとらず　この第8表は，いくつかの重要なことを示唆していると思われる．1つには，鋼の時代に入ってから，この表に出てくるような国ぐにの粗鋼生産が，著しく増大していったということである[149]．その結果，これまでのように，特定の国の製鋼業が世界の製鋼所になるという形で，当該産業が特定の時代の主導産業になるという態勢は崩れたということである．

第8表　世界の製鋼業国の粗鋼生産高（1871-1910年）

(単位：100万トン)

年	イギリス (U.K.) (%)	アメリカ合州国 (%)	ドイツ (%)	フランス (%)
1871	0.33 (49.3)	0.05 (7.5)	0.14 (20.9)	0.08 (11.9)
1880	1.29 (30.9)	1.25 (29.0)	0.69 (16.5)	0.38 (9.1)
1890	3.58 (29.2)	4.28 (34.9)	2.10 (17.1)	0.67 (5.5)
1900	4.90 (17.6)	10.19 (36.6)	6.36 (22.9)	1.54 (5.5)
1910	6.37 (10.7)	23.09 (38.9)	12.89 (21.7)	3.36 (5.7)

年	ロシア (%)	ベルギー (%)	オーストリア (%)	世界 (%)
1871	0.01 (1.5)	0.01 (1.5)	0.04 (6.0)	0.67 (100.0)
1880	0.31 (7.4)	0.13 (3.1)	0.12 (2.9)	4.18 (100.0)
1890	0.38 (3.1)	0.22 (1.8)	0.52 (4.2)	12.28 (100.0)
1900	2.22 (8.0)	0.63 (2.3)	1.17 (4.2)	27.83 (100.0)
1910	3.31 (5.6)	1.91 (3.2)	2.17 (3.7)	59.33 (100.0)

［備考］
(1) 1870年ではなく1871年としたのは，1870年のベルギーの数字がえられないためである．
(2) 世界とは，その他の地域の生産高を含めた数字である．

［資料出所］ロシアとオーストリアについては，Mitchell, Brian R., *European Historical Statistics 1750-1970*, London : The Macmillan Press Ltd., 1975, pp. 399-401, その他については，Burnham and Hoskins, *op. cit.*, pp. 273-274によって作成．なお，イギリス（U. K.），アメリカ合州国，ドイツなどの鋼生産高を比較した1875年からの数字は，Carr and Taplin, *op. cit.*, p. 164, p. 183 & p. 230にも示されている．

なるほど，アメリカ合州国の製鋼業の占める割合は，1910年＝38.9パーセ

---

149) こうした国ぐにおける粗鋼生産高が不均等に増大していった状況は，第8表の数字からも知られるが，この点，入江節次郎「〈大不況〉と資本主義の構造変動——重工業資本主義と資本輸出の段階の成立」入江節次郎編著『講座 西洋経済史Ⅲ 帝国主義』（前掲）所収，24ページ，参照．そこでは，各国におけるこの増大のテンポが，パーセンテージによってより明瞭に示されている．

ント(参考までに,さらに1913年=41.7パーセント)という数字に見られるように,かなり大きなものになっている.しかしながら,銑鉄を除く鉄鋼の主要国からの輸出高を**第9表**に掲げたが,これについて見るとき,アメリカ合州国の輸出が14万トンを越えて他の主要国とともに表示されるようになるのは1896年からである.そして,1899年にいたってアメリカ合州国の銑鉄を除く鉄鋼の輸出高は,ようやくベルギーのそれを追い越すにいたることが知られるのである.さらにその後について見るとき,1910年になっても,なお,アメリカ合州国の鉄鋼の輸出高は,ドイツやイギリスの輸出高に遥かに及ばなかったのである.

第9表 イギリス(U.K.),ドイツ,ベルギー,アメリカ合州国,フランスからの銑鉄を除く鉄鋼の輸出高(1896-1910年)

(単位:1,000トン)

年	イギリス(U.K.)	ドイツ	ベルギー	アメリカ合州国	フランス
1896	2,363	1,357	572	143	—
1900	2,019	1,398	451	867	—
1906	3,016	3,142	1,017	1,243	308
1910	3,377	4,023	1,226	1,409	413

[資料出所] Carr and Taplin, *op. cit.*, p. 184 & p. 231 によって作成.

カナダの鉄道へのアメリカ合州国からの鋼レールの輸出は,20世紀に入ると優位を占めるにいたったといわれる.だが,この第9表が示すように,世界市場的な観点に立つとき,1910年の時点で,合州国の製鋼業に世界の製鋼業の地位を与えることは到底できないのである.

(2) 近代的鉄鋼業の地域間の競争関係——地域間の分業関係に注目を

各国の鉄鋼業相互間の関係は自由競争的なものであったか このように,どの国の製鋼業についても,世界の製鋼業といった支配的な地位を与えることはできないという状態となった.だが,続いて述べなければならない点は,たとえば,第9表に見られるようにドイツの鉄鋼の輸出高がイギリスのそれを追い越していくことから,こうした両国間の鉄鋼業について,単純に自由競争的関係にあったと見てはならないということである.

さらに,このような自由競争的関係は,**第10表**に見られる1901年,1905年,

1910 年における鉄道レールの主要国輸出高を比較した数字によって，さらに肯定的に理解されるかもしれない．そこでも，伝統的な鉄道レール輸出国であったイギリスの優位が，ドイツからの鉄道レールの輸出の増大によって崩されていく状況を認めることができるからである．

第 10 表　鉄道レールの主要国の輸出高（1901 – 1910 年）

(単位 : 1,000 トン)

年	イギリス (U.K.) (%)	ドイツ (%)	ベルギー (%)	フランス (%)	計 (%)
1901	466 (58.1)	181 (22.6)	118 (14.7)	37 (4.6)	802 (100.0)
1905	546 (53.6)	285 (28.0)	132 (13.0)	55 (5.4)	1,018 (100.0)
1910	457 (39.6)	506 (42.1)	163 (13.6)	57 (4.7)	1,201 (100.0)

［資料出所］ Carr and Taplin, *op. cit.*, p. 252 によって作成．

鉄鋼業における国際的な協調にもとづく競争関係　しかしながら，この点についても，主要鉄鋼業国地域間の関係を自由主義的な競争関係にあった，と単純に見てはならないのである．では，どのように考察するのが正しいか．見落としてならないのは，鉄鋼業についても国際的な協調にもとづく競争の関係が築かれていたという局面である．

　まず，1880 年代に国際鉄鋼カルテルが形成されたことに象徴されるように，国際協調の路線が展開されたことを指摘しなければならない．鉄鋼業の最初の国際カルテルは，イギリスとドイツのガス管製造業者の間に 1881 年に締結された国際協定であったとされる．そして，続いて 1883 年には，国際レール・シンジケート（International Rail Syndicate）が結成された．これには，イギリスやドイツやベルギーのレール製造業者が，ほとんど参加した．レールの輸出は，過去 2 年間の実績にもとづいて，イギリス＝66 パーセント，ドイツ＝27 パーセント，ベルギー＝7 パーセントというように配分された．

　もっとも，こうした国際鉄鋼シンジケートの展開の道は，平坦なものではなかった．1886 年 4 月，不況の煽りを受けて国際レール・シンジケートは崩壊する．けれども，1904 年 11 月，フランスの鉄鋼業者も加わった国際レール・メーカーズ・アソシエーション（International Rail Makers' Association ［IRMA］）が形成されて，国際カルテルは再現することになっていく．こうしたカルテル効果については，議論の余地があろうけれども，とにかく鉄鋼

業も，国際的に単純な自由競争の状況下にあったのではないということを認めなければならないであろう[150]．

鉄鋼業内部における国際的分業関係の展開　次に，国際通商を通じて鉄鋼業内部に相互依存の分業関係が展開されたことにも，注目しなければならない．古い製鉄業国であるイギリスではあったが，それでも古くからスウェーデンなどから木炭鉄を購入していた．こうした相互依存の関係は，1870年代からの新しい資本主義の時代になっても本質的には変わらなかった[151]．

そして，〈大不況〉期の過程で，ドイツのみならずアメリカ合州国からも安価な鋼半製品が，イギリスに入ってくるようになるのである[152]．ところで，こうした比較的安価な鋼半製品を原材料としてイギリスでは利用しながら，世界的に競争力のある圧延鋼製品が生産された．この製品が海外にも供給されていく態勢が，ここに作られることになったのである[153]．

銑鉄生産についても　一方，後発の近代的鉄鋼業地域は，特に好況期には鋼の原材料である銑鉄を先発の鉄鋼業地域であるイギリスに依存する態勢をかなり後の時期まで持続させたのであった．そのために，1875年から1913年までのイギリス (U. K.) の銑鉄の生産高と輸出高を掲げた**第11表**に示されているように，イギリスの銑鉄生産高の世界的な比重は，1875年から次第に低下していった［この表の (C) の項目，参照］にもかかわらず，銑鉄輸出地域としてのイギリスの世界的な重みは，1910年代になると50パーセントを割るようになっていくとはいうものの，とにかく第1次大戦前までは，高い水準を維持することになった［同じく (G) の項目，参照］のである．

---

150)　Carr and Taplin, *op. cit.*, pp. 167-168 & pp. 251-253, 参照．なお，国際レール・シンジケートについては，Macrosty, Henry W., *The Trust Movement in British Industry : A Study of Business Organization*, Reprinted, New York: Agathon Press, Inc., 1968 (The First Edition, 1907), pp. 63-66; 徳江和雄「第1次大戦前，イギリス転炉部門の景気循環過程における『生産の集積』と『独占の形成』――国際レール・シンジケートの生成・解体・再建過程の検討」『土地制度史学』第59号 (XV-3), 1973年4月, 1-19ページ, 参照．
151)　Carr and Taplin, *op. cit.*, p. 168, 参照．
152)　Carr and Taplin, *op. cit.*, p. 165 & p. 184, 参照．
153)　こうした状態は，イギリスの鉄鋼の世界通商の推移を根拠づける要因の1つになるであろう．イギリスからの鉄鋼の輸出高は，1896年＝3,423,000トン（第11表の数字と異なり銑鉄＋鋼の数字）であり，世界の鉄鋼輸出高の半以上を占めた．そして，さらに1906年について見ると，この輸出高は36.8%増大している．一方，イギリスの鉄鋼輸入高は，1896年の459,600トンから，1906年には1,215,700トンへと2.6倍増大していることが知られる (Carr and Taplin, *op. cit.*, p. 168 & p. 188, 参照)．

第 11 表　イギリス（U.K.）の銑鉄の生産高と輸出高（1875 – 1913 年）

(単位：1,000 トン)

項目 年平均	イギリスの生産高 (A)	世界の生産高 (B)	(A) 対 (B) (%) (C)	イギリスの輸出高 (D)	(D) 対 (A) (%) (E)	世界の輸出高 (F)	(D) 対 (F) (%) (G)
1875 – 79	6,384	13,842	(46.1)	977.3	(15.3)	—	—
1880 – 84	8,164	19,990	(40.8)	1,541.3	(18.9)	—	—
1885 – 89	7,662	22,062	(34.7)	1,078.0	(14.1)	—	—
1890 – 94	7,286	25,536	(28.5)	884.6	(12.1)	—	—
1895 – 99	8,638	33,184	(26.0)	1,110.2	(12.9)	1,533.5	(76.4) *
1900 – 04	8,640	42,684	(20.2)	1,049.0	(12.1)	1,413.2	(74.2)
1905 – 09	9,610	55,596	(17.3)	1,406.2	(14.6)	2,010.2	(70.0)
1910 – 13	9,638	69,448	(13.9)	1,201.5	(12.5)	2,439.5	(49.3)

［備考］　＊ 1895 年の世界の銑鉄輸出高の数字がえられないので，1896-99 年の年平均のイギリスの銑鉄輸出高=1,171,000 トン，同じく世界の銑鉄輸出高=1,533,500 トンという数字をベースとして算出した．
　　　　なお，世界の銑鉄輸出高の「世界」とは，1896-1905 年の数字では，イギリス，ドイツ，ベルギー，アメリカ合州国の合計であり，1906 からの数字では，さらにフランスの輸出高が加えられた数字である．世界の輸出高が，過少な見積もりになっていることは否定できないと思われる．
［資料出所］　Carr and Taplin, op. cit., p. 164, p. 167, pp. 183-184 & pp. 230-231 によって作成．

第 12 表　イギリス（U.K.）からの輸出先別銑鉄輸出高（1875 – 1896 年）

(単位：1,000 トン)

輸出先 年平均	ドイツ	フランス	ベルギー	オランダ	アメリカ合州国	その他	合　計
1875 – 79	239.3	95.2	99.4	224.2	87.9	231.2	977.3
1880 – 84	293.6	142.1	88.1	226.0	388.9	402.6	1,541.3
1885 – 89	216.5	56.5	52.8	170.6	213.6	367.9	1,078.0
1890 – 94	224.5	51.6	44.5	140.1	47.2	376.7	884.6
1895 – 96	272.0	37.1	63.3	145.9	36.0	409.2	963.4

［備考］　特にアメリカ合州国の数字の変動の著しさに着目されたい．
［資料出所］　Carr and Taplin, op. cit., p. 167 によって作成．

イギリスから特にアメリカ合州国やドイツに銑鉄が　さらに，1875 年から 1896 年までのイギリス（U. K.）からの輸出先別銑鉄輸出高を掲げた**第 12 表**は，いっそう興味深い事実を示している．そこで気づく点は，イギリスからの銑鉄の輸出が，新興の鉄鋼業地域であるアメリカ合州国やドイツに特に著しく伸びた時期があった，ということである．つまり，この第 12 表で取り上げた時期は〈大不況〉期といわれる時期にほぼ相当するものであるが，これによって，

この時期におけるイギリスからの銑鉄の輸出が，全般的に高水準を維持したことが知られるだけではない．〈大不況〉期に包括されてはいるが，1880 年代の初めと終わりの 2-3 年間ほどの好況期において，この両地域へのイギリスの銑鉄輸出が特に激増した状況を察知することができるのである．

アメリカ合州国へのイギリスからの銑鉄の輸出　この第 12 表では，簡略化のために年毎の数字は掲げなかったが，たとえば，アメリカ合州国へのイギリスからの銑鉄の輸出は，1879 年にはその前年の 32,700 トンから 277,900 トンに増大し，さらにその翌年の 1880 年には 614,000 トンへと激増していったのである．その後についても，アメリカ合州国へのイギリスからの銑鉄の輸出は，1887 年にはその前年の 288,100 トンから 403,600 トンへと増大していった，とされるのである．こうした数字からも，特に好況期において，イギリスからアメリカ合州国への銑鉄の輸出が増大していったことを認めることができるのである．銑鉄は，製鋼の原材料であることが，くれぐれも銘記されていなければならない．

ドイツへのイギリスからの銑鉄の輸出　同じような理由から第 12 表には掲げなかったけれども，さらにまた，ドイツへのイギリスからの銑鉄輸出については，1882 年には，その前年の 246,800 トンから 309,000 トンに増大し，1889 年には，その前年の 225,800 トンから 316,500 トンに増大したことが知られる．このことは，アメリカ合州国と同様に，ドイツについても，こうした好況期にイギリスからの銑鉄輸出が激増していく傾向があったことを，明白に示しているのである．

外域への鉄鉱石依存を強めたイギリスの製銑業　ところで，このように製鋼業の発展を世界的に支えたイギリスの製銑業であるが，その原料である鉄鉱石の供給は，スペインといった外域にますます依存する態勢を強めていったことも，同時に銘記すべきことだと思われる．具体的な数字の一端を紹介すれば，イギリスの製銑業の外域の鉄鉱石への依存度は，1880 年には 12.7 パーセントであったが，1890 年には 24.5 パーセント，さらに 1913 年には 31.8 パーセントへと増大していったのである[154]．

---

154)　1880 年からのイギリスの製銑業における外域の鉄鉱石への依存度を示す数字については，Carr and Taplin, *op. cit.*, p. 108, p. 128, p. 191 & p. 237 の各表，参照．ついでながら，鉄鉱石ば

平炉鋼優位のイギリスと鉄鋼業における社会的分業の世界体制　次に，いち早くベッセマー転炉製鋼法を導入したイギリスの鉄鋼業ではあったが，すでにその一端に触れたように，とりわけ 1887 年ころから高級鋼製造に適した平炉製鋼が著しく発展していくことになった．そして，1890 年代，より厳密には 1890 年代後半になると，イギリスの製鋼業は，平炉製鋼優位の態勢を確立して，鉄鋼業における世界的な社会的分業の体制に組み込まれていくことになったのである[155]．

こうした平炉製鋼優位の態勢確立の要因の 1 つとして，平炉製鋼法によって生産される高級鋼材の重要な需要先である造船業において，イギリスの業者が世界的に第一位という地位を保持していたことがあげられる．そしてさらに，この平炉鋼優位の態勢は，他の鉄鋼業国の造船業からのイギリスの高級鋼である平炉鋼に対する需要が，伸びていったことにも支えられたのであった[156]．

高級製品の生産の優位をもって鉄鋼業の競争条件の変化に対応　毛織物生産や綿製品生産についても同じようなことがいいうるのであるが，この高級鋼生産の優位の態勢の確立は，先発工業国の鉄鋼業が，後発工業国の一般製品の生産の飛躍的増大に伴う競争条件の変化に当面して，高級製品生産の優位をもってこの変化に対応しようとした結果の所産であった．これは，とりもなおさ

かりではなく鉛や銅などの鉱物資源の宝庫であるとされた 19 世紀半ばころからのスペインが，イギリスから資本を導入して鉱山業を発展させたことについては，Harvey, Charles and Peter Taylor, "Mineral Wealth and Economic Development: Foreign Direct Investment in Spain, 1851-1913," *The Economic History Review*, Second Series, Vol. XL, No. 2, May 1987, pp. 185-207, 参照．

155)　すでに第 7 表によって，イギリス鋼生産のうち平炉鋼生産の占める割合の推移について，その概略を示した．そこで，より詳しい統計表を掲げることは差し控えたい．いずれにしても，1887 年から 1888 年にかけてが，イギリスにおける平炉製鋼生産の躍進の時期であったことや，また，1885-1889 年におけるイギリスの年平均鋼生産高は 2,814,000 トンであり，そのうち平炉鋼の生産高は 995,800 トンで 35.4％の重みを占めていたけれども，1890-1894 年におけるイギリスの年平均鋼生産高は 3,143,400 トンになったが，そのうち平炉鋼の生産高は 1,504,200 トンに増大して，その比率は 47.9％になったのである．それにとどまらなかった．1895 年になると，イギリスでは鋼生産高の 3,260,000 トンに対して平炉鋼の生産高は 1,724,000 トンとなって，すでに第 7 表でも示したように，その比率が，52.9％の重みを占めるにいたった．ここに，イギリスの製鋼業における平炉鋼優位の態勢が確立したことが知られる（ここでの計算の基礎になった数字については，Mitchell and Deane, *op. cit.*, p. 136, 参照）．

156)　こうした点については，たとえば，入江節次郎『独占資本イギリスへの道』（前掲）290-291 ページ；徳江和雄「世紀転換期のイギリスにおける造船業と平炉鋼生産——景気循環と独占形成」（一）（二）（三），『一橋論叢』（一橋大学）第 67 巻第 3 号（通巻 377 号），1972 年 3 月，61-76 ページ；同第 67 巻第 6 号（通巻 380 号），1972 年 6 月，59-83 ページ；同第 68 巻第 4 号（通巻 384 号），1972 年 10 月，39-64 ページ，参照．

ず,鉄鋼業における世界的分業の態勢の新たな再編成を意味するものであった.

3　産業構造の再編成

(1) 鉄鋼業内部の構造変動──〈独占〉への道

製銑高炉の大型化　このような鋼の時代の到来とともに,鉄鋼業の内部は大きく変化することになった.何よりも大きな変化は,鋼の原材料である銑鉄を生産する高炉の大型化として現れることになった.主要鉄鋼業国における1高炉当たりの年間の銑鉄の生産高の推移を示した**第13表**は,この大型化の進行状況を非常によく表示しているように思われる.

そこでは,1高炉当たりの年間の銑鉄生産高が,1870年と対比し1910年には,近代的鉄鋼業国として先発のイギリスでは3.4倍となり,後発のドイツでは9.8倍になっているのが見られるからである.

主要鉄鋼業国における1高炉当たりの年間の銑鉄の生産高それ自体についていえば,1910年では,アメリカ合州国が10万トン,ドイツが4万9千トン,ベルギーが4万6千トン,フランスが3万4千5百トン,イギリスが3万トンであったことが知られる.先発の近代的鉄鋼業国のイギリスが最下位になっているのは,既述のように,そこでは,大型銑鋼一貫メーカーがもちろん出現したけれども,そればかりでなく,輸出市場を基盤に比較的小型の単純製銑業者が,かなり長く生き延びていくことになったためであると考えられる.

第13表　主要鉄鋼業国における高炉の大型化の進行状況(1870-1910年)
──1高炉当たりの年間銑鉄生産高の推移──

(単位:1,000トン)

年	イギリス (G.B.) (%)	アメリカ合州国 (%)	ドイツ (%)	フランス (%)	ベルギー (%)
1870	8.7 (100.0)	—	5.0 (100.0)	—	13.5 (100.0)
1880	13.0 (149.1)	—	11.0 (220.0)	8.0 (100.0)	19.5 (144.4)
1890	19.0 (218.4)	31.0 (100.0)	20.7 (414.0)	16.0 (200.0)	22.5 (166.6)
1900	22.5 (258.6)	56.0 (180.6)	31.0 (620.0)	21.0 (262.5)	27.0 (200.0)
1910	30.0 (344.8)	100.0 (322.6)	49.0 (980.0)	34.5 (431.3)	46.0 (340.7)

[資料出所] Burnham and Hoskins, *op. cit.*, p.145によって作成.

協調にもとづく競争の態勢が　とにかく全般的に銑鉄高炉が大型化することになり，高炉の建設には巨額の設備投資が必要になった．そのために，不況になったからといって，容易に高炉の灯を消すことができないという態勢が作り出されることになった．こうした条件に規制されて，好況期にも高炉増設の競争をしないようにする協定が締結されたり，また，不況期に銑鉄が過剰になったからといってその値段を下げないようにする協定が取り結ばれるようになった．

つまり，協定にもとづく競争という〈独占〉への道が，鉄鋼業内部の構造変動によって作り出されるようになったのである．

銑鋼一貫メーカーが鉄鋼業の支配的な企業形態に　銑鉄高炉の大型化の影響は，それだけではなかった．景気の変動に対処できるようになるためにも，銑鋼一貫メーカーが，鉄鋼業の支配的な企業形態になった．このことは，とりもなおさず，大企業が鉄鋼業において支配的な位置を占めることになることを意味した．ここに，自由競争ではなくて独占的な競争が，この業界の一般的な競争の形態となる物質的な条件が形成されることになったのである．

新しい鉄鋼所の立地条件　ところで，製銑業は，重量物である原料を大量に使用する．たとえば，イギリス（U. K.），ドイツ，アメリカ合州国，フランス，ベルギーにおける 1880-1882 年の年平均の数字であるが，銑鉄トン当たりの生産に必要な鉄鉱石の量は，1.8-2.5 トンに及んだ[157]．また，製銑業は，同じく重量物である燃料を大量に消費する．鉄鉱石を熔融するために，たとえば，イギリスの 1881 年の製銑業の数字であるが，1,830 万トンの石炭を消費したが，これは，銑鉄トン当たりに換算すると 2.2 トンということになった[158]．

このように重量物である原料や燃料を大量に消費するという点で，他にその比を見ないこの業種の性格からして，特に新工場の設立の場合，その立地条件が規制される．製銑業——つまり，現実的には鉄鋼業ということになる

---

157)　Bell, *Sir* Lowthian, *The Iron Trade of the United Kingdom, Compared with That of the Other Chief Iron-Making Nations*, London : British Iron Trade Association, 1886, p.71, 参照．

158)　Mulhall, Michael G., *The Dictionary of Statistics*, Fourth Edition, Revised to November 1898 (The First Edition, 1884), London : George Routledge and Sons, Limited, 1899, p. 335；入江節次郎「重工業資本主義と資本輸出——世界資本主義の第Ⅲ段階 (1870年-1914年)」河野健二・飯沼二郎編，前掲書，所収，175ページ，参照．ちなみに，1870年の数字では 3.1 トン，1875年のそれでは 2.5 トン，1889 年については 2.1 トンというように少しずつ減っているが，それでも大量であること自体には変わりない．

が——は，鉄鉱石鉱山や炭鉱に近いところか，これらの原料や燃料を遠方から輸送してこなければならない場合には，製品それ自体も重量物であるという条件も加わって，水上輸送に便利な地点に工場が建設されることになった．ここに，こうした地点に，新しい工業都市が誕生してくることにもなったのである．

(2) 製鋼業が重工業の縦断的統合体の核に——金融資本の形成

上昇的・下降的統合の形態が　製銑業は，大量の原料や燃料を使用するが，好況になると，こうした原燃料の価格が上昇する．そこで，製鋼部門が中心となり，製鋼部門ばかりでなく製銑の原燃料部門まで上昇的に統合する形態が展開されていくことになった．

一方，鉄鋼業の裾野は広い．鋼を原材料として圧延鋼材や構造鋼や橋梁材，軌条やボルトやナットなどの鋼の二，三次製品を生産する部門は，好況期には原材料である鋼の値上がりに悩まされ，また，不況期には原材料供給部門が，この原材料の値下がりの回避を求める．このようにして，鋼の二，三次製品を生産する部門に対して原材料を供給する鉄鋼業者のほうが大きな資本の企業体であることからして，特に不況期に，この業者のイニシアティブのもとに下降的に統合する形態が出現していくことになった．

さらに，この下降的統合は，原材料として鋼を大量に使用する重機械，兵器，車輌，造船などの業種にまで及ぶ．ここまで及ぶ下降的な統合は，不況期には供給する原材料の値下がりの影響を受けるこうした供給業者の側から，また，好況期には供給される原材料の値上がりの影響を受ける鋼の需要業者である重機械製造業者や造船業者などの側から促進されることになった[159]．

縦断的統合体が重工業の支配的な企業形態に　ここに，統合された業種の範囲にはいろいろと相違があるけれども，一般的には製銑の原料や燃料である鉄鉱石鉱山や炭鉱といった鉱山業を上昇的に統合するばかりでなく，鋼の二，三次製品部門にとどまらず，造船・重機械部門にまで下降的に統合していく製

---

[159] イギリスについてのみであるが，具体的な統合体の事例は，入江節次郎『独占資本イギリスへの道』（前掲）257-272 ページ，参照．参考までに，アメリカ合州国の鉄鋼業の場合，鉄道業を統合するという特色を備えた（たとえば，溝田誠吾『アメリカ鉄鋼独占成立史』御茶の水書房，1982 年，383-386 ページ，参照）．

鋼業を核とする重工業の縦断的統合体（Vertical Integrations）が，重工業の支配的な企業形態となっていく．1870年代から第一次世界大戦期までの世界資本主義は，重工業を主導産業とする体制，つまり，重工業資本主義の体制になっていくのであるが，重工業の支配的な企業形態が縦断的統合体という形態を取ったことは，新しい事実であり，きわめて意義深いものであった．さらに，この統合体に包括された業種部門の生産地点が，国内だけではなく海外にまで及んだことにも注目しなければならない[160]．

この重工業の統合体は，関連した異種業種の統合体であることからして生産力の高度な発達を象徴するものであり，この形態が重工業の支配的な企業形態になったことによって，自由競争という資本主義の段階から独占的資本主義の段階へと決定的に移行する基礎条件が作られることになった．この企業体は，巨額の資本を体現した大規模企業であり，これら相互は協定を軸とする競争関係になっていくことが明瞭であるからである．

他の工業部門では横断的結合体が　こうした主導産業である重工業の分野での「独占」の形成は，他の分野，たとえば，繊維産業や，後述の化学工業の分野において，異なった形での合同企業体の形成を促進する契機になった．これらの分野においては，同一業種の企業が合同して，形態上は縦断的統合体とは異なる横断的結合体（Horizontal Combinations）という独占的企業体が形成されることになっていったのである[161]．

金融資本という機構に包摂　ところで，株式資本やその市場である資本市場の形態出現の歴史それ自体は，はるか以前に遡る[162]．しかし，重工業資本主義の時代になると，当該時代の主導産業の企業が，全面的に株式資本形態をとるにいたったことの意義は大きい．

---

160)　たとえば，イギリスの鉄鋼業は，スペインの鉄鉱石鉱山に大きく依存した（Flinn, Michael Walter, "British Steel and Spanish Ore : 1871-1914," *The Economic History Review*, Second Series, Vol. VIII, No. 1, August 1955, pp. 84-90, 参照）が，大企業のゲスト・キーン・ネトルフォルズ（Guest, Keen, & Nettlefolds）は，スペインの鉄鉱石鉱山会社の Orcanera Iron Ore Co. を統合した．また，大企業のメサーズ・アームストロング・ホイットワース社（Messrs. Armstrong, Whitworth, & Co.）は，イタリアのポッツオーリ（Pozzuoli）に自社の工場を建設しただけでなく，ジェノバ（Genova）の兵器製造業者のメサーズ・アンサルドー（Messrs. Ansaldo）と株式の取得を通じて提携した（Macrosty, *op. cit.*, p. 37 & p. 41, 参照）．
161)　事例については，イギリスだけではあるが，入江節次郎『独占資本イギリスへの道』（前掲）231-256ページ，参照．
162)　この点，入江節次郎『イギリス資本輸出史研究』（前掲），139-161ページ，参照．

重工業の企業体は,固定設備資本需要をまずは銀行からの短期信用の供与によって充足し,この資本設備の建設完了を前提として株式資本を発行して,銀行に対する債務を返済することができるようになったばかりではない.株式の発行に伴う創業者利得（Gründergewinn），つまり，株式の発行に伴って,時価による資本の販売価格総額と発行された株式資本の額面価格総額との差額を取得することができるようになったからである.念のために付言すれば,発行された株式資本の額面価格総額は,こうした企業体が,銀行借入によって調達した投下資本額にほぼ相当すると考えてよいであろう.

また,縦断的統合が行なわれる場合,株式資本市場の発達に条件づけられて,統合企業体は,被統合企業を支配しうる程度にその株式を取得して統合という目的を達成することができるようになった.さらに,統合の達成によって新会社が設立される場合にも,創業者利得取得の機会がえられることになったのである.このようにして,重工業の資本は,金融資本という機構に包摂されることになったのである.

重工業における金融資本という機構の一般化は,「独占」がその他の産業部門に波及していったのと同じ論理に沿って,この機構をその他の産業部門にも普及させる契機となった[163].重工業資本主義の時代は,独占資本主義であるとともに金融資本主義の時代として捉えられるが,どうしてそのようになったか.この時代における産業構造の変化をしっかりと把握し,これを前提として理解することが絶対に必要とされるのである[164].

---

163) 繊維工業や化学工業の部門では,重工業資本主義の時代には重工業部門における縦断的統合体の形成の影響を受けて横断的結合体の創立がなされていくことになった.その場合,その創立に当たって,新しい株式の発行を通じて,この結合体は創業者利得を取得することができたのであった.この利得の取得が,横断的結合体の創立の1つの契機になったのである.ここに,金融資本的蓄積の展開の具体化を認めることができる.イギリスについてのこうした具体的事例について,たとえば,生川栄治『イギリス金融資本の成立』有斐閣,1956年,53ページ,57ページ,参照.なお,金融資本という概念をめぐっては,さまざまな見解が表明されている（たとえば,新田滋『段階論の研究 マルクス・宇野経済学と〈現在〉』御茶の水書房,1998年,373-438ページ；馬場宏二『富裕化と金融資本』ミネルヴァ書房,1986年,148-193ページ,参照）.だが,詳しくは立ち入らない.筆者は「金融資本という機構」の成立によって,資本の蓄積様式に段階的な変化が生じることになった,と認識する.「独占資本という組織」の成立によって,競争条件に段階的な変化が生じることになった,と認識するのと同じような思考形式である.

164) ここで念のために断っておかなければならないことは,しばしば,イギリスについては,重工業資本主義時代における独占資本や金融資本の出現が,消極的ないし否定的に捉えられる向きがある,ということである.しかしながら,このかなり重要な問題について,必ずしもそうではないことを古典的な研究成果に依拠しながら究明したのが,前掲の『独占資本イギリスへの道』

(3) 近代的化学工業の興隆と非鉄金属部門の発展

近代的化学工業興隆の技術的な基礎条件が生まれる　重工業資本主義の時代になると，新たな鉄鋼業の発達によって，近代的化学工業興隆の技術的な基礎条件が生み出されることになった．この条件に根ざしながら，近代的な新しい鉄鋼業という親から近代的化学工業という子が生まれることになった，といい替えてもよい．

技術的な事柄について詳細な論述をすることはできないので，この点，基本的な事実を簡単に説明するにとどめなければならないが，鉄鉱石の熔融燃料として用いられる石炭は，コークス化されて熔鉱炉用の燃料となる．このコークスの製造に際しては，ガスばかりでなく，タールやアンモニアといった副産物が産出される．

そして，ごく常識的なことを述べることになるけれども，たとえば，タールは，染料や医薬品などの合成化学工業の重要な原料になる．また，化学工業の基礎的物質とされるアンモニアは，セルロイドや火薬や肥料などの原料となる硝酸の製造や，冷凍や製氷に用いられることになる．つまり，こうした石炭のコークス化に当たり，近代的化学工業用原料が，同時に生産されることになったわけである．

製鉄過程の副産物である鉱滓も，肥料その他に用いられる．鉄鋼業の大量生産体系の確立が，こうした副産物を利用した近代的な化学工業が勃興する基礎条件を形成することになるのである．

重化学工業は，のちの第1次世界大戦後の世界資本主義の主導産業になっていくが，その基礎が，この重工業資本主義の時代に醸成されていくのである．

非鉄金属部門の重要性の増大　また，鉄鋼業の大型化と並行して，鉄鋼と合金され，あるいは，これと組み合わされて製品化される素材として非鉄金属の重

であったことに触れておかなければならない．なお，参考までに古典的研究成果としては，脚注150）に掲げた Macrosty のものをまずあげなければならないが，その他，Fitzgerald, Patrick, *Industrial Combination in England*, London : Sir Issac Pitman & Sons, Ltd., 1927 ; Levy, Hermann, *Monopole, Kartelle und Trusts in der Geschichte und Gegenwart der englischen Industrie*, Zweite Auflage, Jena:Gustav Fischer, 1927（英語版は，*Monopolies, Cartels and Trusts in British Industry*, Reprinted, London : Frank Cass & Co. Ltd., 1968 ［First Edition, London : Macmillan and Co. Ltd., 1927］）などがあげられよう．

要性が増大した．この精錬業も発達していくことになった．そして，重工業の一環として，この非鉄金属部門も，そのなかに包摂されていくようになったのである．錫，銅，鉛，亜鉛がこうした非鉄金属である．

錫はこれまで什器や工芸品として主として用いられていたが，鋼の時代になると，鋼と合金されてブリキとして重要な用途が開拓されていった．缶詰工業発展の基礎が，ここに形成されることになった．また，銅は，古くから鉄と合金されて用いられていたが，この時代になると後述の海底電線などの普及によって，その重要性がいっそう増大していくことになった．鉛は，鉛管や活字合金や電気関連工業製品や化学工業の装置の素材として，さらに多く用いられるようになった．亜鉛は，鋼と合金されてトタンとして駅舎や工場や倉庫の便利な建築資材になった．

非鉄金属の鉱産物の産地が社会的分業の世界的編成に組み込まれていく そこで，このような非鉄金属鉱産物の国際通商が増大することになった．その結果，たとえば，錫の産地のマラヤや，銅の産地であるアフリカの南部が，社会的分業の世界的編成の網の目にいっそう組み込まれていくことになった．

このような国際通商の増大の状況の一端を示すものとして，錫，銅，鉛について，1880年，1885年，1900年，1910年におけるイギリスの輸入高だけではあるが，その推移を示した**第14表**を掲げておこう．

第14表　イギリス（U.K.）の非鉄金属類の輸入高（1880－1910年）

(単位：1,000トン)

項目 年	錫		銅		鉛	
	錫鉱（％）	錫塊（％）	銅鉱（％）	未・半加工の銅（％）	鉛鉱（％）	鉛塊・鉛版（％）
1880	―	19.5(100.0)	146(100.0)	36.6(100.0)	14.0(100.0)	95.0(100.0)
1885	0.9(100.0)	25.5(130.8)	190(130.1)	41.9(114.5)	26.7(190.7)	108.0(113.7)
1900	7.3(811.1)	33.1(169.7)	188(128.8)	71.1(194.3)	31.2(222.5)	195.4(205.7)
1910	26.1(2,900.0)	46.3(237.4)	167(114.4)	87.9(240.2)	18.1(129.3)	218.9(230.4)

［備考］　亜鉛についての数字は，残念ながらえられない．また，錫鉱の1880年の数字がえられないので，1885年の数字から掲げることになった．
［資料出所］　Mitchell and Deane, *op. cit.*, pp. 163-171によって作成．

特に錫について見られるように，ベースとなった年の数量はそれほど多くない．そこで，この表の百分比の数字は，注意して見る必要があろう．だが，

それにしても,非鉄金属鉱産物の国際通商の増大を認めねばならないであろう.
自然環境破壊の時代の始まり　さらに,重工業資本主義の時代は,自然環境破壊の時代の始まりとされる.ここで,非鉄金属部門の新たな発展が,この始まりの最大要因の1つになったことをあわせて注意しなければならない.

4　世界的な交通・通信手段の発達

(1)　鉄道建設のいっそうの進展——特にアジア,アフリカにおいて

A　重工業資本主義の時代における鉄道建設の発展

(a)　鉄道建設のさらに進展していった地域

世界的な鉄道建設それ自体はさらに進展　〈世界の鉄工所〉の位置にイギリスの鉄工業を定めさせる要因になったような意味での〈世界的な鉄道建設〉の時代は,1870年ころには終熄する.だが,重工業資本主義の時代を迎え,製鋼業の発達によって軌条に鋼が用いられるようになり,同時に機関車や車輌が大型化して鉄道建設がいっそう容易になり,鉄道の輸送量や速度が増大して鉄道の有利性がいっそう高まってくるとともに,鉄道建設それ自体は,さらに進展していくことになった.

広大な領域において　鉄道を比較的早く導入していた諸地域における鉄道延長路線が,さらに増大していっただけではなかった.ヨーロッパ大陸では遅れて近代的工業化を進めていた広大な領域をもつロシアにおいて,鉄道建設は著しく進展していくことになった.また,アメリカ大陸ではカナダやアメリカ合州国やアルゼンチン,そして,アジアでは東インドといった広大な地域において,いっそう大規模な鉄道建設が,とりわけ進展していったのであった.

　少しばかり数字を掲げて説明しておこう.

ロシア帝国において　ロシア帝国では,1860年現在,約1,600キロメートルの鉄道が敷設されているにすぎなかった.だが,1867-78年には年平均約2,000キロメートルの建設という数字が示すように熱狂的な鉄道建設期に入った.

そして，鉄道路線は，1873年の16,206キロメートルから1907年には65,500キロメートルへと4倍強に，さらに，1913年には70,200キロメートルへと，1873年のそれよりも4.3倍に増大していったのである[165]。

アルゼンチンでは アルゼンチンにおいては，鉄道建設それ自体は1850年代に始まった．けれども，本格的な鉄道建設開始の時は比較的遅く1860年代の後半からであり，1870年現在の鉄道延長路線は，730キロメートルという状況であった．しかし，特に1880年代に入ると鉄道建設は急速に進み，1884年現在では3,664キロメートル（1870年現在の約5倍），1913年現在では32,400キロメートル（同じく約44.4倍）になっていった[166]。

アメリカ合州国では すでに大規模な鉄道路線を建設していた広大な地域であるアメリカ合州国では，この時期，鉄道建設がいっそう活発に推進された．鉄道延長路線は1873年の113,000キロメートルから1913年には457,500キロメートルへと4倍強に増大した．このこともきわめて意義深い．また，カナダ

---

165) 中山弘正『帝政ロシアと外国資本』岩波書店，1988年，11ページ，参照．また，Mitchell, B. R., *European Historical Statistics* (*op. cit.*), p. 584の数字をも．なお，ロシア帝国の数字にはフィンランドは除外されている。

166) ブエノスアイレス・グレート・サザン鉄道（Buenos Aires Great Southern Railway），セントラル・アルゼンチン鉄道（Central Argentine Railway），ブエノスアイレス・パシフィック鉄道（Buenos Aires and Pacific Railway），ブエノスアイレス・ウェスタン鉄道（Buenos Aires Western Raiway）の外資系4社の寡占体制が形成された1890年までと，その後のアルゼンチンの鉄道発達史については，琴野 孝「イギリス資本とアルゼンチンの鉄道建設」『社会経済史学』第38巻第5号，1973年，37-47ページ；今井圭子『アルゼンチン鉄道史研究』（前掲）49ページ以下，参照．そして，特に1881年から19世紀末までのアルゼンチンの鉄道路線の増大の状況については，Lewis, Colin M., *British Railways in Argentina 1857-1914:A Case Study of Foreign Investment*, London: The Athlone Press Ltd., 1983, p. 68;Stone, Irving, "British Long-Term Investment in Latin America, 1865-1913," *Business History Review*, Vol. XLII, No. 3, Autumn 1968, p. 328, 参照．また，1900年から1914年までのさらなる鉄道網の発展の状況については，Regalsky, Andrés M., "Foreign Capital, Local Interests and Railway Development in Argentina : French Investments in Railways, 1900-1914," *Journal of Latin American Studies*, Volume 21, Part 3, October 1989, pp. 425-427, 参照．さらに，外資系4社の第1次世界大戦期までの鉄道延長路線の増大，資本蓄積の推移，金融業者との関係については，土井 修『米国資本のラテンアメリカ進出（1897-1932年）——米国金融資本の対外発展構造に関する研究』御茶の水書房，1999年，463-474ページ，参照．ついでながら，1906年から1914年までの間にアルゼンチンの鉄道延長路線は，12,824マイルから20,857マイルに増大したとされる．それからまた，1900年から1929年までの同地域におけるイギリス，フランス，アルゼンチン（民営と国営）系別の鉄道の延長路線の増大の状況については，Lewis, Colin, "British Railway Companies and the Argentine Government," *in* Platt, D. C. M. (ed.), *Business Imperialism 1840-1930 : An Inquiry Based on British Experience in Latin America*, Oxford : Oxford University Press, 1977, pp. 415-416, 参照．なお，念のためラテン・アメリカにおいては一般的にもこの時期には鉄道建設が進展した．たとえば，チリにおける1895年当時の鉄道延長路線は，3,166キロメートルであったが（今井圭子，前掲書，53ページ，参照），資本輸入に支えられながら建設はいっそう進展し，1914年には，この延長路線は8,638キロメートルに増大した（Blakemore, Harold, "Chile from the War of the Pacific to the World Depression, 1880-1930," *in* Bethell, Leslie (ed.), *The Cambridge History of Latin America*, Vol. V, Cambridge : Cambridge University Press, 1986, pp. 526-527, 参照．

でも，鉄道延長路線が，1870年の4,211キロメートルから1890年には21,164キロメートルへと約5倍に，さらに，1913年には47,160キロメートルへと11.2倍になったことも見落としてはならない．

東インドでは　アジアの東インドでは，すでに1870年には，マドラス，ボンベイ，カルカッタ，デリー，ラホールを結ぶ主要鉄道幹線が完成していた．この時代には，東インドの全領域を濃密な鉄道網で結びつけるような態勢が作られた．東インドの鉄道延長路線は，1870年の7,678キロメートルから1913年には55,822キロメートルへと7.3倍増大した[167]．

(b) その他アジアにおける鉄道建設の進展

日本や中国で　東インド以外のアジアでは，日本，中国，ビルマ，セイロン，インドシナ，ジャワやスマトラ，マラヤ，シャムなどで鉄道建設が，着工の時期には早い遅いの違いがあるが，この時代になると進められていった．

たとえば，日本においては，N. M. ロスチャイルドなどが引受・保証したロンドンでの借款によって調達された資金で建設された[168]新橋＝横浜間の鉄道が開通したのは，1872年10月14日であった．中国では，ジャーディン・マセソン社（Jardine, Matheson & Co.）によって建設された上海・呉淞間のこの国最初の鉄道路線が，1876年2月14日に開通した．中国における鉄道発達史上の大きな出来事は，1898年までに，イギリス，ロシア，ドイツ，ベルギー，フランス，アメリカ合州国の会社の手によって合計6,250マイル（約10,058キロメートル）の鉄道建設約款が締結されたことであった[169]．

---

167) 以上のような諸地域における鉄道延長路線の数字については，Mitchell, B. R., *International Historical Statistics : The Americas and Australasia* (*op. cit.*), pp. 656-658 & pp. 661-663 ; Mitchell, B.R., *European Historical Statistics* (*op. cit.*), pp. 583-584; Mitchell, Brian R., *International Historical Statistics : Africa and Asia*, London : The Macmillan Press Ltd, 1982, p. 504, 参照．なお，本文中では触れなかったけれども，オーストラリアについても，公営鉄道だけで開通総延長路線は，1911年には，16,078マイルに達した．注目すべきは，この発展が外域からの資本導入によってなしとげられたことであった（Butlin, Noel George, *Investment in Australian Economic Development, 1861-1900*, Cambridge : Cambridge University Press, 1964, pp. 321-333 ; Hall, Alan Ross, *The London Capital Market and Australia 1870-1914*, Canberra:The Australian National University, 1963, p. 90, pp. 122-125, p. 188 & p. 190, 参照．

168) Ferguson, N., *The World's Banker* (*op. cit.*), p. 922, 参照．

169) 呉淞鉄道は，1876年7月3日に正式に営業を開始した（必 汝成著・依田憙家訳『帝国主義と中国の鉄道』龍渓書舎，1987年，39ページ，参照）．なお，1898-1913年の中国における鉄道建設のための対外借款の一覧については，Denby, Charles, "The National Debt of China—Its Origin and Its Security," *in* Patterson, E. M. (ed.), *America's Changing Investment Market*, New York : Arno Press, 1977, pp. 64-65, 参照．

ビルマ,セイロン,インドシナ,ジャワなどでは　ビルマでは1877年に,セイロンではさらに早く1865年にコロンボからの最初の鉄道が開通した.インドシナのサイゴンを起点とする鉄道が開通したのは,1885年のことであった[170].そして,ジャワで最初の鉄道が開通したのは比較的早く,1867年であった.そこでは,1873年には,砂糖プランテーションの主要な地帯と港湾都市のサマラン(Samarang)とが,また,茶やコーヒーの生産地帯とバタビア(Batavia.ジャカルタ[Djakarta]の旧称)とが鉄道で結ばれた.詳細は判らないが,スマトラにおける鉄道建設は,タバコや石炭の輸出を増進するために推進されたという.

マラヤやシャムでは　さらに,マラヤにおいて最初の鉄道が開通したのは,1885年であり,1899年には,西海岸の主要な錫鉱山地帯と港湾都市とが鉄道によって連結された.その後,1909年には,マレー半島縦断鉄道が完成し,ゴム樹液が鉄道によって輸出港まで輸送されるようになった.シャムでは,1893年にバンコクを起点とする最初の鉄道が開通し,それから,米作の発達と米の輸出の促進と関連しながら,鉄道は発展していった[171].

(c)　アフリカにおける鉄道建設の進展

地中海地域の北アフリカ以外の地域でも　アフリカについて見てみよう.エジプ

---

170)　その後1913年までのインドシナにおける鉄道建設の進展の概況については,権上康男『フランス帝国主義とアジア——インドシナ銀行史研究』東京大学出版会,1985年,199-202ページ,参照.
171)　アジアにおける鉄道建設の進展の状況については,Latham, A. J. H., *The International Economy and the Underdeveloped World 1865-1914*, London : Croom Helm Ltd., 1978（邦訳は,川勝平太・菊池紘一訳『アジア・アフリカと国際経済 1865-1914年』日本評論社,1987年）, pp. 19-22, 参照.なお,東南アジア地域最初の鉄道は,ジャワにおいて1864年に開通したともいわれる（野村正義『アジア諸国の鉄道』アジア経済研究所,1967年,61ページ;柿崎一郎『タイ経済と鉄道1885～1935年』日本経済評論社,2000年,106ページ,参照）.ついでながら,参考までに,東インドやトルコを除くアジアの主要な地域における1913年現在の鉄道延長路線を掲げておこう.

アジアの主要な地域における鉄道延長路線（1913年,現在）

（単位：キロメートル）

地域	日本	中国	インドネシア	インドシナ	マラヤ	フィリピン	セイロン	シャム
路線	10,570	9,854	4,967	1,930	1,241	1,096	974	956

[備考]
(1)　日本には,台湾,朝鮮などの植民地は含まれていない.原表では別に表示されているが,ここでは省略した.
(2)　東インドやトルコの他,キプロス,イラン,サバ(Sabah),サラワク(Sarawak)の数字が表示されているが,省略した.なお,具体なことが不明であるため,フィリピンの鉄道については,本文中でも触れなかった.

[資料出所]　Mitchell, B. R., *International Historical Statistics : Afica and Asia* (*op. cit.*), pp. 504-505 によって作成.

ト,アルジェリア,チュニジアといった地中海に面する地域の鉄道建設は,比較的早くから行なわれた[172]. 南アフリカも,鉄道がかなり早く建設された地域であり,1860年には,ごく短い路線ではあったが,ダーバン (Durban) からの鉄道が開通した. そして,1864年には,ケープタウンとその北東65キロメートルに位置するウェリントン (Wellington) とが鉄道で結ばれた.

1870年代には鉄道建設が南アフリカでいっそう進展　さらに,1870年代になると,南アフリカでは鉄道建設がいっそう進展した. ダーバンからの鉄道は,1874年には砂糖,玉蜀黍,コーヒー,葛の生産地帯まで延長され,開通路線は111キロメートルになった. また,ケープタウンの北東1,009キロメートルに位置するキンバリー (Kimberley) という都市が,1871年のダイヤモンド・ラッシュによって建設されたのち,ケープタウン,ポート・エリザベス (Port Elizabeth),同じく港湾都市のイースト・ロンドン (East London) を起点として,デ・アール (De Aar) を分岐点とするキンバリーにいたる鉄道が,1870年代の後半に開通した.

金鉱の輸送を目的とする鉄道も　その後の鉄道発達の細かい状況は,省略せざるをえないが,南アフリカにおける特筆すべき局面は,ウィトウォーターズランド (Witwatersrand) における1886年の金鉱山の発見を契機として,金鉱の輸送を目的とする鉄道が建設されたことであった. その結果,鉄道は,ヨハネスバーグ (Johannesburg) やプレトリア (Pretoria) まで延長され,1892年には,ケープの諸港と金鉱山地帯とが結ばれることになった. そしてさらに,1894年には,ポルトガルの商人によって1878年まで奴隷貿易が行なわれていたモザンビークのロレンソ・マルケス (Lourenço Marques. マプート [Maputo] の旧称) が,プレトリアと鉄道で結ばれることになった.

それからボーア戦争 (Boer War [1899-1902年]) 期までは,南アフリカでは,銅鉱山や炭坑の開発と関連して,また,第1次世界大戦期までは,農産物の輸送を目ざして鉄道の建設がさらに進展した.

ローデシアでは鉱産物の輸送を主目的として　南アフリカに次いで鉄道建設が進

---

172)　1870年における鉄道延長路線は,エジプト＝1,184キロメートル,アルジェリアとチュニジア＝265キロメートルであった. ついでながら,19世紀の前半にすでに鉄道建設を始めたモーリシアスの1870年現在の鉄道延長路線は,106キロメートルであった (Mitchell, B. R., *International Historical Statistics : Africa and Asia* [*op. cit.*], pp. 496-497, 参照).

展したのは，ローデシアである．そこでは，まず，金やダイヤモンド鉱，また，ウムターリ（Umtali. ムターレ［Mutare］の旧称）付近の銀鉱，さらに，銅や錫やアンチモニーなどの鉱石といった鉱産物の輸送を主目的とし，同時に玉蜀黍，タバコ，棉花，麦類といった農産物の輸送を副目的として，鉄道が建設されていった．

このようにして，1897年には，ダイヤモンド鉱山地帯の中心都市であるキンバリーと，やはり鉱業地帯の物資の集散地であるブーラワーヨ（Bulawayo）との間に鉄道が開通した．そして，1899年には，現地の行政の中心地であるばかりでなくタバコの集散地でもあるソールズベリ（Salisbury. ハラレ［Harare］の旧称）とモザンビーク中部の港湾都市のベイラ（Beira）とが，また，1902年には，ソールズベリとブーラワーヨとが鉄道で結ばれることになった．さらに，1903年には，銅，鉛，亜鉛など鉱物の産地であるブロークン・ヒル（Broken Hill. カブウェ［Kabwe］の旧称）の開発と関連してこの地まで鉄道が開通し，それから，現在のザイール南東部のカタンガ（Katanga. シャバ［Shaba］の旧称）の銅や金，錫，鉄鉱石などの鉱山地帯に向けて路線が延長されていくことになるのである．

南西アフリカの鉄道建設 1885年からドイツの植民地化が進んで1892年にはその領地になった南西アフリカでも，やはり奥地の産品を港湾都市に輸送する目的から，鉄道が建設されていった．このようにして，1897年には港町のスワコプムンド（Swakopmund）を，また，1906年には同じく港町のリューデリッツ（Lüderitz）を起点とする鉄道路線が開通した．

その他，具体的な事例を掲げることは省略するが，ナイジェリア，ベルギー領コンゴ，タンガニーカ，アンゴラ，東アフリカといった地域だけではなく，セネガル，フランス領ギニア，象牙海岸，ダホメ，フランス領赤道アフリカ，シエラレオネ，ゴールドコースト，ニアサランド，トーゴ，カメルーンズといった地域にも鉄道建設が進展していくことになったのである[173]．

---

173) アフリカにおける鉄道建設の具体的な事実については，Latham, *op. cit.*, pp. 21-25 にもとづいて記述した入江節次郎「〈大不況〉と資本主義の構造変動」（前掲書，所収），39-41ページ，参照．なお，アジアの場合と同様にアフリカについても，その主要な地域における1913年現在の鉄道延長路線を掲げておこう．

B 重工業資本主義の時代における鉄道建設進展の意義

(a) 景気循環の形態を変える要因に

鉄道建設を支えとして鉄鋼業の世界的景気循環の主導性が さて,アジアやアフリカにまで進展していった重工業資本主義時代における世界的な鉄道建設進展の意義は,どのように捉えたらよいであろうか.

まず,この時代になっても鉄道建設を1つの大きな支えとして,主導産業の核をなす鉄鋼業の世界的景気循環の主導性が保たれたということである.鉄工業資本主義の時代にも,世界的な鉄道建設の進展に支えられながら,鉄工業のこのような主導性が維持されたのであった.世界資本主義史においては,前段階に築かれた再生産・循環の構造が,新しい段階になって消去されてしまう,と捉えられるのではない.それは,変容しながら重層的に新しい段階に組み込まれていく.この時代における鉄道建設のいっそうの進展に支えられた鉄鋼業の景気循環の主導性の保持は,この重層的組み込みの構造の1つの具体的な事例を示すものであった.

恐慌後の不況を長引かせる要因が では,どのように変容したのであろうか.鉄工業と鉄鋼業とが,技術の水準を異にすることはいうまでもない.また,前段

アフリカの主要地域における鉄道延長路線(1913年,現在)

(単位:キロメートル)

地域	南アフリカ	エジプト	ローデシア	アルジェリア	スーダン	南西アフリカ	チュニジア	ザイール	ナイジェリア
路線	14,149	4,358	3,895	3,315	2,411	2,104	1,825	1,507	1,506
地域	タンガニーカ	アンゴラ	セネガル	ケニア	モザンビーク	ギニア	シエラレオネ	モロッコ	マダガスカル
路線	1,435	1,316	1,218	855	818	589	483	427	369

[備考]
(1) ローデシアは,現在のザンビアとジンバブウェ(Zimbabwe)を合わせた地域であるとしてよいであろう.
(2) 便宜上ザイールと表記したが,当時はベルギー領コンゴであった.なお,ザイールの数字は1912年についてのものである.
(3) 同じくタンガニーカというのは,ドイツ領東アフリカのことである.
(4) セネガルにはフランス領スーダン(マリ)も含まれている.なお,セネガルの数字は,1914年についてのものである.セネガルの〈落花生鉄道〉('Groundnut Railway')(サンルイ[Saint Louis]=ダカール[Dakar])の開通(1885年)を契機として,この地の落花生の輸出は増大し続けることになっていく(Latham, *op. cit.*, p. 98, 参照).
(5) その他,鉄道延長路線がガーナ=357キロメートル以下の地域については,下記の資料によって数字はえられるけれども,ここに掲げることは省略した.

[資料出所] Mitchell, B. R., *International Historical Statistics : Afica and Asia* (*op. cit.*), pp. 496-499によって作成(入江節次郎「〈大不況〉と資本主義の構造変動」[前掲書,所収] 40-41ページに掲げられている数字も特にローデシアについては参照).

階の鉄工業とは，具体的には世界の鉄工所であったイギリスのそれであった．これに対し新しい段階の鉄鋼業は，すべての先進地域のそれとなったのである．さらに，それは主導産業である重工業の核として位置づけられる性格のものに変容していったのである．

それだけではなかった．あえて論じるまでもなく日常生活の経験からよく知られることであるが，鋼レールに典型的に見られるように，その耐用年数は，錬鉄とは比べものにならないほど長期間にわたるものとなった．そのために，ひとたび鉄道が建設されると，鋼レールなど鉄道資材の置き換え需要は，かなりの期間発生しないことになった[174]．

後述するように，この時代にはまた，鉄鋼業の技術的な発達に基礎づけられて，耐用年数が長くなった大型船舶が建造されるようになった．耐用年数が長くなった鋼レールに代表される鉄道資材の普及は，こうした大型船舶の出現と相まち，恐慌後の不況を長引かせる要因となったのである．この考察に当たっては，重工業が主導産業となったことが，しっかりとわきまえられていなければなるまい．

(b) 後進地域をモノカルチュア経済体制に仕立て上げる条件に

鉄道建設の進展と後進地域におけるモノカルチュア経済体制の形成　この時代の世界的な鉄道建設の進展は，アジアやアフリカの後進地域を，この地域からの農産物や鉱産物の外域への積み出しを介して，社会的分業の世界的な編成に組み込む1つの条件の創出を意味するものになった．このようにして，これらの地域が，モノカルチュア経済体制に仕立て上げられることになっていったのである．これは，きわめて重要な事柄なのである．

小麦類の世界市場への供給増大の要因　また，後述するが，ロシア，アメリカ合州国，アルゼンチンなどに見られるように，この時代の鉄道建設の進展は，小麦類の世界市場への供給を増大させる要因になった．その結果，世界小麦市場の構造が変化していくことになったのである．

174）特に1880年代の不況期には，レール需要の減少が鋼生産の不振の要因になったフランスの製鋼業の事例については，大森弘喜『フランス鉄鋼業史　大不況からベル＝エポックまで』ミネルヴァ書房，1996年，15ページ，22ページ，参照．

(c) 後進地域における鉄道建設の進展と建設地における近代的工業化

資金や資材は大量に先進地域から　ところで,この時代の特に後進地域における鉄道建設の資金や資材は,大量に先進地域から供給されたのであった.この点,植民地における鉄道建設についてだけではなかった.たとえば,アルゼンチンの鉄道建設が,ヨーロッパ系の資本の4社の寡占態勢樹立への道であったことは,すでに脚注166)で触れた.また,後進地域には含められないけれども,シベリア鉄道に見られるように,広大な地域にまたがるロシアの鉄道建設の資金が,ロンドン,パリ,ベルリンなどの外域の資本市場に依存しながら調達されたことは,よく知られていることである[175]。

中国の鉄道建設も資金はヨーロッパから　中国において,外国の会社によって鉄道建設が進められることになった一端については,すでに触れた.そこでは,1911年には5,796マイルの鉄道が開通していたが,そのうちロシア系の中国東部鉄道(Chinese Eastern Railway)など外資系の鉄道路線は2,377マイルであり,41.0パーセントを占めた.また,1894-1911年に,中国政府は約92,000,000ポンドの借款を外国から受けたが,そのうち39.1パーセントに相当する約36,000,000ポンドが鉄道建設に用いられたとされる[176]。こうした数字も,外国からの資本供給に大きく依存して中国の鉄道建設が推進されたことを示すものであった.

現地における近代的工業化進展の契機になったか　では,この時代における後進地域における鉄道建設は,現地における近代的工業化進展の契機となったであろうか.地域別に考察していくことにしよう.

　まず,先立つて,後進地域には含まれないが,ロシアと東ヨーロッパについて簡単に触れておくことにしよう.

---

175) たとえば,中山弘正,前掲書,13-14ページ,75-78ページ,81-82ページ;Ol', P. V., *Foreign Capital in Russia* (Translated from the Russian by Jones, Geoffrey and Grigori Gerenstain), New York:Garland Publishing, Inc., 1983, p. xv, 参照.この中山著の77ページには,1892年から1903年までの私鉄・国鉄別にヨーロッパ・ロシア,カフカーズ,シベリア,中央アジアにまたがるロシアの鉄道建設の状況が路線距離の推移によって表示されている.

176) Hou, Chi-ming, *Foreign Investment and Economic Development in China 1840-1937*, Cambridge, Massachusetts : Harvard University Press, 1965, p.9, p.65 & p.244, 参照.ついでながら,こうした時期の中国における鉄道建設の進展とその資金調達については,たとえば,Sun, E-tu Zen, *Chinese Railways and British Interests 1898-1911*, Reissued, New York:Russell & Russell, 1971 (The First Edition, 1954), 参照.

第 3 章　世界資本主義の第Ⅲ段階　159

ロシアや東ヨーロッパにおける鉄道建設の進展と近代的工業化　ロシアにおいては，「鉄道建設を主軸とした工業化」[177] が進展したといわれているように，ロシアの鉄道建設が，この地の近代的工業化進展の契機になったことについては，ここで説明を加える必要もないであろう．東ヨーロッパのたとえば，ハンガリーにおける特に 1890 年代を中心とする民間地方鉄道の著しい進展が，外国からの資本の導入を媒介にして，大製鉄業の集中態勢を出現させる契機になったことも，すでに知られている事実である[178]．

植民地の鉄道建設は現地の近代的工業化を促進する契機にはならなかった　一方，必要な資金も資材もヨーロッパに全面的に依存して進められた植民地における鉄道建設が，現地の近代的工業化促進の契機にならなかったのはいうまでもないであろう．

　この時代についての問題の 1 つは，植民地ではないけれども近代的工業化の遅れた地域の鉄道建設について，どのように考えたらよいか，ということである．この点，あらゆる地域について述べることはできないので，2 つの代表的なところを選んで略述しておこう．

アルゼンチンの鉄道建設の進展と近代的工業化促進の問題は　1 つには，アルゼンチンについてである．①そこでは，1880 年ころまで，鉄道建設は，資本のみならず鉄道建設資材のほとんどをイギリスからの輸入に依存して推進されたこと．②また，1890 年には，この地の鉄道建設におけるイギリスの資本系 4 大会社の独占体制が確立された，とされていること．③さらに，20 世紀に入ってからの鉄道建設は，イギリスの資本系 4 大会社の独占体制の強化・維持の過程であったとされること[179]．④その上，そもそもこの地の鉄道建設は，鉄道業の利益取得を主要な目的として行なわれたのではない．建設が促進され

---

177)　中山弘正，前掲書，22 ページ，参照．なお．この工業化進展の状況については，同書，22-25 ページの他，増田冨壽「ロシヤ鉄鋼業の発達と外国（主としてフランス）資本」『早稲田政治経済学雑誌』第 136 号，1955 年 12 月，76 ページ；同「ロシヤにおける鉄道建設の進展と外国資本」同，第 157 号，1959 年 6 月，38-39 ページ，参照．
178)　南塚信吾『東欧経済史の研究――世界資本主義とハンガリー』ミネルヴァ書房，1979 年，230-240 ページ，参照．また，オーストリアとともにハンガリーにおいても，1870 年以降，鉄道建設の進展と関連しながら機関車が製造されるようになっていった（Schulze, Max-Stephan, "The Machine-Building Industry and Austria's Great Depression after 1873," *The Economic History Review*, Vol. L, No. 2, May 1997, pp. 288-289, 参照）．
179)　こうした 3 点については，今井圭子，前掲書，59 ページ，67 ページ，72 ページ，参照．また，特に 20 世紀に入ってからの鉄道建設が，イギリスの資本系 4 大会社の独占態勢の維持・強化の過程であったことについては，さらに佐々木隆生「帝国主義段階におけるイギリス資本輸出の特

たより強い動機は，この建設に伴って資材などが売れていくことにあるとされたこと[180]．こうした諸点から考えて，第1次世界大戦期までの鉄道建設が，この地において近代的工業化を促進する要因にはなっていかなかった，と判断して差し支えないであろう．

中国の鉄道建設の進展と近代的工業化促進の問題は 2つには，中国についてである．この地の鉄道建設が，外国資本の会社によって本格的に行なわれるようになっていったことは，すでに述べた．また，中国政府による鉄道建設についても，その資金はヨーロッパに大きく依存して推進されたのであった．こうしたことから鉄道資材も，当初はヨーロッパから主として供給されたのであった．けれども，当時の中国政府によって鉄道建設計画が推進されるようになると，これに伴ってレールや鉄道用鋼材を製造する製鉄所の建設が，進展していくことになっていくのである．

少しだけ具体的な事実を述べよう．1889年ころから中国政府のもとで，盧溝橋から漢口にいたる盧漢鉄道の建設計画が進められることになった．そして，日本の八幡製鉄所の操業開始は1901年であるが，こうした中国の鉄道建設の資材を製造する漢陽製鉄所（漢陽鉄廠）は，それよりもかなり早い1893年に操業を開始することになっていった[181]．

質——帝国主義段階におけるイギリス資本輸出研究1」『研究年報「経済学」』（東北大学）第38巻第2号, 1976年10月, 66-75ページ, 参照. なお，ついでながら20世紀に入ってからのアルゼンチンにおける鉄道網の発展には，主役ではもちろんなかったけれども，フランス系資本の鉄道会社も参入してくることになった．こうした会社の鉄道資材は，すべてフランスからではなくしてベルギーやドイツからも調達されたとされる（Regalsky, *op. cit.*, pp. 443-444, 参照）.

180) たとえば, Ferns, Henry Stanley, *Britain and Argentina in the Nineteenth Century*, Reprinted, New York: Arno Press, 1977 (The First Edition, Oxford: The Clarendon Press, 1960), p. 337, 参照. 数字的に少し示すと，1890年から1913年までの間にイギリスから海外の鉄道向けに売られた機関車の総台数は13,899台, その内最大の市場は東インドの鉄道で5,542台, 次が中南アメリカの鉄道で3,090台であった（Platt, D. C. M., *Latin America and British Trade 1806-1914*, London: Adam & Charles Black, 1972, pp. 241-242, 参照). さて，アルゼンチンを引き合いに出したが，ではブラジルはどうであったか．この点，イギリスから資金, 技術, 資材ばかりでなく労働者までが導入されて発展したブラジルの鉄道建設についても，アルゼンチンの場合と同様なことがいいうるであろう（簡単ながら, 布留川正博「ブラジル——コーヒープランテーションの発展と大西洋システム」浅羽良昌／滝澤秀樹編著『世界経済の興亡200年』東洋経済新報社, 1999年, 所収, 87ページ, 参照). なお，1865年から第1次大戦期までのほぼ10年ごとのイギリスからのアルゼンチンやブラジルの鉄道業への投資額については, Stone, "British Long-Term Investment in Latin America, 1865-1913 (*op. cit.*)," p. 329, 参照．

181) 大橋周治・市川弘勝・雀部高雄・森川英生「日本鉄鋼業発達史年表」有沢廣巳編『現代日本産業講座 II 各論1 鉄鋼業 付非鉄金属鉱業』岩波書店, 1959年, 所収, 387-388ページ, 参照. もっとも，この製鉄所の銑鉄高炉が操業を始めるのは1894年であり，この銑鉄をもって製鋼が本格的に行なわれるようになっていくのは，中国＝日本戦争（1894-5年）後になってからであっ

1908年には中国に鉄鋼コンビナートが　ところで，細かくは立ち入れないが，盧漢鉄道は，1905年の末，京漢鉄道の名において完成する．漢陽製鉄所で生産される鉄道資材に対する需要は増大し，この製鉄所のいっそうの拡充が求められることになった．その結果，1908年に，この製鉄所は，大冶鉱山と萍郷炭坑を合併し，漢冶萍煤鉄公司（漢冶萍煤鉄鉱廠股分有限公司）というコンビナートとして再編成されることになっていった．このとき，このコンビナートでは，高炉2基が操業しており，日当たりの出銑能力は200トン，なお第3号，第4号の高炉が建設計画中であるとされた[182]．

このような事実に照らすとき，第1次世界大戦前の中国の鉄道建設の推進は，この地における近代的工業化の進展をそれなりに促進する物質的な条件を生み出すことになっていった，としてよいであろう．

(d) 鉄道建設の推進がヨーロッパ資本系銀行の進出の契機に

典型的事例――ロシア＝中国銀行の進出　後進地域における鉄道建設の推進は，また，ヨーロッパ資本系銀行のこの地域への進出の契機にもなった．その典型的な事例は，すでに触れた中国における中国東部鉄道の建設と，同地域へのロシア＝中国銀行（Russo-Chinese Bank）の進出との関連に見られる．満州を横切ってチタ（Chita）とウラジボストーク（Vladivostok）とを結ぶ[183] この鉄道は，1903年に開通する．ところで，この建設の特許は，ベルリンにて1896年9月8日にロシア＝中国銀行と中国政府との間に締結された契約にもとづいて，中国東部鉄道会社に与えられた．そして，その翌年の1897年に，鉄道建設工事が開始されたのであった[184]．

この銀行の設立それ自体は，中国政府に対するロシアからの借款供与がその直接の契機であったとされる．この銀行の資本金600万ルーブルのうち8

た．また，八幡製鉄所においても，なるほど1901年には高炉が稼働するようになったが，これが順調に操業するようになるのは，1904年ころからであったとされる（波多野善大『中国近代工業史の研究』東洋史研究會，1961年，443-444ページ，参照）．
182) 波多野善大，前掲書，477ページ，480ページ，参照．
183) Remer, Charles Frederick, *Foreign Investments in China*, New York, The Macmillan Company, 1933, p. 558, 参照．
184) たとえば，Remer, *op. cit.* p. 83, p. 559 & p. 562；波多野善大，前掲書，447ページ，参照．なお，比較的最近の日本の研究書においても，東清鉄道，露清銀行と表記されている．たとえば，高橋泰隆『日本植民地鉄道史論――台湾，朝鮮，満州，華北，華中鉄道の経営史的研究』日本経済評論社，1995年，123-125ページ，参照．

分の3がロシアにおいて，8分の5がフランスにおいて公募された点も興味深いが，1895年11月23日のパリにおいて，設立されるこの銀行の役員になる予定の5名のロシア側の代表と3名のフランス側の代表との間で署名されたロシア＝中国銀行の定款には,鉄道建設の特許の獲得が大きく掲げられた[185]．

このような点が考慮されてのことと思われるが，1895年のロシア＝中国銀行の設立は，「満州の中国東部鉄道への資金供与を直接的な目的」[186]としていた，とされるのである．

(2) 海運革命の進展──大型快速鋼汽船の建造

スエズ運河開通の影響　1869年にスエズ運河が開通した．その結果，たとえば，ロンドンからボンベイまでの航行距離が，17,163キロメートルから10,014キロメートルへと約7,150キロメートル短縮した[187]．このように，ヨーロッパとアジアの距離が短くなった．しかしながら，この開通の影響は，こうした船舶の航行距離の短縮にとどまらなかった．

帆船に対する汽船の制覇　この開通によって，帆船から汽船への転換が決定的に進むことになったのである．

汽船の開発それ自体は19世紀前半に遡る．だが，帆船に対する汽船の制覇は，特にヨーロッパ＝アジア航路においては，簡単には進まなかった．寄港地

---

185) この銀行の設立に参加した金融業者は，フランス側ではM. M. Hotting (u) er and Company, Paris Netherlands Bank, Le Crédit Lyonnais, Le Comptoir National d'Escompte de Paris, ロシア側ではThe International Bank of Commerce of St.Petersburgであった（Remer, *op. cit.*, pp. 556-557, 参照）．

186) Hou, *op. cit.*, p. 53, 参照．ちなみに，ロシア＝中国銀行は，フランス系資本によって支配されていた北国銀行（Banque du Nord）を1910年に合併して，ロシア＝アジア銀行（Russo-Asiatic Bank）として再編成される．再編成時のロシア＝中国銀行の資本金は23,000,000ルーブルであったが，再編後の新銀行の資本金は35,000,000ルーブル，それからさらに55,000,000ルーブルへと増大し（Remer, *op. cit.*, p. 581, 参照），1914年現在，資本金の点でロシア最大の銀行になったとされる（Cameron, Rondo and V. I. Bovykin [eds.], *International Banking 1870-1914*, New York: Oxford University Press. 1991, p. 84, 参照）．なお，中国東部鉄道の建設がいかに巨額の資金を必要としたかは，1904年1月1日の時点ですでに406,000,000ルーブルが，この鉄道のために支出されたとされる（Remer, *op. cit.*, pp. 564-565, 参照）ことからも推察されるであろう．

187) より具体的な数字については，Woodruff, William, *Impact of Western Man : A Study of Europe's Role in the World Economy 1750-1960*, London : Macmillan and Company Limited, 1966, p. 260に収録されている'Distance Saved by the Suez and Panama Canals'と題された表を参照されたい．その他，宮崎犀一他編『近代国際経済要覧』（前掲）24ページ;Kirkaldy, Adam W., *British Shipping: Its History, Organisation and Importance*, A Reprint with an Introductory Note by Professor Ralph Davis, Newton Abbot, Devon : David & Charles (Publishers) Limited, 1970 (The First Edition, 1914), pp. 600-601, 参照．

に石炭貯蔵施設が整わなかったこと．重量物である石炭を積み込むことは，それだけ貨物積載量を減ずることになったこと．アジア通商の貨物は，それほど重量物でなく帆船による輸送のほうがむしろ能率的であったこと．熱気と騒音とともに煤煙を吐き出す重い蒸気機関を船内に取り込むことが，好まれなかったこと．こうしたことが，この転換を遅らせる要因となった．

ところが，地中海航路は，そもそも積み降ろし荷の多い港湾に恵まれた商業上有利な航路であった．しかも，こうした港湾には貯炭設備も整っていた．その上，ヨーロッパからスエズ運河を通って入る紅海では，風向きが不順なために帆船はしばしば難破した．だから，そこは帆船の航行には適しない航路であるとされたのであった[188]．こうした諸要因のために，ヨーロッパ＝アジア航路において，帆船に対する汽船の不利な諸点は相殺されて余りあるものとされ，汽船の帆船に対する優位が確立することになっていったのである．

帆船と汽船の保有トン数の比較 ここに，世界の海運業における帆船に対する汽船の制覇が樹立していくことになるが，この過程を示す数字の一端を掲げると，1873年のイギリス（U.K.）における帆船の保有総トン数は409万トンであり，汽船のそれの171万トンをなお遥かに凌駕していた．けれども，1883年になると帆船の保有総トン数は351万トンに減少したのに対し，汽船の保有総トン数は373万トンに増大して汽船が優位に立つようになり，それからますます汽船の優位が増強されていくことになっていった[189]．

大型快速鋼汽船の出現 帆船に対する汽船の制覇を完全なものにしていった要因は，それだけではなかった．鋼の時代の到来に条件づけられた大型快速鋼汽船の出現という要因があった．

まず，1870年代から平炉製鋼法によって耐圧性のある軟鋼の鋼板が生産されて船舶に使用されるようになり，船舶の大型化が実現したことが指摘され

---

188) Kirkaldy, *op. cit.*, pp. 317-318, 参照．
189) 1870年代に進展した帆船に対する汽船の制覇の過程を示す海運国であったイギリスと世界の数字については，Mulhall, M. G., *op. cit.*, p. 520；宮崎犀一他編『近代国際経済要覧』（前掲）23ページ；入江節次郎「重工業資本主義と資本輸出」（前掲書，所収）165ページ；入江節次郎「〈大不況〉と資本主義の構造変動」（前掲書，所収）42ページ，参照．なお，ヨーロッパ各国の保有船舶について帆船から汽船への転換の推移を示す数字は，Mitchell, *European Historical Statistics* (*op. cit.*), pp. 614-623, 参照．本文に掲げたイギリスにおける帆船に対する汽船の制覇の過程を示すその後の数字は，1903年では帆船＝187万トン，汽船＝840万トン，1913年では帆船＝85万トン，汽船＝1,127万トンになったことに示されている．

ねばならない．1890年代になると，たとえば，イギリスの造船所で建造された船舶の船体には，この軟鋼の鋼板がほぼ100パーセント用いられるようになったとされる[190]．

次に，ボイラーの本体にも軟鋼の鋼板が用いられるようになったためにボイラーの強度が上がり，そこから発生する蒸気をより高温・高圧にすることができるようになった．そこで，これを利用して石炭を能率よく消費しながら高馬力を生み出す舶用エンジンが開発されることになった．このことも，画期的な革新であった．1882年に導入された新式高圧三段膨張エンジンといわれるものが，それであった[191]．

このようにして大型快速鋼汽船が建造されるようになって，大洋航路における帆船に対する汽船の制覇が真に確立することになったのである．

大洋航路における大型快速鋼汽船の制覇の状況　こうした大洋航路における大型快速鋼汽船の制覇の状況の一端は，スエズ運河を通過した船舶の隻数・総トン数・1隻当たりの平均トン数を1870年，1885年，1900年，1912年について比較した**第15表**によって知ることができよう．その増大の状況には，誠に目を見張らせるものがある．

第15表　スエズ運河を通過した船舶の隻数・総トン数・1隻当たりの平均トン数（1870－1912年）

年	隻　数	総トン数（単位：1,000トン）（％）	1隻当たりの平均トン数（％）
1870	486	654.9　（100.0）	1,348　（100.0）
1885	3,624	8,985.4　（1,372.0）	2,479　（183.9）
1900	3,441	13,699.2　（2,091.8）	3,981　（295.3）
1912	5,373	28,008.9　（4,276.8）	5,213　（386.7）

［資料出所］Kirkaldy, op. cit., p. 582 によって作成．

不定期航行の貨物船が増大　さらに，後述の通信革命を表徴する電信の発達も，海運業に斬新な影響をもたらすことになった．これまでは，貨物がほぼ満載にならなければ貨物船の就航は採算上できにくかった．しかし，電信の発達

---

190) Birch, op. cit., p. 362, 参照．
191) この三段膨張エンジン（Triple-Expansion Engine）採用の画期的な意義については．たとえば, Jones, Clement, British Merchant Shipping, London:Edward Arnold & Co., 1922, p. 58; Kirkaldy, op. cit., p. 91; Pollard, Sidney and Paul Robertson, The British Shipbuilding Industry—1870-1914 (Harvard Studies in Business History XXX), London : Harvard University Press, 1979, p.15, 参照．

によって，たとえば，ロンドンで充分に貨物を積み込まずに出航しても，リスボンに寄港した際，予想もされなかった大量の積荷をすることができるようになった．そのために，貨物船の不定期航行が普及していくことになり，その結果，海上運賃の値下がり傾向が強まっていくことになった．

その他，大型冷凍蔵輸送船の出現も，この時期の海運革命の1要素になったのであるが，この問題は，後述の「世界的な農業の構造変動」について論及するときに取り上げていくことにしよう．

(3) 通信手段の革命――世界的な情報の中心地としてロンドンが

世界的な電信網の形成　重工業の発達に条件づけられて，海底電線の敷設が急速に行なわれていくようになり，世界的な電信網が形成されるにいたったことも，この時代の特徴であった．指標的に述べていくと，早くも1866年には，大西洋横断海底電線が敷設された．そして，この1860年代には，カラチ (Karachi) からイラクのファオ (Fao) まで海底電線で結ばれた．また，1870年になると，スエズ＝ボンベイ間と，マドラス＝ペナン (Penang) ＝シンガポール間に海底電線が敷設され，インドネシアのバタビアが海底電線で結ばれた．さらに，1871年には，ロンドン＝上海間に電信が開通し，サイゴンが海底電線で結ばれ，1872年になると，オーストラリアまで海底電線が開通した．

アフリカにも及んだ　海底電線網は，アフリカにも及んでいった．東アフリカの海岸沿いには，1879年にアデン (Aden) からザンジバル (Zanzibar)，モザンビーク (Moçambique)，デラゴア湾 (Delagoa Bay. 旧称ロレンソ・マルケス湾) を経由してダーバンにいたる海底電線が敷設された．また，西アフリカの海岸に沿っては，1886年にガンビアのバサースト (Bathurst. バンジュール［Banjul］の旧称) からシエラレオネのフリータウン (Freetown)，ガーナのアクラ (Accra)，ナイジェリアのラゴス (Lagos) やブラス (Brass) やボニー (Bonny) を経由して遥かケープタウンまで海底電線が敷設された．

太平洋横断の海底電線が　そして，1902年にはカナダとオーストラリアやニュージーランドとが，さらに，1903年にはアメリカ合州国の西海岸とフィリピンとが，太平洋横断の海底電線で結ばれることになるのである[192]．

遠隔地からの情報が直ちに　このような世界的な電信の普及によって，既述の

ように不定期貨物航路の発達といった海運革命の1つが進展していくことになっただけではない。商品に関する情報が，遠隔地からも直ちに伝えられるようになり，それにもとづいて売買契約が結ばれていくようになった[193]。また，送金については，電信為替送金という迅速にして正確な，それゆえに至便な方法が活用されていくことになった。

ロンドンの市場的中心性がいっそう強まる ところで，電信網は，無秩序に世界中に張りめぐらされたのではなかった。世界的な電信網のセンターは，ロン

---

192) Latham, *op. cit.*, pp. 35-36 ; Jones, Geoffrey, *Merchants to Multinationals : British Trading Companies in the Nineteenth and Twentieth Centuries*, Oxford : Oxford University Press, 2000, p. 49, 参照。なお，アジアでは，ボンベイ，カルカッタ，香港，マドラス，上海，横浜；アフリカでは，アレクサンドリア，ケープタウン，ラゴス，マデイラ；北アメリカでは，ガルベストン，モントリオール，ニューオリンズ，ニューヨーク；中央アメリカでは，バルバドス，ハバナ，ジャマイカ；南アメリカでは，バイア，ブエノスアイレス，ナタール，リオデジャネイロ，バルパライソがロンドンと電信で結ばれた年は，Ahvenainen, Jorma, "Telegraphs, Trade and Policy : The Role of the International Telegraphs in the Years 1870-1914," in *The Emergence of a World Economy 1500-1914 : Papers of the IX. International Congress of Economic Hisotry*, Edited on behalf of the International Economic History Association by Wolfram Fischer, R. Marvin McInnis and Jürgen Schneider, *Part II : 1850-1914*, Stuttgart : Steiner-Verlag-Wiesbaden-GmbH, 1986, p. 507 にも表示されている。国際的な電信網形成の始まりは，1851年のドーバー (Dover) =カレー (Calais) 間の海底電線の敷設であった（稲富信博『イギリス資本市場の形成と機構』九州大学出版会，2000年，263ページ，参照）。また，太平洋では，1906年にヤップ (Yap) を拠点にメナド (Menado)，グアム (Guam)，上海が，海底電線で結ばれた（『鶴見良行著作集9 ナマコ』みすず書房，1999年，25ページ，参照）。

193) 電信の発達によって，たとえば，棉花の取引の形態も変化することになった。つまり，それまでと違って，イギリスの棉花ブローカーとアメリカ合州国の棉花ファクター（プランターの代行者であるコミッション・マーチャント）とが媒介業者を介さないで直接に取引をするようになったからであった (Chapman, Sydney John, *The Lancashire Cotton Industry:A Study in Economic Development*, Manchester : Manchester University Press, 1904 [*The Cotton Industry : Its Growth and Impact, 1600-1935*, Vol. 6, Edited by Chapman, Stanley, 1999], p. 123;Chapman, Stanley, *Merchant Enterprise in Britain from the Industrial Revolution to World War I*, Cambridge : Cambridge University Press, 1992, pp. 193-198, 参照）。また，電信の発達のおかげで，商社は大量の在庫を保有する必要がなくなった。これがまた，内国商業手形振出の減少という新しい傾向を生む要因となった，とされる。この点については，たとえば，西村閑也「ロンドン割引市場における手形の供給と利子率 1855-1913 年――特に内国為替手形の減少との関連において」（四・完）『金融経済』121, 1970年4月，69-70ページ； Nishimura, Shizuya, *The Decline of Inland Bills of Exchange in the London Money Market 1855-1913*, Cambridge : Cambridge University Press, 1971, 参照。さらに，1891年からの国際電話の普及によっていっそう強化されたわけであるが，国際電信網の発達によって主要国の国際資本市場が，共通の資本市場として位置づけられるようになっていったことについては，たとえば，稲富信博，前掲書，285-287ページ ; Garbade, Kenneth D. and William L. Silber, "Technology, Communication and the Performance of Financial Markets : 1840-1975," *The Journal of Finance*, Vol. XXXIII, No. 3, June 1978, pp. 826-828, 参照。国際商品の価格の均等化がいちだんと進むことになったのはいうまでもない。もっとも注意しなければならないことは，ロンドンの国際商品市場，国際金融市場としての中心性が，本文中でも述べたように，こうした通信手段の発達によっていっそう増強されていくことになったことである (Michie, Ronald, "The City of London and International Trade 1850-1914," *in* Platt, D. C. M. *et al.*, *Decline and Recovery in Britain's Overseas Trade, 1873-1914*, London : The Macmillan Press Ltd, 1993, pp. 41-55 ; 平田雅博『イギリス帝国と世界システム』晃洋書房，2000年，178ページ，参照）。なお，関連して世界的通信網の発達に伴い，たとえばイギリス資本系海外銀行の遠隔地の支店などに対する本店の支配が強まったことについては Jones, Geoffrey, *British Multinational Banking 1830-1990*, Oxford: Clarendon Press, 1993, pp. 81-82, 参照。

ドンに位置することになった．そのために，この地の商品と金融とにおける世界市場的中心性はいっそう強まることになった．同時に，カルカッタや上海やラゴスといった後進地域の商業中心地が，ニューヨークやヨーロッパ大陸の商業中心地と同等の役割を世界市場において与えられることになった．後進地域のおおむね港湾都市でもある商業中心地が，複雑な明暗の様相を呈する近代的な都市に仕上げられていく要因の一つが，ここに生まれてくることになった．

5 世界的な農業の構造変動

(1) 世界的な小麦供給地域の増大――小麦輸入地域の農業の構造変動

A 新たな世界的な小麦供給地域の登場

交通手段の発達に媒介されながら 重工業資本主義の時代になると，交通手段の発達に媒介されながら，大量の小麦類が世界市場に供給されるようになった．その供給地も，アメリカ合州国や，ロシアをはじめとするヨーロッパの地域だけではなくなった．カナダ，オーストラリア，東インド，アルゼンチンといった地域が，世界的な小麦類の大量の供給地になった．

たとえば，イギリスの小麦輸入元について，1870年代，1880年代，1890年代，1900年代，1910年代におけるこの輸入高のもっとも多い年を選んで比較してみると，**第16表**のように示される．

どのような地域が新しい小麦供給地になったか この第16表の数字によれば，特にカナダからの輸入は，20世紀になるとアメリカ合州国からのそれを凌駕するにいたったことがまず目につく．1909年の数字ではアルゼンチンからの輸入が，また1912年の数字では東インドからの輸入が，アメリカ合州国からのそれよりも多いことにも注目したい．さらに，オーストラリアからの輸入も，1895年の数字ではドイツを上まわり，20世紀になるとこの地は，確実にヨーロッパへの小麦供給地域になったことが判明する．伝統的な小麦供給地域であったドイツが，輸出地域からむしろ輸入地域へと転換したことも，きわめ

て重要な意味をもつ．

第 16 表　イギリス（U.K.）の地域別小麦輸入高（1879 - 1912 年）

(単位：100 万 cwts)

年	総輸入高(%)	主要輸入元地域（%）						
		ロシア	ドイツ	カナダ	アメリカ合州国	アルゼンチン	東インド	オーストラリア
1879	59.6(100.0)	8.0(13.4)	3.6(6.0)	4.8 (8.1)	36.0(60.4)	—	0.9 (1.5)	2.2 (3.7)
1882	64.2(100.0)	9.6(15.0)	3.1(4.8)	2.7 (4.2)	35.1(54.7)	—	8.5(13.2)	2.5 (3.9)
1895	81.8(100.0)	23.0(28.1)	0.8(1.0)	1.8 (2.2)	27.1(33.1)	11.4(13.9)	8.8(10.8)	3.5 (4.3)
1909	97.9(100.0)	17.8(18.2)	—	16.6(17.0)	15.5(15.8)	20.0(20.5)	14.6(14.9)	10.4(10.6)
1912	109.6(100.0)	9.0 (8.2)	—	21.6(19.7)	20.0(18.2)	18.8(17.2)	25.4(23.2)	12.2(11.1)

［備考］
(1) 総輸入高はその他の地域を含めた数字であり，したがって，地域別の比率を合計しても 100.0 にはならない．
(2) 1912 年の総輸入高は，1879 年のそれの 1.8 倍ということになる．
［資料出所］　Mitchell and Deane, *Abstract of British Historical Statistics* (*op. cit.*), pp. 98-99 & pp. 101-102 によって作成．

このようなカナダ，アルゼンチン，東インド，オーストラリアからの小麦供給の増大の要因として，既述の海運革命の進展だけではなく内陸の鉄道建設のいっそうの発達が考慮されなければならない．この時期における鉄道建設のさらなる発達と小麦供給の増大との関連は，こうした諸地域について指摘できるだけではない．

ロシアやアメリカ合州国については　伝統的な小麦供給地であるロシアについても，数字を掲げることはここでは省略するが，鉄道路線の長さの増大と小麦輸出高の増加との見事な照応が，特に指摘されているのである[194]．また，アメリカ合州国からの小麦の輸入は，引き続き無視できない重みを占めたが，これまた，鉄道建設のいっそうの進展に条件づけられて，合州国の西部からの供給が増大したことに支えられたのであった[195]．

ここで，念のために添えておかねばならない点は，カナダ，アルゼンチン，

---

194)　詳しい数字については，Rostow, Walt Whitman, *The World Economy:History & Prospect*, London: The Macmillan Press Ltd, 1978, p. 175, 参照．
195)　五味健吉「アメリカ金融資本形成過程における鉄道業と農業との連関について」『経済志林』（法政大学）36 巻 3 号，1968 年，171-172 ページ；佐々木隆雄：「南北戦争以後のアメリカ鉄道建設とその経済的意義，1860-90 年」(一)(二)，『社会科学研究』（東京大学）第 18 巻第 5 号，1967 年 3 月 (2 日)，95 ページ以下 ; 第 18 巻第 6 号，1967 年 3 月 (18 日)，58-59 ページ，参照．

東インド，オーストラリアだけではなく，ロシアやアメリカ合州国におけるこの時期の鉄道建設の進展も，ロンドンをはじめとする世界的な金融市場からの資本の供給によって実現されたことを忘れてはならない，ということである．

B　世界的な小麦供給地域の増大の影響

イギリスでは休耕地が目立つ状況に　こうした世界的な小麦供給地域の増大によって，西ヨーロッパの農業は大きな影響を受けることになった．特にイギリスの小麦生産は，1880年代になると著しく減少した．そこでは，農業の慢性的な不況がとりわけ深刻な様相を呈し，休耕地が目立つ状況になった．この状況は，イギリス（G. B.）における小麦耕地面積が，1870年の350.1万エーカーから1895年には141.7万エーカーへと激減し，それから少しずつ回復していったというものの，1905年には179.7万エーカー，1913年には175.6万エーカーへと推移していったことに表徴的に示される[196]．地代も低落していき，農地所有の危機さえ叫ばれるにいたった[197]．

このような状況のもとで，重工業関係の新興工業都市の勃興にも支えられながら，都市向けの高級野菜などの栽培や，園芸といった集約的な近郊農業に農業生産の重点が移されていくことになっていった[198]．

小麦輸出国であったドイツでは　かつての小麦輸出国であったドイツにおいても，比較的低率であったとされる1879年の農業保護関税が，その後次第に引き上げられて小麦輸入の抑制策が採用されたにもかかわらず，安価な小麦の輸入が増大していった．それに伴い，ユンカー経営を主導とする機械化と化学肥料の投入による合理化が進展していくことになったばかりではない．耕作農業だけではなく，酪農との兼営化が進んでいくことになった．さらに，興隆する重工業の労働力として農村から労働者が流出していったために，農業の労働力が不足するようになった．そして，ポーランドなどから出稼ぎ農業

---

196) Mitchell and Deane, *op. cit.*, pp. 78-79, 参照．ついでながら，数字は少し異なるが，常盤政治『農業恐慌の研究』日本評論社，1966年，191ページにもイギリスにおける小麦耕地面積の推移が表示されている．
197) 1870年代からのイギリスにおける地代低落の傾向については，宮下柾次『資本主義と農業恐慌』法政大学出版局，1972年，120ページ，参照．
198) 宮下柾次，前掲書，125ページ，参照．

労働者が,特に農繁期に大量にドイツの農業地域に流入することになった[199]。
アメリカ合州国でも酪農業の比重が増すなど　アメリカ合州国は,依然として小麦の輸出地域であった．しかしながら,既述のように国内鉄道網の発達と相まって輸出向けの小麦生産の重点地域は,西部に移動した．そして,これまで小麦生産の重点地域であった中部や北東部では,酪農業の比重が増大していくことになった．それとともに,ニューイングランド地方や中部大西洋沿岸地域では,集約的な近郊農業が1880年代になると,いっそう発展した[200]．これまた,新たな小麦供給地域の出現に伴う従来の小麦生産地域の変容の一端を示すものとして,理解されなければなるまい．

(2) 南半球からの冷凍食肉の供給の増大

A　冷凍蔵輸送船の就航や冷凍工場の建設

重工業の発達に条件づけられて　重工業の発達に伴い,大量のコークスが製造されるようになった．この製造に当たって副産物としてアンモニアが産出されるようになった．そして,このアンモニアが用いられることに条件づけられて,1870年代の後半ころから,オーストラリア,ニュージーランド,南アメリカといった食肉の生産地から冷凍食肉を大洋を越えて輸送する大型冷凍蔵輸送船が就航するようになった．同様な条件に根ざして,同時にこうした食肉の集散地に大型屠殺冷凍工場が建設され,大量の食肉の貯蔵が可能になった．こうした一連の展開も,重要な意義を有する事柄であった[201]．

大型冷凍蔵輸送船の開発　まず,大型冷凍蔵輸送船というとき,その大きさが問題になるであろう．この点,少しばかり例を掲げると,1877年にブエノスアイレスからマルセーユに冷凍肉を輸送したパラグアイ号(the *s.s. Paraguay*)

---

199) ドイツにおける農業関税の推移や穀物輸入地域へ変転の状況については,大内 力編著『農業経済論』(『経済学全集15』)筑摩書房,1967年,178-180ページ,182-183ページ;宮下柾次,前掲書,130-136ページ,参照．
200) 宮下柾次,前掲書,136ページ,参照．
201) こうした屠殺冷凍工場や大洋航行の冷凍蔵輸送船の発達などについて,数多くの写真などを挿入し具体的に論述した Critchell, James Troubridge and Joseph Raymond, *A History of the Frozen Meat Trade : An Account of the Development and Present Day Methods of Preparation, Transport, and Marketing of Frozen and Chilled Meats, with Illustrations and Diagrams*, London:Constable & Company Ltd, 1912, xviii+442pp. という冷凍蔵食肉事業の発達史に関する重要な文献があることを紹介しておこう．

が，こうした輸送船のはしりであったとされるが，この船は 1,120 トンであった．また，初期の冷凍蔵輸送船についていえば，1879 年 12 月にロンドンに向けてメルボルンを出航したストラスレーベン号（the *s. s. Strathleven*）は 2,436 トンであった．

そして，少し後のことになるが，1883 年 1 月，ニュージーランド海運会社（New Zealand Shipping Co.）は，大型冷凍設備を装備したブリティッシュ・キング（the *British King*）という船舶をチャーターしてロンドン＝ニュージーランド間の定期運航に当たらせることになるが，これは，3,356 トンの船舶であった．それから，1883 年の 8 月から 1884 年 10 月までに，この海運会社は冷凍設備を装備した速力 15 ノットの会社専属の船舶 6 隻を建造するが，これらは，いずれも威風堂々の 4,500 トン級の船舶であった．

このようにして，1911 年ころには，こうした船舶数は 251 隻となり，羊肉（Mutton）をベースとして計算すると，全体として 14,651,000 ないし 17,581,000 という大量の屠体（Carcasses）を輸送する能力をもつことになった[202]．

大規模な屠殺冷凍工場の発達　また，オーストラリア，ニュージーランド，南アメリカの現地における屠殺冷凍工場の日当たりの屠殺冷凍能力や貯蔵能力の一覧も与えられている[203] が，ここに詳しく紹介する余裕はない．参考までに，ほんの一例だけ掲げておこう．1891 年にシドニーにパストラル・ファイナンス・アソシエーション（Pastoral Finance Association）という会社が創設した工場の日当たりの屠殺冷凍能力や，この工場の屠体貯蔵能力についてである．その屠殺冷凍能力は，当初は 1,500 屠体であったが，1911 年ころには 2,500 屠体となった．また，その屠体貯蔵能力は，当初は 50,000 屠体であったが，1911 年ころには 75,000 屠体となった，という[204]．このような数字によって，当時の現地における屠殺冷凍工場の規模を推察できるかと思われる．

こうした食肉を受け入れる地域においても，大型冷凍蔵設備が普及することになった．そして，このような諸条件に支えられながら，大量の冷凍食肉が，オーストラリア，ニュージーランド，アルゼンチンといった南アメリカか

---

202) Critchell and Raymond, *op. cit.*, pp. 28-31, p. 130 & Appendix VIII, 参照．
203) Critchell and Raymond, *op. cit.*, Appendix VII, 参照．
204) Critchell and Raymond, *op. cit.*, p, 53, 参照．

ら世界市場に向けて供給されることになったのである.

第17表 イギリス（U.K.）の冷凍食肉輸入高（1885-1910年）
—— オーストラリア，ニュージーランド，南アメリカからの ——

(単位：1,000 cwts)

年	オーストラリア		ニュージーランド	
	牛肉（％）	羊肉（％）	牛肉（％）	羊肉（％）
1885	7.8　(100.0)	53.6　(100.0)	8.8　(100.0)	284.0　(100.0)
1890	21.4　(274.5)	109.8　(204.9)	88.5　(1,005.7)	787.3　(277.2)
1895	485.9　(6,229.5)	499.9　(932.6)	16.3　(185.2)	1,171.0　(412.3)
1900	414.0　(5,307.7)	446.0　(832.1)	310.7　(3,530.7)	1,487.2　(523.7)
1905	19.0　(243.6)	505.4　(942.9)	145.3　(1,651.1)	1,525.0　(537.0)
1910	878.5　(11,262.8)	1,525.4　(2,845.9)	532.8　(6,054.5)	2,104.2　(740.9)

年	南アメリカ*		計	
	牛肉（％）	羊肉（％）	牛肉（％）	羊肉（％）
1885	0.9　(100.0)	112.2　(100.0)	17.6　(100.0)	449.8　(100.0)
1890	8.9　(988.9)	441.0　(393.0)	118.9　(675.6)	1,388.1　(308.6)
1895	23.4　(2,600.0)	726.6　(647.6)	**525.6　(2,986.4)	2,397.5　(533.0)
1900	412.3　(45,811.1)	1,114.8　(993.6)	1,136.9　(6,459.7)	3,048.0　(677.6)
1905	2,640.7　(293,411.)	1,462.5　(1,303.5)	2,805.1　(15,983.1)	3,492.9　(776.5)
1910	2,330.4　(258,933.)	1,631.2　(1,453.8)	3,741.7　(21,259.7)	5,260.8　(1,169.6)

［備考］
(1) *南アメリカとあるが，その内訳の数字は判らない．とにかく，ここのところは，何よりもアルゼンチン，それからウルグアイ，さらに量的には少ないが，ベネズエラ，チリ南部，そしてフォークランド諸島 (Falkland Islands) を含む数字である．
(2) **原表の数字を訂正．
(3) 羊肉というのは，Mutton（［成］羊肉）と Lamb（子羊肉）を総称したものである．
(4) たとえば，1906年には，オーストラリアやニュージーランドから20,779cwtsの冷凍豚肉がイギリスに供給されたといわれている（Critchell and Raymond, op. cit., p. 262, 参照）が，このような冷凍豚肉の数字は，まったくここには出てこない．
(5) 1901年には150,000トン以上の冷凍牛肉が，また，1903年の初めには120,000屠体の冷蔵羊肉が，北アメリカからイギリスに輸入されたとされる（Critchell and Raymond, op. cit., p, 264 & p. 273, 参照）．冷凍肉ではなく冷蔵（chilled）肉という違いはあるが，これまた参考までに触れておこう．
(6) その他,第1次世界大戦前にアメリカ合州国などからも冷凍蔵食肉がイギリスに輸入されたが（Crossley, J. Colin and Robert Greenhill, "The River Plate Beef Trade," in Platt ［ed.］, Business Imperialism ［op. cit.］, p. 292 & p. 309, 参照），ここでは取り上げないことにした．
［資料出所］ Perren, Richard, The Meat Trade in Britain 1840-1914, London : Routledge & Kegan Paul Ltd, 1978, pp. 213-214 によって作成．なお，Critchell and Raymond, op. cit., p. 254 & pp. 423-424 にも数字が与えられているが，そこでの数字は，すべてが公認の（official）ものではなく推定を含むもので信憑性に難がある，と Perren によって指摘されている．

B 南半球からの冷凍食肉の供給に依存する態勢が

大量の冷凍食肉が南半球から　南半球の生産地からいかに大量の冷凍食肉が，1880年代になると外域に供給されるようになったか．この点について，その受け入れ地域としてイギリス（U.K.）を選んで，1885-1910年におけるその

輸入元別輸入高の推移を示しておこう（**第 17 表**）．

特に南アメリカからの冷凍食肉の供給の増大が著しい　この第 17 表によれば，長期にわたる深刻な干魃といった生産地の事情のために激減した年もあるが，南半球からの冷凍食肉の外域への積み出しは，総体として増大していったことが示される．特に南アメリカからの冷凍食肉の供給の増大は著しい．1910 年において，この地が，冷凍牛肉では全体の実に 62.3 パーセント，冷凍羊肉で同じく 31.0 パーセントを占めていることが判る．ここに，とりわけ冷凍牛肉の供給地として南アメリカは，きわめて重要な位置を占めることになったことが知られるのである[205]．

ヨーロッパだけが冷凍食肉を受け入れたのではない　そして，大洋を越えて供給される冷凍食肉を受け入れたのは，イギリスをはじめとするヨーロッパの都市地域だけではなかった．軍需にも大きく支えられながら，地中海沿岸のエジプトのカイロやアレクサンドリア，また，マルタやジブラルタル，さらに，南アフリカ，シンガポール，香港，マニラ，ウラジボストークなどにも，こうした食肉が供給されたのであった[206]．このようにして，南半球の食肉供給に大きく依存する世界的な態勢が作られたことが，明瞭に見られるのである．

C　この依存態勢下のヨーロッパの畜産業

ヨーロッパの畜産業はそのために圧迫されたか　南半球からの冷凍食肉供給が激増することになったとはいえ，イギリスをはじめとするヨーロッパの畜産業が，そのために圧迫されて縮小したわけでは決してなかった[207]．

きわめて単純化すれば，ヨーロッパからの生食肉供給 (a) ＋南半球からの

---

205)　ついでながら，こうした冷凍牛肉の輸出の増大に支えられながら，アルゼンチンにおける牛の飼育業が発展していくことになった．数字的に示すと，この地の牛の飼育頭数は，1873 年には 13,993,000 頭であったが，1888 年には 21,963,930 頭（約 1.57 倍）となり，さらに 1908 年には 29,116,625 頭（1873 年の頭数の約 2.1 倍）へと増大していった（今井圭子，前掲書，162 ページ，参照）．この牧畜業の発展が，特に 1880 年代に高揚した鉄道建設の進展とも深く関連していたことにも留意しなければならない．

206)　Critchell and Raymond, *op. cit.*, Chaper XVI, 参照．

207)　第 1 次世界大戦前にはイギリス（U.K.）では国内の食肉需要の 40%以上を輸入に仰ぐ状態になっていたとされる（Perren, *op. cit.*, p. 216, 参照）．それにもかかわらず，国内の畜産が縮小しなかったことは，重要な事実である．この点，数字なども掲げられて説得力のある分析が，Critchell and Raymond, *op. cit.*, Chapter XXV でなされている．なお，この問題を考える上で参考になろうかと考え，次のような表を掲げてみた．〈大不況〉期を経て，イギリス（England）において，小麦の生産高の激減と対照的に牛肉の生産高が増えていることに注目されたい．

冷凍食肉供給 (b) ＝ヨーロッパの新たな食肉需要 [(a) ＋ (b)] という等式に表現される関係が生じることになったのである．つまり，これまでのヨーロッパ現地産の食肉に対する需要は変わらなかったのである．そして，新たに南半球からの安価な冷凍食肉への需要が喚起されて，その分だけ全体としてヨーロッパの食肉需要が増大することになった，と解さねばならない．

安価な動物性蛋白質への需要の増大に対応して　重工業資本主義を主導する重工業の基幹労働者は，重労働の成年男子労働者であった．このような労働者を中心とする広範な階層が，安価な動物性蛋白質に対する需要の増大を支えたのであった．南半球からの安価な冷凍食肉の供給の増大は，こうした新たな需要の増大に見事に対応するものであった[208]．

ヨーロッパの畜産業の構造変動　そして，イギリスをはじめヨーロッパの畜産業は，南半球からの冷凍食肉の輸入増大のインパクトを受けて，比較的高級な食肉の生産に集中する傾向を帯びるようになった．また，乳牛の飼育をいっそう重視する態勢になっていった．

さらに重要なことは，南半球の冷凍食肉の生産地への供給を目指して，ヨーロッパにおいては，優良な純種家畜の飼育が，さらに盛んに行なわれていくことになった，ということである．このように南半球の冷凍食肉の生産が，この食肉消費地からの純種牛羊の供給によって支えられたという関連は，誠に興味深い事実である，といわなければなるまい[209]．

D　酪農製品や魚肉の世界的な供給態勢も

食肉の世界的な供給態勢が変わっただけではない　冷凍蔵輸送船や冷凍蔵設備の

イギリス（England）における小麦と牛肉の総生産高（Gross Output）（1867-71 年と 1894-8 年）

（単位：100 万ポンド・スターリング）

年	1867–71 年 (A)	1894–98 年 (B)	(A)に対する(B)
小　麦	28.44	7.64	26.9%
牛　肉	14.59	16.02	109.8%

[資料出所] Fletcher, T. W., "The Great Depression of English Agriculture 1873-1896," *The Economic History Review*, Second Series, Vol. XIII, No. 3, April 1961, p. 432 によって作成．

208)　冷凍食肉の供給の増大が，ヨーロッパからの比較的良質な食肉の供給と必ずしも競合しなかった要因は，この増大を支えたのが重工業を中心とする諸産業の労働者の需要であったことに求められる．この点の説明については，Critchell and Raymond, *op. cit.*, p. 223 & *passim*, 参照．

209)　Critchell and Raymond, *op. cit.*, Chapter VI, 参照．

発達によって，食肉だけではなくバターやチーズといった酪農製品も，特にオーストラリアやニュージーランドから大量に供給されるようになった．こうした製品に対する需要も，重工業資本主義の展開に伴い増大していった．また，魚肉の供給についても，冷凍ないし冷蔵技術の発達に伴って，大変革が世界的に生じることになったことはいうまでもない[210]．

さらに，冷凍工業の発達だけでなく，錫合金の実用化に伴って缶詰工業も，軍需や海運業からの需要に支えられながら発達していったが，この発達も牧畜業や水産業に影響を与えることになった．

(3) 落花生，椰子油，ココアなどが重要な世界商品に

A 落花生や椰子油などの重要性の増大

植物油に対する需要の増大　重工業の成年男子労働者が，世界資本主義の基幹労働者層を形成することになった結果，動物性蛋白質に対する需要が増大しただけではなかった．さらに，植物油に対する需要が増大した．この植物油の原料として落花生が，注目されるようになり，特に，ガンビア，セネガル産に代表される西アフリカ産の落花生が，重要な世界商品となった．

石鹸産業興隆の基盤が　また，汗と油にまみれて仕事をする労働者の大群を内包する重工業資本主義は，石鹸産業興隆の基盤を提供することになった．そして，その原料である椰子油の生産地であるアフリカや太平洋の諸地域の重要性が新たに認識されるようになった[211]．のちに油脂工業の世界的大企業のユニリバー社（Unilever Ltd.）に発展していく「大石鹸トラスト」のリバー・ブラザーズ社（Lever Brothers Ltd.──1890年設立）が，太平洋の諸地域や中央・西アフリカの各地で，幾多の子会社を通じて，椰子油の原料の生産や買付に，さらに，製油工場の建設にも乗り出し，大々的な活動を展開していくことになるのである．こうしたリバー・ブラザーズ社の活動は，石鹸産業興

---

210) さらに，船内に冷蔵設備が導入されるようになったため，1890年代になると，大量のバナナがジャマイカなどから，また，同じく果物が南アフリカから輸出されていくようになったのである（Pollard and Robertson, *op. cit.*, p. 23, 参照）．

211) たとえば，西アフリカからイギリス（U. K.）に向けて，18世紀の90年代からかなりの量の椰子油が輸出されてはいたが，1876-80年の年平均では，36,000トンになるのである（室井義雄「連合アフリカ会社小史：1879～1939年──『第二次アフリカ分割』の一側面」山田秀雄編著『イギリス帝国経済の構造』新評論，1986年，所収，302ページ，参照）．

隆の時代の到来を何よりもよく表徴するものであった[212]。

B ココアといった嗜好品の供給地も拡大

重工業の労働者からの需要の増大にも支えられて　さらにまた，重労働の重工業の労働者からの需要の増大にも支えられて，ココア，タバコ，コーヒー，砂糖といった嗜好品に対する需要も新たに増大した．そして，これらの供給地が拡大していくことになった．

ココア，タバコ，コーヒー，砂糖といった嗜好品の供給地の拡大　モノカルチュア産品として特にこの時代に注目されるようになったココアは，ゴールドコーストやカメルーンズなどがアフリカにおける重要な供給地となった[213]．

タバコは，東部スマトラ[214]やニアサランド（Nyasaland．マラウイ [Malawi] の旧称）などが，新たな大量供給地として登場してきた．

ジャワは，ヨーロッパ市場向けのコーヒー栽培地としては，ブラジルよりも古い歴史をもつ[215]．このジャワが，その栽培地として脚光を浴びることになった．ケニアやウガンダなどアフリカからのコーヒーの積み出しも増大した．

砂糖栽培農園は，さらに近代的工業化の進展に伴う東インドの砂糖需要の増大によっても支えられながら，インドネシアでも拡大していくことになった．

---

212) リバー・ブラザーズ社のこうした活動の一端については，中川敬一郎「ユニリーヴァ・トラストの成立――その経営史的素描」楊井克巳他編『帝国主義研究――矢内原忠雄先生還暦記念論文集　下巻』岩波書店，1959年，所収，30-31ページ；入江節次郎『独占資本イギリスへの道』（前掲），251-253ページ，参照．また，こうした活動を総括的に表示した室井義雄，前掲論文，336ページも．なお，リバー・ブラザーズ社は，西アフリカにおいて落花生の買付け業務にも進出していくのである．参考までに，ユニリバー社の歴史については，Wilson, Charles, *The History of Unilever : A Study in Economic Growth and Social Change*, Vol.I and Vol.II, London : Cassell & Co. Ltd., 1954 (Reissued, New York : Frederick A.Praeger, Inc., Publishers, 1968) ; Fieldhouse, David Kenneth, *Unilever Overseas : The Anatomy of a Multinational 1895-1965*, London : Croom Helm Ltd, 1978, 参照．
213) Latham, *op. cit.*, pp. 98-99, 参照．念のために添えれば，ココアは，コーヒーと同様にすでに18世紀以前にヨーロッパに入っていたのであるが，飲物としてなかなか普及していかなかったとされる（Woodruff, *op. cit.*, pp. 266-267, 参照）．さらに，1885-1914年における世界各地のココア輸出高の推移については，Clarence-Smith, William Gervase, *Cocoa and Chocolate, 1765-1914*, London : Routledge, 2000, pp. 238-239, 参照．
214) 東部スマトラにおけるタバコ・プランテーションの発展については，宮本謙介『インドネシア経済史研究――植民地経済の成立と構造』ミネルヴァ書房，1993年，253-260ページ，参照．
215) 布留川正博「ブラジル――コーヒープランテーションの発展と大西洋システム」（前掲書，所収），72ページ，参照．ジャワにおけるコーヒーの栽培は，1707年に始まったとされる（宮本謙介「17～19世紀ジャワの社会経済史研究――諸外国の研究動向を中心に」『社会経済史学』第65巻第6号，2000年3月，74ページ，参照）．

(4) 労働力の新たな世界的移動とアジアの米

A 後進地域の鉱山業の発展の障碍

労働力の新たな世界的移動の進行　重工業資本主義の時代は,労働力の新たな世界的移動が進行した時代であった．南アフリカでは,1871年にキンバリーでダイヤモンドの採掘が始まり,また,1886年には,ウィトウォーターズランドで金鉱が発見された[216]．そして,これらの鉱山業は,ロスチャイルドといった国際的金融業者からの資金供与にも支えられて発展していった[217]．

後進地域の鉱山業における労働力調達の困難　ところで,この鉱山業の発展にとっての障碍は,原住民労働力の調達が容易でなかったことであった．西インドの砂糖プランテーションの発展に伴う労働力の調達難にその先例が見られるように,農耕で生活の糧のえられる原住民は,鉱山業における低賃金の長時間重労働にはなかなか就こうとしなかったからである．

---

[216]　入江節次郎『独占資本イギリスへの道』(前掲) 159ページ；佐伯 尤「南アフリカ金鉱山開発と鉱業金融商会──ラント金鉱発見から第二次世界大戦まで」山田秀雄編著,前掲書,所収,225-227ページ,参照．

[217]　佐伯 尤「南アフリカ金鉱山開発と鉱業金融商会」(前掲書,所収), 227-238ページ；竹内幸雄『イギリス人の帝国──商業,金融そして博愛』ミネルヴァ書房,2000年, 157-160 ページ；Turrell, Robert Vicat, *Capital and Labour on the Kimberley Diamond Fields 1871-1890*, Cambridge : Cambridge University Press, 1987, *passim*, 参照．1880年に創設された世界一のダイヤモンド鉱山会社のデ・ビアス (ド・ベールズとも表記) 鉱山会社 (De Beers Consolidated Mines, Ltd.) (この鉱山会社の歴史については, Chilvers, Hedley A., *The Story of De Beers*, London : Cassell and Company, Ltd., 1939, 参照) の現地キンバリーの代表はセシル・ローズ (Rhodes, Cecil John, 1853-1902年) であり,ロンドンの代表はロスチャイルドであった．なお,同社のロンドンの役員会がロスチャイルドの傘下に置かれたことについては, Chapman, S.D., "British-Based Investment Groups before 1914," *The Economic History Review*, Second Series, Vol. XXXVIII, No. 2, May 1985, p. 246, 参照．ちなみに, 1899年現在で,ロスチャイルドは同社の最大の株主であった．N. M. Rothschild の名で31,666株, Lord Rothschild の名で3,906株を所有していた (Newbury, Colin, "Out of the Pit : The Capital Accumulation of Cecil Rhodes," *The Journal of Imperial and Commonwealth History*, Vol. X, No. 1, October 1981, p. 45, 参照)．とはいえ,セシル・ローズを金融的に支えたのは, J. A. ホブソンのいうロンドンの大金融業者では必ずしもなかったとチャップマンはいう (Chapman, S. D., "Rhodes and the City of London : Another View of Imperialism," *The Historical Journal*, Vol. 28, No. 3, September 1985, pp. 647-666, 参照)．なお, 1869-1888年におけるケープ植民地の総輸出額に占めるダイヤモンドの輸出額については, Turrell, R., "Rhodes, De Beers, and Monopoly," *The Journal of Imperial and Commonwealth History*, Vol. X, No. 3, May 1982, p. 343, 参照．また, 20世紀に入るまでの南アフリカのダイヤモンド鉱山業の状況については,たとえば, Williams, Gardner F., *The Diamond Mines of South Africa : Some Account of Their Rise and Development*, New York : The Macmillan Company, 1902, 参照．それから,トランスバールにおける1887年, 1899年, 1909年における金生産の推移と,その間における金生産の激増を支えた投資の増大の状況については, Richardson, Peter, "Chinese Indentured Labour in the Transvaal Gold Mining Industry, 1904-1910," *in* Saunders, Kay (ed.), *Indentured Labour in the British Empire 1834-1920*, Beckenham, Kent : Croom Helm Ltd, 1984, pp. 261-262, 参照．

労働力の調達の困難を克服するために　そこで，いろいろの手段が講じられた．たとえば，——

　1つには，原住民首長を強制して労働力を調達するというやり方であった．原住民の警察官が，しばしばその手先の役割を果たした．

　2つには，原住民の反乱を利用して罪のない住民を捕虜にし，彼らを労働者として働かせるといった手段であった．

　3つには，さまざまな口実を設けて暴力的に土地から原住民を追い出し，労働力調達の条件を作り出す方法であった．

　4つには，労働者にならなければ支払いができないようにするために，原住民に対していろいろな課税をしていくという措置であった[218]．

それでもなお労働力は不足した　とどのつまりは，国家権力を動かして帝国主義的な政治支配が行なわれることになっていくわけである．言い換えれば，この労働力調達の必要という条件を入れなければ，こうした地域に対する帝国主義的な政治支配の必然性を説いていくことはできないのである．それはそれとして，上述のような調達手段を尽くしてもなお，労働力は不足した．

B　中国人契約労働者の導入

奴隷制度の帝国主義的再編成の形態　そこに登場したのが，中国人契約労働者の導入であった．ウィトウォーターズランドの金鉱山だけで，その数は，1906年には42,356人となり，この地の全不熟練労働者の34.8パーセントを，また，1907年には48,876人に増大し，同じく36.3パーセントを占めるにいたった[219]．

---

218)　こうした諸手段の展開を古典的に明確にしたのは，Hobson, John Atkinson (1858-1940年) の *Imperialism : A Study*, London, George Allen & Unwin Ltd., Third Edition, 1938 (The First Edition, 1902) （邦訳としては，石澤新二訳『帝国主義』改造文庫，1930年，矢内原忠雄訳『帝国主義論』岩波文庫，上・下巻，1951-2年がある）であった．なお，この問題を整理して検討した資料としては，入江節次郎「ホブスンの帝国主義分析」入江節次郎・星野 中編『帝国主義研究 II 帝国主義の古典的学説』御茶の水書房，1977年，所収，177-180ページ，参照．

219)　佐伯 尤「南アフリカ金鉱山開発と鉱山金融商会」（前掲書，所収），248-249ページ，参照．1904年から1907年までの間にトランスバールに送られた中国人契約労働者の数は，約63,700人であったという（Engerman, Stanley L., "Servants to Slaves to Servants:Contract Labour and European Expansion," *in* Emmer, P. C. [ed.], *Colonialism and Migration ; Indentured Labour before and after Slavery*, Dordrecht, The Netherlands : Martinus Nijhoff Publishers, 1986, p. 272 ; Gonzales, Michael J., "Chinese Plantation Workers and Social Conflict in Peru in the late Nineteenth Century," *Journal of Latin American Studies*, Volume 21, Part 3, October 1989, p. 391, 参照）．このような中国人労働者の導入によって労働力の不足が解消し，金鉱山会社の配当収益が増大したことについては，佐伯 尤「南ア金鉱業における鉱山金融商会とグループ・システム」『経済系』（関東学院大学）第147集，1986年4月，15ページ，参照．なお，この金鉱山への中国人契約労働者導入

狭いバラックに詰め込まれ，仕事中もそうでないときも厳重な監視下に置かれたこの中国人労働者に対する強制労働は，奴隷制度の帝国主義的再編成の典型的な形態を示すものであった[220]．

中国人契約労働者の導入はこのときに始まったのではない　ところで，こうした中国人契約労働者の導入は，南アフリカでは1904年になって行なわれるようになった．しかしながら，世界的に見ると，中国人移民労働者導入の歴史それ自体はさらに古く，18世紀に遡る[221]．そして，19世紀の過程で，その数が増大していったのである[222]．

　しかも，アジア地域だけが中国人を受け入れたのではなかった．たとえば，1886年まで黒人奴隷制度が維持されたキューバにも，1853年から1874年までの22年間に，12万人余の中国人労働者が導入された[223]．そして，マラヤの錫鉱山や，インドネシアのタバコやコーヒーや砂糖のプランテーションでは，19世紀の最後の1・4半期には，導入された中国人契約労働者が，現地における重要な労働力の構成部分になった[224]．

特にマラヤなどでの中国人契約労働者の導入の成功が前提となって　このような特

　　の契機や機構，導入による金鉱山経営への影響については，Richardson, Peter, "The Recruiting of Chinese Indentured Labour for the South African Gold-Mines, 1903-1908," *The Journal of African History*, Vol. XVIII, No. 1, 1977, pp. 85-108, 参照．

220)　Hobson, *op. cit.*, p. 243（矢内原訳，前掲書，下，200ページ），参照．なお，東インド人契約労働制については，脇村孝平「インド人年季契約制は奴隷制の再来であったのか」樺山紘一他編『岩波講座 世界歴史19』1999年，所収，143-169ページ，参照．

221)　スマトラ沖のバンカ（Bangka）島の錫は，18世紀以降中国人労働者によって採掘され，ボルネオの西カリマンタン（Kalimantan Barat）の金鉱は18世紀中ごろ中国人労働者を導入した（可児弘明『近代中国の苦力と「豬花」』岩波書店，1979年，1ページ，参照）．バタビア周辺の砂糖生産は，18世紀には中国人労働力依存の態勢になった（宮本謙介，前掲論文，66ページ，参照）．中国人労働者導入の歴史として簡単なものながら，たとえば，Northrup, David, *Indentured Labor in the Age of Imperialism, 1834-1922*, Cambridge : Cambridge University Press, 1995, pp. 52-59, 参照．

222)　たとえば，シンガポールだけで，1838年には2,000人以上の，1840年には5,000-10,000人台の中国人労働者が上陸したという（可児弘明，前掲書2ページ，参照）．

223)　神代 修「キューバ黒人奴隷制下の中国苦力」内田勝敏編著『世界経済と南北問題』ミネルヴァ書房，1990年，218ページ，223ページ，参照．1847年から1874年までの27年間に約50万人の中国人労働者が海外に送り出されたが，キューバはその約4分の1を受け入れたとされる．ついでながら，ペルーには，この年間に約9万人ないし10万人の中国人労働者が棉花や砂糖プランテーションなどで働くために入ってきたという（Gonzales, *op. cit.*, p.386 & p.391, 参照．関連して Klarén, Peter F., "The Origins of Modern Peru, 1880-1930," *in* Bethell [ed.], *op. cit.*, p. 592 をも）．

224)　一例を示すと，東部スマトラのタバコ・プランテーションの中国人契約労働者数は，1883年には21,136人であり，ジャワ人やインド人を含めた合計の86.7%，1893年には41,700人であり，同じく67.6%の重みを占めた（宮本謙介，前掲書，273ページ，参照）．また，錫鉱山労働者だけの数字ではないが，1885-1914年の年別のマラヤの諸州における中国成年男子の流出入の数字については，Ken, Wong Lin, *The Malayan Tin Industry to 1914, with Special Reference to the States*

にマラヤやインドネシアの鉱山やプランテーションへの中国人契約労働者の導入が成功したことが前提となって，南アフリカの鉱山業において労働力の不足を克服するために，中国人契約労働者が導入されることになった[225]．このようにして，中国人契約労働者の世界的な移住が，いっそう大規模なものとなり，重工業資本主義時代を特徴づける1つの要因となったのである．

C アジアの農業への影響──アジアの米の相場が世界景気の指標に

中国が米の輸入地域に　中国人契約労働者の導入が盛んに世界的に行なわれるようになったがために，アジアの農業は大きな影響を受けることになった．いうまでもないことではあるが，こうした労働者たちは，米の大きな消費者でもあった．ところが，その米の生産地である中国は，農村から米の生産者でもある多数の農民が移住労働者として出稼ぎに出ていくことになったので，米の輸出地域どころか，その輸入地域になったのである．実に，1888年，1890年，1907年には，中国の米の輸入高が，シンガポールの米の輸入高を大幅に上回ったのであった[226]．

シンガポールに集荷された米の積み出し地域　ところで，重工業資本主義の時代になると，アジアの米の生産地からの米が大量にシンガポールに集荷され，そこからますます多く輸出されていくようになったのである．まず，シンガポールには，アジアのどのような地域からどのくらいの量の米が集荷されたのか．この量を数字的に確かめることから論述していくことにしよう．

そして，この点，1870年代，1880年代，1890年代，1900年代，1910年代に

---

　　of *Perak, Selangor, Negri Sembian and Pahang*, Tucson : The University of Arizona Press, 1965, pp. 258-259, 参照．
225)　もっとも，東アジアへの中国人契約労働者の供給地は，広東，広西，福建の三省であった．一方，南アフリカへの供給地は，山東など北部の省であった（佐伯尤「南アフリカ金鉱山開発と鉱業金融商会」［前掲書，所収］，248ページの脚注，参照）．中国の北部からの契約労働者は，芝罘（煙台）という遠隔地からそれほど長い日時を要しないで（香港＝ダーバン間よりも余計に5日掛かるだけで）輸送されたが，こうしたことが可能になったのは，重工業資本主義時代の大型快速鋼汽船の発達のおかげであった．1904年6月から1906年11月までの間の一航海当たりの平均乗船労働者数は，1,945人であったという（Richardson, "Chinese Indentured Labour," [op. cit.], p. 273, 参照）．
226)　シンガポールの米の輸入高は，普通の年には，中国の米の輸入高よりも多かった．けれども，1888-91年，1894年，1899年，1900年，1907-8年，1910年は違っていたとされる．本文中に掲げた1888年，1890年，1907年は，特に中国の米の輸入高が，シンガポールの米の輸入高を大幅に上回った年であった（Latham, A. J. H. and Larry Neal, "The International Market in Rice and Wheat, 1868-1914," *The Economic History Review*, Second Series, Vol. XXXVI, No. 2, May 1983, p. 264, 参照）．

ついて，総量においてもっとも多くシンガポールが米を輸入した年を選んでその輸入高を表示してみよう（**第18表**，参照）．

第18表　シンガポールの米の輸入高（1875-1910年）

（単位：1,000*cwts*）

輸入元 年*	シャム	フランス領 インドシナ	ビルマ	その他	計（％）
1875	1,020.2	1,465.4	742.0	141.6	3,369.0（100.0）
1889	2,005.8	709.2	1,298.7	355.4	4,369.2（129.7）
1897	4,100.6	2,057.1	901.7	679.3	7,738.7（229.7）
1902	4,364.2	151.6	3,986.6	425.7	8,928.1（265.0）
1910	5,357.9	993.6	2,093.1	114.7	8,559.3（254.1）

［備考］*1870年代，1880年代，1890年代，1900年代，1910年代（ただし，この年代については3カ年しか数字が出ていないが）における米の総輸出高のもっとも多かった年を選んだ．
［資料出所］Latham and Neal, *op. cit.*［脚注226］，参照），p. 279によって作成．

シャム，フランス領インドシナ，ビルマが米の世界的な供給地域に　この第18表によって，シンガポールの米の輸入は，総体的に見ると1870年代から増大傾向を辿り，特に1890年代から1900年代に高い水準に達したことが判る．また，地域別では，毎年の数字を掲げなかったが，1876年から一貫してシャムから積み出された米がもっとも多かったことが知られる．そして，フランス領インドシナとビルマの順位はかなり不同であったと見られる[227]．

とにかく，こうした総体として認められる輸入の増大は，次表と照らし合わせるとき，シンガポールからの米の輸出の増大に照応したものであったことが理解されるのである．そして，シンガポールを経由して外域に積み出された米の主要な供給地は，シャムとフランス領インドシナとビルマの3地域であったことが判る[228]．換言すれば，これらの3地域が，はっきりと外域の市場の需要に支えられながら米を生産する農業地帯になったということである．

シンガポールから輸出されていった米の量　次に，このようにしてシンガポールに集荷された米は，さらに，どのような地域に輸出されていったのであろう

---

227) 数字については，Latham and Neal, *op. cit.*, p. 279の原表，参照．
228) 1897年，1909年におけるビルマからの輸入高は少なかったが，1898年は2,839,447*cwts*，1902年3,986,637*cwts*であり，これらの年のフランス領インドシナからの輸入高を遥かに凌駕したのであった，為念．

か. 同じく1870年から1912年までの期間について, 第18表の数字と照応させるため, それと同じ年を選んで表示してみよう (**第19表, 参照**).

第19表 シンガポールからの米の輸出高 (1875-1910年)

(単位：1,000cwts)

年* \ 輸出先	マレー半島地域	オランダ領インド	その他	計 (%)
1875	372.0	761.6	183.8	1,317.4 (100.0)
1889	1,305.8	2,059.6	598.8	3,964.2 (300.9)
1897	2,413.9	3,116.7	1,104.0	6,634.6 (503.6)
1902	2,152.8	3,409.2	1,682.3	7,244.3 (549.9)
1910	2,739.5	3,518.3	1,486.6	7,744.4 (587.9)

［備考］ *第18表と同じ年を選んだ. もっとも, 1889年は1880年代において, 1897年は1890年代において輸出総量のもっとも多い年であった.
［資料出所］ Latham and Neal, *op. cit.*, p. 280 によって作成.

米の輸出高の推移と中国人契約労働者の増大との関連 この第19表によって1889年ころからこの米の輸出高は, 増大していくことになり[229)], 1897年には激増した数字が示されていることにまず気づく. そして, 1890年代における最大の輸出総量が示された1897年には, 1870年代における同じ条件であった1875年の実に5倍以上になったことが知られる. さらに, 20世紀に入るとシンガポールからの米の輸出高はいっそう増大し, 1902年には1875年の輸出総量の約5.5倍, 1910年にはいちだんと増えて約5.9倍近くになっていることが見られるのである.

また, その主要な輸出先が, マレー半島地域とオランダ領東インドであったことも同時に知られる. もっとも, くれぐれも注意しなければならない点は, 米の輸出先がそのままその米の消費地を意味するものではないということである. オランダ領東インドに輸出された米が, さらに遥か西方に位置するアフリカに輸送され, そこで消費されていくことが充分に想定されるからである.

ここでの表には各年の数字は出していないが, 原表によれば, 1906-09年のマレー半島地域への輸出高は, オランダ領東インドを凌駕したのであった. も

---

229) ちなみに, 1889年の3,964,207 *cwts* に次いでこの年代における米の総輸出高の多かった年は, 1883年であり, その量は2,686,623 *cwts* であった.

ちろん,外域で働く中国人の出稼ぎ労働者だけが同じく外域から供給される米の消費者であったわけではなかった.そうであるにしても,こうした凌駕という事態の発生は,マレー半島地域の錫鉱山などへの中国人契約労働者の導入が増大したことの反映ではなかったであろうか.こうしたことが推定されることにも言及しておくことにしよう.

さらに,ついでながら,シンガポールからアフリカへの直接的な米の輸出は,「その他」の地域にアフリカが含まれてしまっているために,残念ながら正確なことを知ることができない.だが,これまた原表の各年の数字を見なければならないのであるが,1907-10 年における各年の「その他」の地域への輸出高が 1,050,516-1,817,977(*cwts*)と比較的高水準になったのは,アフリカの鉱山への中国人契約労働者の導入の増大に起因するものではなかったであろうか.

世界商品になったアジアの米の相場が世界景気の指標に　いずれにしても,これまでは世界市場における主要穀物といえば,小麦であるとされていたけれども,この状態が崩されたことが,この第 19 表の数字によって示唆されるのである.シンガポールに集荷され,そこで相場が立つようになったアジア産の米が,このようにして世界商品となったのである[230].

きわめて重要な事柄は,このアジアの米の相場の動向が,世界的な景気の指標とされることになった点である.つまり,その相場の上昇は,上記の鉱山やプランテーションの好況を,ひいては,ヨーロッパの重工業の好況を反映するものとなったからである.そして,このヨーロッパにおける重工業の好況は,この地域からの工業製品の輸出の増大に反映した.だから,米の相場の上昇期には,アジア地域へのヨーロッパの工業製品の輸出が増大していったことが知られるのである.少しだけ具体的に見てみよう.

たとえば,シンガポールの米の相場は,1900 年の 1 ピクル(60.48 キログラム)当たり 68.1 ペンスから 1905 年には 138.1 ペンスに上昇した.その間に,イギリスの国内生産物のアジア向け輸出額は,5,570 万ポンドから 7,860 万ポ

---

230)　このシンガポール米市場は,中国人商人によって支配された(Latham, "The International Trade in Rice and Wheat since 1868 : A Study in Market Integration," in *The Emergence of a World Economy 1500-1914, Part II : 1850-1914* [*op. cit.*], p. 651, 参照).

ンドに増大したのであった[231]．こうした関連は，アジアの米の相場の動向が，世界的な景気の動向を示す指標になったことを示唆しているのではなかろうか．

6 世界的な通商の多角化と世界金融市場の変動

(1) 世界的な通商の多角化

A 世界的な分業態勢に編成された重工業の構造に規制されて

相互に重工業製品を交流し合うという関係が 重工業資本主義の時代になると，世界的な通商の多角化という傾向が，何ゆえにはっきりと現れるようになったのであろうか．その要因を探ってみることにしよう．

まず考えられることは，この時代の主導産業である重工業であるが，ある特定の地域の重工業が世界の重工業となるという形態では現れなかったということである．この点，綿工業資本主義の時代の主導産業である綿工業が，ランカシアの綿工業が世界の綿工業となるという形で出現し，また，鉄工業資本主義の時代の主導産業である鉄工業が，イギリスの鉄工業が世界の鉄工所になるという形態をとって現出することになったのとは著しく異なる．

しかも，すでに述べたように，それぞれの地域の重工業は，単純に自由競争的関係に配置されたのではなかった．こうした重工業は，地域的な特徴をもちながら世界的な分業態勢に編成されたのであった．たとえば，後発重工業地域は，特に好況期には鋼の原材料である銑鉄を先発重工業地域からの供給に依存する態勢を持続させた．一方，先発重工業地域は，後発重工業地域から安価に生産される鋼半製品を購入し，これを原材料として鋼圧延製品を生産し，鋼半製品を供給した地域に供給するといったことも行なわれた．また，先発重工業地域は，高級平炉鋼において優位を保持して，これを後発重工業地域の造船業に供給するといった態勢も形成されたのであった．

---

231) より詳しくは，Latham, *The International Economy* (*op. cit.*), p. 206 に示された 1874-1914 年における年毎の数字を参照．

工業地域から非工業地域への重工業製品の供給についても　次の B の項目において取り上げるように，後進地域からの第 1 次産品の輸出市場の拡大に対応し，この地域の重工業製品の輸入元の市場も変わっていくが，その場合も，世界的な分業態勢に編成された重工業の構造に規制された多様な輸入構造が形成されることになるのである．

　この点，これまでイギリスの鉄鋼業が独占していた東インドの鉄鋼輸入について見てみよう．この独占態勢は，各地域の鉄鋼業の競争力の差等に応じて製品種別に崩れていき，いろいろの地域の鉄鋼業製品が東インド市場に流入してくるようになったのである．

　たとえば，鉄釘や鉄柱や橋梁材の東インドの輸入については，ドイツ製品が著しく増大した．また，鋼管や鋼の建具・家具類については，アメリカ合州国製品が東インド市場に積極的に進出してきた[232]．さらに，このような製品種別についてではなく，棒鋼といった一般的な鋼材について見ると，東インド市場へのベルギーやドイツの棒鋼の進出が，著しくなったのである[233]．

　ロンドン市場において資本発行をした 4 大鉄道会社によって独占的に支配されていたアルゼンチンの鉄道業ではあった．だが，そこでも，機関車，車輌，レールの供給は，ドイツやベルギーやアメリカ合州国に依存する度合いが強められたのであった[234]．

---

232)　Saul, S. B., *Studies in British Overseas Trade 1870-1914*, Liverpool: Liverpool University Press, 1960（邦訳は，堀 晋作・西村閑也訳『世界貿易の構造とイギリス経済　1870-1914』法政大学出版局，1974 年；久保田英夫訳『イギリス海外貿易の研究　1870-1914』文眞堂，1980 年），p. 202, 参照．

233)　20 世紀に入るまでの数字は出ていないので，きわめて不充分なものであるが，以下のような表を掲げておこう．

東インドの棒鋼の輸入元（1904/1905 年と 1912/1913 年）

（単位：1,000 トン）

輸入元地域	1904 / 1905 年 (A)	1912 / 1913 年 (B)
イギリス (U.K.)	64	152
ベルギー	280	402
ドイツ	26	271

［資料出所］Saul, *ibid.* によって作成．

　なるほど，(A) と (B) 欄の数字を比較すると，イギリスそれ自体の数量は増大している．けれども，1904/1905 年には，すでにベルギーの棒鋼に抜かれ，1912/1913 年にはさらにドイツにも追い越されている状況に着目したい．

234)　数字的にその一端を示すと，イギリス人は，1908 年から 1913 年までの時期には，アルゼン

いうまでもないが，これは，アルゼンチンからの小麦や食肉の世界市場への輸出の増大に対応して，重工業製品のこの地域への輸入について，この時代の主導産業である重工業の態勢の段階的な特質に見合った経済的合理性に即した行動がとられるようになったことを反映するものであった．

B　後進地域の第1次産品の輸出市場の拡大に対応して

後進地域の輸入元市場も拡大していくことになった　この時代の重工業における世界的な分業の編成に規制されて，世界的な通商の多角化傾向が生じてくると述べたが，さらに，重工業資本主義の時代になると，すでに少し触れたけれども，東インドやアルゼンチンについて典型的に見られるように，こうした後進地域の第1次産品の輸出市場が拡大したことが契機となって，このような地域にかかわる対外通商が多角化していくことにもなったのである．

　つまり，これまでのように，こうした地域は，これらの地域に資本を供給していた先進工業国に輸出市場を限定・集中させておくことができなくなった．後進地域は，このような限定・集中傾向を脱却していかなければならなくなった．そして，こうした後進地域は，輸出先市場の構造変化に対応して輸入元市場の構造をも変化させていかざるをえなくなったからである．この点について，より詳しく立ち入って考察していくことにしよう．

東インドの輸出市場の構造変化と輸入元地域の独占態勢の崩壊　たとえば，大まかな数字であるが，1870年においては，東インドの輸出額のうち50パーセントがイギリス（G.B.）向けであった．だが，1890年代の半ばには，その比率は32パーセントに下落したのである．そして，1913-14年には，東インドの総輸出額が，1894-97年の年平均の6,500万ポンドから1億7,100万ポンドへと2.6倍以上に増大したけれども，そのうちイギリスの占める割合は，24パーセントというようにさらに低落した．一方，ヨーロッパ大陸諸地域が33パーセント近くを占めるにいたった．このように，東インドの輸出市場の構造変化に対応して，この地の輸入元についてもイギリスの独占態勢が崩れていったの

チンの鉄道株の76％を所有していたという．だが，この時期，アルゼンチンの機関車の輸入元の47.5％，車輛の同じく49％，レールの同じく40％がイギリスからであった．つまり，50％を割るようになった（Saul, *op. cit.*, p. 79, 参照）．なお，第1次世界大戦前のアルゼンチンの鉄道業に対するイギリスからの投資の重みについては，Phelps, Vernon Lovell, *The International Economic Position of Argentina*, Philadelphia : University of Pennsylvania Press, 1938, p. 108, 参照．

である[235].

東インドの地域別の輸出入額の推移に即して考察を 東インドの対外通商におけるこうした傾向に関し,東インドの地域別の輸出入額の推移に即して考察をさらに進めてみよう.

重工業資本主義時代の東インドの通商相手地域としては,イギリス,ドイツ,アメリカ合州国,オーストラリア,中国,香港,日本,ロシアなどがあげられる.だが,ここでは東インドの工業製品の主要な輸入元地域であったイギリス,ドイツ,アメリカ合州国の3地域を選び,1870年から1909年までの東インドとこれらの地域との輸出入額の推移を見てみることにしよう(第20表,参照).

第20表 東インドのイギリス(U.K.),ドイツ,アメリカ合州国との通商関係の推移
(1870-1909年)

(単位:100万ルピー)

相手国/輸出入 年平均	イギリス (U.K.)		ドイツ		アメリカ合州国	
	輸出	輸入	輸出	輸入	輸出	輸入
1870-74	297.8	299.6	2.2	0.3	21.4	1.0
1875-79	289.4	385.6	2.3	0.3	21.8	3.1
1880-84	345.0	493.2	5.6	0.9	30.4	7.3
1885-89	364.8	675.0	13.0	2.6	34.8	18.2
1890-94	371.0	633.0	67.6	16.2	43.2	15.4
1895-99	359.8	627.8	77.2	21.0	59.2	15.2
1900-04	445.8	764.8	117.4	29.6	85.8	14.6
1905-09	493.0	1,049.2	177.8	63.4	140.6	30.8

[資料出所] Mitchell, *International Historical Statistics : Africa and Asia* (*op. cit.*), pp. 433-434 & pp. 440-441 によって作成.

この第20表によれば,東インドにとって,イギリスが通商のもっとも重要な相手地域である地位を保ち続けたことが示されている.しかしながら,ドイツへの輸出は1890年代から特に,また,アメリカ合州国への輸出は1880年代の後半から伸びていくようになったことも知られるのである.そして,この新しい傾向に対応するかのように,それまではイギリスからの輸入に対比

---

235) 詳しくは,Saul, *op. cit.*, pp. 197ff., 参照.

するときまったく問題にならなかったドイツやアメリカ合州国からの輸入が,軽視できない額に増大していったことが示されているのである.とりわけ,ドイツからの輸入が,1890年代になるとアメリカ合州国からの輸入よりも順位を逆転して多くなっていることも,注目されなければならない.

アルゼンチンの対外通商関係は　また,この時代におけるアルゼンチンの主要対外通商関係地域のなかにはブラジルも含まれていた.しかし,東インドの場合と同じ理由から,工業製品の主要な輸入相手地域であったイギリス,ドイツ,アメリカ合州国を選ぶことにする.そして,これらの地域とアルゼンチンとの通商関係について,1870年から1909年までの推移を考察してみることにしたい(第21表,参照).

第21表　アルゼンチンのイギリス(U.K.),ドイツ,アメリカ合州国との通商関係の推移
(1870-1909年)

(単位:100万ペソ*)

相手国/輸出入 年平均	イギリス (U.K.)		ドイツ		アメリカ合州国	
	輸出	輸入	輸出	輸入	輸出	輸入
1870-74	10.1	15.2	0.4	2.0	3.7	3.5
1875-79**	5.1	10.7	1.5	2.1	2.9	2.8
1880-84	6.0	22.2	4.6	5.3	4.0	5.0
1885-89	14.4	40.8	11.1	11.1	5.7	10.5
1890-94	19.0	37.6	12.6	10.2	4.8	7.9
1895-99	16.6	40.8	17.8	12.4	7.4	10.7
1900-04	32.2	44.4	24.2	17.8	8.9	16.6
1905-09	60.2	90.6	37.6	39.2	15.8	37.2

[備考]
(1) *1889年までは通貨のペソ紙幣を,1890年からはペソ金貨をベースとして算定.
(2) **1875年の数字はえられなかったので,この年の数字は抜けている.
[資料出所] Mitchell, *International Historical Statistics : The Americas and Australasia* (*op. cit.*), p. 589 & p. 593; do., *International Historical Statistics : The Americas 1750-1993*, Fourth Edition, London : Macmillan Reference Ltd, 1998, p. 481 によって作成.

輸出市場としてイギリスは大きな地位を占め続けたけれども　この第21表は,次のようなことを示しているように思われる.つまり,この時代においても,アルゼンチンの輸出市場としてイギリスは,依然として大きな地位を占め続けた.けれども,1880-84年,1885-89年,1895-99年,1900-04年の年平均では,イギリスへの輸出額は,ドイツとアメリカ合州国への輸出を合算した額を下

回るようになった．特に 1895-99 年の年平均では，イギリスへの輸出額が，ドイツ一国への輸出額よりも少ないという状況になった．

一方，アルゼンチンの輸入元としてイギリスは，輸出先の場合よりもいっそうの優位を占め続けた．しかしながら，それでもイギリスは，ドイツとアメリカ合州国とを合わせた数字よりも，1900-04 年の年平均では 29.1 パーセント多く，1905-09 年の年平均では 18.6 パーセント多いという程度に変化したのである[236]．

C 鉱山業の地理的な分布の拡大に基礎づけられて

鉱山業の世界的な分布が拡大した　また，重工業資本主義の時代は，近代的な製鋼業の発達に条件づけられながら，鉱山業が著しく発展していくことになった．ところで，この鉱山業は，マラヤやアフリカで発展していくことになっただけではなかった．イギリスの移住植民地のオーストラリアやカナダでも特に 1890 年代からこの産業は，新たな発展の時期を迎えることになっていった．そして，こうした鉱山業の地理的分布の拡大もまた，世界通商の多角化をもたらす 1 つの要因になった．

オーストラリアにおける鉱山業の発展　この点，まず，オーストラリアの鉱山業について見てみよう．1890 年代になると，ロンドン世界資本市場におけるオーストラリアの鉱山会社への投資の激増に支えられながら，この地の鉱山業が，急速に発展していくことになった．実に，1890 年代後半の鉱物生産高は，1880 年代後半のそれの 3 倍以上になったのである．鉱産物のうちでは金が優位を占めたが，その重みは第 1 次世界大戦期までに次第に低下していった．一方，銀，鉛，錫，銅，亜鉛，鉄鉱石といった鉱産物の生産が着実に伸びていくことになるのである[237]．

---

236) では，ブラジルはどうであったかが問われるであろうが，ブラジルの輸入元のうちイギリスは，1889 年のブラジルの王制廃止前の数年では約 3 分の 1 を占めたが，第 1 次世界大戦前には約 4 分の 1 に低下した（Cain, P. J. and A. G. Hopkins, *British Imperialism:Innovation and Expansion 1688-1914*, Harlow, Essex, Longman Group UK Limited, 1993［邦訳は，P. J. ケイン／A. G. ホプキンズ著・竹内幸雄／秋田茂訳『ジェントルマン資本主義の帝国 I 創生と膨張 1688-1914』名古屋大学出版会，1997 年］, p. 302, 参照）．なお，ついでながら，第 1 次世界大戦期までのドイツのアルゼンチン，ブラジル，チリへの通商などの拡大については，Forbes, Ian L. D., "German Informal Imperialism in South America before 1914," *The Economic History Review*, Second Series, Vol. XXXI, No. 3, August 1978, pp. 384-398, 参照．

237) 尾上修悟『イギリス資本輸出と帝国経済――金本位制下の世界システム』ミネルヴァ書房，1996 年，158-167 ページ，参照．

オーストラリアからの鉱産物輸出の増大と対外通商構造の変化　そして，これらの鉱産物の輸出は，1890年代以降，輸出額それ自体においても，また，総輸出額に占める割合について見ても，飛躍的に増大していくことになった．特に銅，錫，鉛，亜鉛といった非鉄金属類の輸出が著しく伸びた．鉱産物輸出先の地域別の数字は，残念ながらえられない．だが，総輸出の市場別構成を見るとき，1890年代からイギリスが相対的に著しく減少し，ヨーロッパ大陸の主要国が大幅に伸びているのである．これは，鉱産物の輸出先の動向を反映しているものと推定して間違いないであろう．

ところで，この輸出先地域の構成の変化に対応するかのように，今世紀に入ると，オーストラリアの商品輸入元を見るとき，イギリスは相対的に比重を減少していく一方，イギリス以外のヨーロッパの諸地域が，絶対額においても，相対的な割合についても著しく増大していくのである．ここに，この地の対外通商の多角化傾向が，はっきりと認められるのである[238]．

19世紀末まではカナダの対外通商は大きくイギリスに依存　次にカナダについて考察していこう．19世紀末まで，ロンドン資本市場を通じてのカナダの鉄道業や政府に対する投資は増大していった．特に1880年代になると鉄道業に対する投資がブームになるという状況になった．これは，カナダの商品輸出の品目別構成を変化させる要因となった．この鉄道業の発展に伴い，小麦生産が増大し，伝統的な輸出品である木材や毛皮に代わって，次第に小麦や家畜や酪農製品の輸出が重みを占めるようになったからである．一方，商品の輸入については，繊維製品，鉄や鉄製品，石炭が，ますます重要な品目になった[239]．

ともあれ，19世紀末までは，カナダは，このような輸出入品目の構成を基盤に，商品輸出市場も輸入市場も，大きくイギリスに依存する態勢を維持し続けたのであった．

20世紀になると鉱山業に対する外域からの資本導入が増大　そして，20世紀に入ってからも第1次世界大戦期まで，カナダの資本輸入は，ロンドン世界資

---

238) 尾上修悟，前掲書，167-175ページ，参照．ついでながら，商品の輸出では原料鉱産物の輸出の増大，商品の輸入では重工業製品の輸入の増加が，19世紀末以降のオーストラリアの貿易構造の特徴となった．
239) 詳しくは，尾上修悟，前掲書，128-142ページ，参照．

本市場を通じるものを中心としてほぼ一貫して増大した[240]．

とはいえ，こうした一般的な傾向の内部において，新たな変化が見られるようになったのである．イギリス以外のアメリカ合州国，また，フランスやドイツを中心とするヨーロッパ大陸の諸地域からのカナダの資本輸入も増大していったこともその1つである[241]．しかしながら，カナダの対外通商構造への影響を考える上で，より重要な意味をもつ変化は，この時期になると，カナダからの輸出を目的としてイギリスの事業体が操業する金，銀，銅，ニッケル，亜鉛，アスベスト，鉄鉱石，石炭などの鉱山業に対するイギリス本国からの直接投資が増大していったことであった[242]．

鉱産物の輸出の増大に基礎づけられて　その結果，カナダの鉱山業の生産が増大し，これらの鉱産物，特に銅，アスベスト，ニッケル，銀の輸出が，20世紀になると激増していくことになっていくのである．もちろん，こうした鉱産物は，この地の鉱山業の資本輸入元であるイギリスに大量に輸出されてはいった．しかしながら，こうしたカナダの鉱産物の輸出の激増は，イギリスというよりもヨーロッパの大陸諸地域やアメリカ合州国からの需要の著しい増大にむしろ支えられたのであった．

カナダの対外通商の多角化が　そして，こうした鉱産物の輸出先の地域的構成の変化の影響を受けて，カナダの商品輸出全般の地域的市場構成も変化し，多

---

240) 民間の資本輸入のみの数字であるが，カナダの資本輸入全体も，そのうちイギリスからの資本輸入も，特に1904年からほぼ増大の一途を辿った．年々の具体的な数字については，尾上修悟，前掲書，182-185ページ；Hartland, Penelope, "Canadian Balance of Payments since 1868," *in* National Bureau of Economic Research, *Trends in the American Economy in the Nineteenth Century* (*Studies in Income and Wealth*, Volume Twenty-Four), Princeton : Princeton University Press, 1960, p. 718, 参照．その他，1868-72年から1913年までのカナダの資本輸入額とイギリスでのカナダの新資本発行額については，Simon, Matthew, "New British Investment in Canada, 1865-1914," *The Canadian Journal of Economics*, Vol.3, 1970, p. 248, 参照．なお，投資対象事業別のイギリスからの証券投資額についての1902年と1912年とを比較した数字は，Taylor, F. Williams, "Canadian Loan in London," *United Empire, The Royal Colonial Institute Journal*, Vol. III, No. 12, December 1912, p. 987, 参照．また，20世紀に入ってからの各年のカナダへのイギリスやアメリカ合州国など外国からの投資については，Knox, Frank A., "Canadian Capital Movements and the Canadian Balance of International Payments, 1900-1934," *in* Marshall, Herbert, Frank A. Southard, Jr. and Kenneth W. Taylor (eds.), *Canadian-American Industry : A Study in International Investment*, New Haven : Yale University Press, 1936, pp. 299-300, 参照．
241) カナダの資本輸入について見るとき，たとえば，1900-1913年においては，ロンドン資本市場を通じたものが17億5,312万ドル，アメリカ合州国の資本市場を通じたものが6億2,979万ドル，フランスやドイツといったヨーロッパ大陸の資本市場を通じたものが，1億6,272万ドルであったとされる（尾上修悟，前掲書，同上ページ，参照）．
242) 尾上修悟，前掲書，192-200ページ，参照．

様性を強めるのである．この変化は，カナダの商品輸入市場の地域的構成の変動に連動した．この地域の世界通商の多角化が，展開されていくことになった．

カナダの対外通商関係におけるイギリス (U.K.)，アメリカ合州国，それ以外の地域の比率を示した**第 22 表**を掲げるが，特に 1890 年ころからのカナダの輸入におけるイギリスの比重のかなりの低下を認めることができる[243]．このことは，とりも直さずカナダの対外通商関係における多角化の深化を意味したのである．

第 22 表 カナダの対外通商関係の地域別比率 (%) (1851 - 1911 年)

年 \ 輸出入の相手地域	輸出先			輸入元		
	イギリス (U.K.)	アメリカ合州国	その他	イギリス (U.K.)	アメリカ合州国	その他
1851	58.8	35.3	5.9	59.3	37.0	3.7
1860	38.1	57.1	4.8	44.4	51.1	4.5
1870	43.3	44.8	11.9	57.1	32.2	10.7
1880	54.6	37.1	8.3	47.8	40.0	12.2
1890	50.5	41.2	8.3	37.5	46.4	16.1
1900	53.9	36.4	9.7	24.2	60.1	15.7
1911	48.2	37.9	13.9	24.3	60.9	14.8

[備考]
(1) 1851 年，1860 年，1870 年については，カナダを構成した 4 つの主要植民地に限定された数字．
(2) 輸出については，1911 年の数字は国内産品の輸出のみであるが，他の年の数字は再輸出を含む．
(3) 1860 年のアメリカ合州国の数字は大きくなっているが，この点，長くは続かなかった互恵通商条約の影響を考慮しなければならない．
[資料出所] Cain, P. J. and A. G. Hopkins, *op. cit.*, p. 272 によって作成．

イギリスを通じての資本の輸入が引き続き増大していったにもかかわらず　さきに，カナダの商品輸入元の地域について，イギリスの比重が減少したのは，イギ

---

243) また，他の資料にもとづいての筆者の計算によれば，カナダの商品輸出総額のうちイギリス (U. K.) 向け商品輸出額の占める割合は，年平均にして，1896-1900 年＝ 58.9%，1901-05 年＝ 54.6%，1909-13 年＝ 49.6% というように減少した．一方，カナダの商品輸入総額のうちイギリス (U. K.) からの商品輸入額の占める割合は，同じく年平均にして，1896-1900 年＝ 25.7%，1901-05 年＝ 24.6%，1909-13 年＝ 25.7% というようにどうにかその比率を維持した．けれども，カナダの商品輸入総額は，年平均にして，1896-1900 年＝ 28,251,000 ポンド，1901-05 年＝ 46,503,000 ポンド，1909-13 年＝ 84,981,000 ポンドというように，この間約 3 倍に増大した．こうした点を考えると，この世紀に入ってからのカナダの対外通商関係における多角化傾向の深化を認めなければならないであろう（尾上修悟，前掲書，206 ページの表 7-17，208 ページの表 7-18 の数字をベースとして算定した）．

リス以外の地域からの資本の輸入が増大したことや，イギリスを通じての直接投資を受け入れて生産の増大した鉱山業が，その産品をイギリス以外の地域にも輸出していったことに要因づけられると述べた．しかし，この問題を考えていく上で，さらに重要な点は，イギリスを通じての資本の輸入それ自体は，引き続き増大していったにもかかわらず，カナダの商品輸入元の地域におけるイギリスの比重が，なぜこのように著しく減少したのかということである．

ここに重要な問題が秘められているように思われる．つまり，そこには，対外通商の多角化は国際的資本移動と関連して展開されていくという傾向が認められるのではないかということである．

イギリスやアメリカ合州国とのカナダの貿易収支を見てみよう　この点を考えていく上で参考になる数字が示されている**第23表**を掲げておこう．

第23表　イギリス（U.K.）やアメリカ合州国とのカナダの貿易収支（1875 – 1913年）

(単位：100万カナダ・ドル)

貿易相手国 年平均	イギリス（U.K.）	アメリカ合州国
1875 – 1879	- 0.2	- 20.2
1880 – 1884	+2.2	- 4.6
1885 – 1889	- 0.4	- 7.0
1890 – 1894	+17.4	- 13.8
1895 – 1899	+49.6	- 24.5
1900 – 1904	+64.2	- 54.6
1905 – 1909	+47.2	- 100.6
1910 – 1913	+41.5	- 245.8

［備考］
(1) 1906年までは6月30日をもって終わる1カ年，1907年からは4月1日をもって始まる1カ年．
(2) 原表の数字も，100万カナダ・ドルの概数にて表示されている，為念．
(3) 原表には対ドイツの輸出入の数字も出ている．だが，たとえば，1910年の対ドイツ輸入総額は対アメリカ合州国のそれの約3.2%，1912年の対ドイツ輸入総額は対アメリカ合州国のそれの約3.4%という数字に示されるように比較的少額であり，ここでは省略した．
［資料出所］Mitchell, *International Historical Statistics : The Americas and Australasia* (op. cit.), p. 565 & p. 569 ; do., *International Historical Statistics : The Americas* (op. cit.), p. 455 によって作成．

これは，イギリス（U.K.）やアメリカ合州国に対するカナダの貿易収支の推移を表示したものである．この表によれば，カナダの対アメリカ合州国貿易収支の赤字は，1905年になると明瞭に対イギリス貿易収支の黒字をもって

しても補填することができないほど大きくなったこと．さらに，1910年代になると，その傾向はいっそう強まったことが示されるのである．では，これほど大きくなったカナダの対アメリカ合州国貿易収支の赤字は，どのようにして補填されたのか．一貫して増大を続けたとされるイギリスを通じてのカナダへの資本の輸出がこの赤字を補填したのであった[244]．

　重工業資本主義の時代になると，資本輸出と商品輸出との関係が新たな形をとるようになることや，資本輸出に新たな役割が生じてくることについては，後に取り上げる．したがって，先走ったことを述べることになるが，とにかく，20世紀に入ってから鉱山業の発展を契機として，カナダにおいては対外通商の多角化が進むことになっていったことや，これがどのような機構的な支えによって維持されていったか．こうしたことを理解することが重要であると思う．

D　モノカルチュア経済体制との関連

商品輸出地域としての中南アフリカ　後進地域におけるモノカルチュア経済体制の発展も，世界通商の多角化をもたらす要因の1つとなった．この点，中南アフリカの諸地域について見てみよう．この地域は，1913年の時点では，世界の輸出貿易に占めるウェイトはなおそれほど大きくはなかったが，総体的には，アジアやラテン・アメリカには及ばないものの，オーストラリアやニュージーランドを含むオセアニア地域を凌駕する商品輸出地域になっていた[245]．

モノカルチュア経済体制下の諸地域の対外通商の動向　具体的には，この中南アフリカにおけるモノカルチュア経済を表徴する代表的な輸出産品を示し，19世紀については整合性のある数字がえられないので，1907年と1913年とにおけるこうした地域の商品の輸出入額を掲げてみよう（**第24表**，参照）．

---

244)　Cain and Hopkins, *ibid.*, 参照．なお，この点それ自体については比較的早くから指摘されているのである（たとえば，市川承八郎「第一次大戦にいたるイギリスの海外投資について」（下）『西洋史学』Ⅲ，1949年4月，74ページ，参照），為念．
245)　数字については，Latham, *The International Economy* (*op. cit.*), p. 67, 参照．なお，念のために自明なことを述べることになるが，世界の通商のなかで占める大陸地域別のウェイトを考える場合，当該大陸地域内の通商が比較的大きく算出されるヨーロッパと，この通商が比較的少ないアフリカとを無条件に同じ次元において比較してはならない．

第3章 世界資本主義の第Ⅲ段階　195

第24表　アフリカ（北アフリカを除く）諸地域の主要輸出産品と総輸出入額（1907年と1913年）

(単位：1,000ポンド)

項目　地域	主要輸出産品	総輸出額 1907年	総輸出額 1913年	総輸入額 1907年	総輸入額 1913年
イギリス領西アフリカ		7,070	13,824	6,595	11,441
ガンビア	落花生	280	655	285	611
シエラレオネ	椰子類, コラナット	676	1,376	806	1,324
ゴールドコースト*	ココア, 椰子類, 砂金	2,502	5,014	1,917	3,500
ナイジェリア	椰子類	3,612	6,779	3,587	6,006
イギリス領東アフリカ		899	1,813	2,145	3,651
ケニア	棉花, コーヒー, サイザル麻	157	444	****	****
ウガンダ	棉花, コーヒー	140	564	897	2,742
ニアサランド	棉花, タバコ	54	201	166	192
ザンジバル	丁子	548	604	1,082	717
イギリス領南アフリカ		47,900	68,057	27,088	43,403
ローデシア	金, 銀, 銅, ダイヤモンド, タバコ	2,415	3,492	1,397	3,029
南アフリカ	金, ダイヤモンド, 羊毛	45,485	64,565	25,691	40,374
フランス領アフリカ		3,913	6,468	4,376	6,864
セネガル	落花生	1,705	2,970	2,149	3,775
象牙海岸	マホガニー材, ゴム, 椰子類	426	651	547	772
ダホメ	椰子類	387	651	469	601
フランス領ギニア	野生ゴム	620	691	625	815
フランス領赤道アフリカ	ゴム, 木材, 象牙	775	1,505	586	901
ポルトガル領アフリカ		2,038	3,056	3,067	4,361
アンゴラ	栽培ゴム, 野生コーヒー	961	1,068	1,366	1,697
ポルトガル領ギニア	椰子油, 落花生	122	310	187	323
モザンビーク	砂糖	955	1,678	1,514	2,341
ベルギー領コンゴ	栽培ゴム, 象牙	2,340	2,190	993	2,850
ドイツ領アフリカ		1,795	6,853	4,009	7,000
トーゴ**	椰子類, ゴム, 棉花	296	457	334	532
カメルーンズ***	椰子類, 野生ゴム, ココア	793	1,103	865	1,629
南西アフリカ	ダイヤモンド, 銅	81	3,515	1,620	2,171
タンガニーカ	ゴム, サイザル麻, 皮革, 棉花	625	1,778	1,190	2,668
合　計		65,955	102,261	48,273	79,570

［備考］
(1)　* Gold Coast は, ガーナ（Ghana）の旧称.　** 旧ドイツ保護領トーゴランド（Togoland）のことである.　*** Cameroon ではなく, Cameroons（Kamerun）である.
(2)　主要輸出産品について, 細かく立ち入った考察はできない. たとえば, マラヤやセイロンからの栽培ゴムの供給が, 野生ゴムの供給を制して世界市場において支配的地位を占めるようになっていく第1次世界大戦時まで, 東西アフリカは, この市場における有力な生ゴムの供給地であった（Woodruff, William, *The Rise of the British Rubber Industry during the Nineteenth Century*, Liverpool : Liverpool University Press, 1958, pp. 39-40 & p. 183, 参照）.
(3)　ココアについて, ゴールドコーストが世界の主導的な輸出地域になるのは1911年であるとされるが（Clarence-Smith, *op.cit.*, p.7, 参照）, それまでに1894年に設立された Bank of British West Africa が, 〈コ

コア銀行）（'the cocoa bank'）といわれるほどこの地においてココアに関する融資に係わったことを指摘しておこう（Fry, Richard, *Bankers in West Africa : The Story of the Bank of British West Africa Limited*, London : Hutchinson Benham Ltd, 1976, p. 26 & p. 31, 参照）．
(4) **** ケニアについては，[資料出所] の Mitchell の統計に数字が出てくるが，他の数字と整合しないので掲げないことにした．
[資料出所] Latham, *The International Economy* (*op. cit.*), pp. 96-99 によって作成．さらに，セネガル，象牙海岸，ダホメ，フランス領ギニア，フランス領赤道アフリカについては，Mitchell, *International Historical Statistics : Africa and Asia* (*op. cit.*), pp. 373-374 & p. 376 におけるフラン単位の数字をベースとして換算．

　この第24表によって，1907年と1913年とにおける中南アフリカ諸地域の総輸出入額を比較するとき，例外はあるものの，おおむね，かなり著しい増大を認めることができる．このように，中南アフリカにおける植民地は，モノカルチュア経済体制を発達させていくとともに，外域との通商関係を発展させたのである．だが，こうした通商関係の量的な増大だけが重要であったのではない．

　より重要な点は，この通商関係の発展であるが，一般的には宗主国である本国との関係が大きな割合を占め続けたけれども，また，輸出と輸入とでは多少その比率が異なるのではあるけれども，こうしたモノカルチュア経済体制下の地域においても，とにかく本国以外の諸地域との通商関係が増大していくような構造になったということである[246]．

　この点，部分的なものにならざるをえないが，イギリスの植民地であったゴールドコースト，ナイジェリア，南アフリカについて，1907年と1913年との対外通商関係を比較した数字を掲げてみよう（**第25表，参照**）[247]．
対外通商の増大はこうした地域には必ずしも有利にはならなかった　ところで，ここで言及しておかなければならない点は，モノカルチュア経済体制下で生産

---

246) Latham, *The International Economy* (*op. cit.*), p. 95 & pp. 98-99, 参照．
247) その他，単位がマルクで表示されているため，たとえば，イギリスのアフリカの植民地との比較がしにくいのではあるが，1907年と1912年におけるタンガニーカのドイツやイギリスとの通商額は与えられている．この表の数字によって，ドイツ領であったタンガニーカについて，イギリスに代表されるドイツ以外の国との通商関係の発展を認めることができよう．

タンガニーカのドイツやイギリス（U.K.）との通商額（1907年と1912年）

(単位：1,000マルク)

相手国	ドイツ				イギリス(U.K.)			
輸出入	輸出		輸入		輸出		輸入	
年	1907	1912	1907	1912	1907	1912	1907	1912
通商額	6,008	17,827	8,973	25,820	60	3,356	1,022	2,481

[備考] 1913年の数字は欠落しているので，1912年の数字を掲げた．
[資料出所] Mitchell, *International Historical Statistics : Africa and Asia* (*op. cit.*), p. 416 によって作成．

される産品の価格は，現地を遠く離れた世界市場の中核地で定められる，ということである．つまり，安く買い叩かれる仕組みのなかで定められることである．したがって，世界的通商の多角化傾向の進展とともに，モノカルチュア経済体制下の後進地域は，いっそう不利な立場になっていった．ここに，生産は豊かであるが，生活は貧しい後進地域という状態が出現してくることになった．

第25表　ゴールドコースト，ナイジェリア，南アフリカのイギリス (U.K.) やドイツとの通商額（1907年と1913年）

(単位：1,000ポンド)

相手国　　　輸入/年　地域別	イギリス (U.K.)				ドイツ			
	輸出		輸入		輸出		輸入	
	1907年	1913年	1907年	1913年	1907年	1913年	1907年	1913年
ゴールドコースト	1,955 (83.4%)	3,515 (79.6%)	1,758 (88.3%)	3,466 (89.9%)	389 (16.6%)	899 (20.4%)	233 (11.7%)	389 (10.1%)
ナイジェリア	2,040 (55.7%)	3,745 (54.9%)	3,331 (87.4%)	4,938 (85.9%)	1,620 (44.3%)	3,073 (45.1%)	480 (12.6%)	811 (14.1%)
南アフリカ	45,376 (97.5%)	59,023 (96.5%)	16,240 (89.0%)	23,860 (87.4%)	1,167 (2.5%)	2,158 (3.5%)	2,002 (11.0%)	3,425 (12.6%)

［備考］カッコ内は，それぞれの地域の対イギリスと対ドイツとの輸出額の合計を100.0%，同じく輸入額の合計を100.0%とした数字．以下，同様．
［資料出所］Mitchell, *International Historical Statistics : Africa and Asia* (*op. cit.*), p. 411 & pp. 413-414によって作成．

それどころか「南北問題」を生み出す基盤を創出　そして，輸出産品の生産地帯から流出する貧民を受け入れる都市が，先進地域からの資本の導入によってモノカルチュア経済体制下の地域にも形成された．「南北問題」の原形が創造されたのが重工業資本主義の時代であるとされる．思えば，世界資本主義のこの時代に，後進地域はモノカルチュア経済の体制下に編成されたのであった．だから，この編成の産物として「南北問題」が生まれてきたことが，銘記されなければならないのである．

E　アジアにおける特殊な条件の形成

アジアにおいて圏内通商が多面的に展開　第1次世界大戦前には，アフリカとアジアを加えると，世界の通商のなかで占める割合は，カナダとアメリカ合州国とを加えた数字よりも多くなるほど増大していった．なかでもアジアは，輸

出についてはアフリカの3倍強，輸入については3倍弱という重みを占めるにいたった[248]．そして，このアジアにおいて，世界的に通商の多角化をもたらすような要因が，また生まれてくるのである．アジアと欧米との通商の増大に伴って，同時に東インドや中国といった豊かにして広大な地域を含むアジア圏内の通商が，多面的に展開していくことになったからである[249]．

欧米とアジアとの通商の発展はアジア圏内の通商の増大に連鎖　欧米とアジアとの通商の発展が，アジア圏内の通商の増大に連鎖する関係それ自体は，すでに1820年代に見られた．具体的にいえば，広東からの茶や絹の欧米への輸出が，この年代なると増大した．主としてその支払いは，第2アメリカ合州国銀行がベアリング社宛に振り出した銀行手形で行なわれた．そして，この銀行手形は，さらに中国が東インドから輸入するアヘンなどの支払いに用いられた．このような関係を通じて，広東と欧米との通商が発展すれば，関連して東インドと広東との通商が増大するというメカニズムが，早くも形成された[250]．

東インドや日本における近代的工業化の進展に伴って　重工業資本主義の時代になると，このメカニズムの構造が大きく変動することになる．きわめて大まかな説明になるけれども，その変動をもたらした要因の1つは，東インドや日本におけるアジア市場に支えられた近代的な工業化の進展であった．

東インドからヨーロッパに向けては，この時代についていえば，小麦，米，茶といった食料品や棉花，ジュート原料，油性種子，皮革原料，藍といった原料品が輸出されていった．同時に重工業製品などのヨーロッパからの輸入も増大した．そして，特にイギリスとの貿易赤字に対応するためにも，こうした食料品や原料品のヨーロッパなどへの輸出だけではなくして，アジアなど後進地域への東インドの工業製品の輸出の増大が求められたのであった．

東インドの綿糸や日本の綿製品がアジア市場に進出　このようにして，東インドの短繊維棉花を原料としてこの地で生産される綿糸などの輸出が，中国市場をはじめとするアジアの後進地域に向けて1870年代後半から増大していくことになった．また，この棉花を用いて日本で生産された綿製品も，時期的に

---

248)　数字については，Latham, *The International Economy* (*op. cit.*), p. 67, 参照．
249)　この点を深く追究したのが杉原 薫教授の研究であった．杉原 薫『アジア間貿易の形成と構造』ミネルヴァ書房，1996年，参照．
250)　入江節次郎『世界金融史研究』（前掲）155-164ページ，参照．

は少し遅れるが，中国などのアジアの市場に大きく進出していくことになるのである．つまり，ここに，綿業を基軸とするアジア圏内の分業の体制が形成されていくことになったのである[251]．

そのアジア市場は大きくヨーロッパ市場に依存　ところで，東インドや日本の綿製品が進出していったアジアの後進地域の市場は，中国市場を一応別にして考えると，大きくヨーロッパの市場に支えられて発展していったのであった．たとえば，マラヤの錫鉱業やゴム農園，セイロンの茶産業，インドネシアのコーヒーのプランテーションの繁栄は，こうしたアジア市場の発展を意味したが，この繁栄は，何よりもヨーロッパ市場からの需要に大きく支えられたのである．

一方，インドネシアの砂糖の場合，少し事情が異なっていた．この砂糖は，特に20世紀になると東インドやマラヤなどのアジア市場にも大きく供給されていったからである[252]．しかしながら，このインドネシアの砂糖の輸出についても重要な点は，これらのアジア市場への供給は，これらの市場とヨーロッパとの通商関係の動向に大きく左右されていたということであった．だから，この場合も，ヨーロッパとアジアとの通商の増大が，同時にアジア圏内の通商の発展を促進するという関係が形成されることになったのである．

アジア圏内の労働力の移動の増加は綿製品の圏内通商の増大をも　そして，こうしたマラヤやインドネシアなどにおける輸出市場向けの諸産業が，東インドや中国からの出稼ぎ労働者の労働によって支えられたこと．また，そこで，これらの諸産業の景気がよくなれば，こうした出稼ぎ労働者による需要が増大することになり，ビルマやシャムやフランス領インドシナなどからマラヤやインドネシアへの米の供給が増加していくことになったこと．このような関連については，すでに述べた．だが，それにとどまらなかった．東インドからの，のちには日本からの日常の衣料品である綿製品の供給が，出稼ぎ労働者による需要の増大といった同じような条件に支えられながら，これらアジアにお

---

251) こうした市場の構造を綿業基軸体制であると杉原教授は呼ぶ．この体制の成立については，杉原薫，前掲書，23-29ページ，参照．なお，この時期の東インド綿糸の輸出市場の分析については，同書，178-179ページ，192ページ以下；日本の綿製品の輸出市場については，同書，24ページなど，参照．

252) 数字については，杉原薫，前掲書，208-209ページ，参照．

ける輸出市場向け諸産業の地域に対して増大していくことになったのである.

このように，ヨーロッパ市場とアジアなどの第一次産品生産地域との通商の増大が，また，こうした生産地域とアジアの新興工業地域や米の生産地域との通商関係の増大に結びついていくことになった．ヨーロッパとアジア諸地域との通商関係が多角化しただけではない．この多角化の進展と関連しながら同時に，アジア圏内の通商関係が多角化していくことにもなったのである[253]．

東インドのジュート類の輸出の増加もアジア圏内の通商の増大に　さらに，アメリカ合州国やエジプトをはじめとするアフリカの各地からの棉花，オーストラリアや南アフリカなどからの羊毛，アルゼンチンやカナダや東ヨーロッパなどからの小麦，西インドやインドネシアなどからの砂糖，ブラジルやアフリカなどからのコーヒーやココアといった農産物の世界市場への輸出の増大に伴い，東インドからジュート原料やジュート製品（袋や布）が，こうした世界各地の農産物生産地の需要に支えられながら，きわめて大量に輸出されていくことになった[254]．これまた，ビルマからは米の[255]，特に20世紀に入るとインドネシアからは砂糖の，東インドに向けての輸出増大の要因になっていった．

地域間の複雑な絡み合いが世界的な通商の多角化の構図に　ここで「世界的な通商の多角化」についての論述を終えるに当たって，ささやかな締め括りをしておきたい．いうまでもないが，売りと買いとが分離する商品経済のもとでは，資本の輸出入はあえて問わないことにして，たとえば，A地域はB地域との通商において赤字関係になっていく．しかし，そのようになっても，A地域は，この赤字をC地域との通商の黒字関係で多かれ少なかれ相殺していく

---

253)　ヨーロッパやアメリカ合州国との通商関係の展開を伴いながら形成された東インドと日本とを基軸とする多角的貿易の構図については，同書，214ページ，参照．なお，この時代にアジア圏内の通商が多角化した状況についてシンガポールと香港に焦点を合わせた分析として，Latham, A. J. H., "British Trade to Singapore and Hong Kong," in Platt, D.C.M. *et al.*, *Decline and Recovery in Britain's Overseas Trade* (*op. cit.*), pp. 77-89, 参照．
254)　東インドからのジュート原料とジュート製品の輸出額は，1911-13年の年平均では，3,279万ポンド（うち原料＝1,787万ポンド，製品＝1,492万ポンド）となり，棉花の2,198万ポンドを抜いて第一位を占めるようになった（杉原薫，前掲書，164ページ，参照）．
255)　そもそも豊かな米の産地であり，その輸出地域でさえある東インドにビルマ米が輸出されていたのはなぜか，と思われるかもしれない．この点，東インドに輸出されたビルマ米は，概して低所得者向けの品種の米であったことが考慮されなければなるまい（同書，204ページ，参照）．また，1890-1910年における仕向先別のジャワの砂糖輸出高については，同書，209ページ，参照．

ことができる．こうした相殺関係は，多角的に形成されえることが望ましいのである．

これまた，いうまでもないが，さまざまな商品の販売市場は広大であることが望まれるし，求められる商品は世界の各地から購入できるようになることが期待されるからでもある．このようないわば自明な商品経済の原則に根ざしながら，この節において掲げたいくつかの条件が加わることによって，重工業資本主義の時代には，複雑な網の目状に深い皺を作って重層的に形成された多角化が，世界資本主義内部の通商の基本構造になっていったのである．

(2) 世界金融市場の構造変動

A 短期金融世界市場の構造変動——手形引受業務に参入の金融機関が増大

世界通商の多角化の濃密化と金融市場の変化　世界的な通商の拡大に伴って振り出される商業手形ばかりでなく，通商に直接的には関係なく国境を越えての資金移動のために振り出される金融手形が，ロンドンに集中的に送られてそこで決済されるという世界金融市場の機構それ自体は，すでに綿工業資本主義の時代に成立していた．

ところで，重工業資本主義の時代になると，世界通商の多角化は著しく濃密化し，通商の支払手段として振り出される手形の重要性が飛躍的に増大することになった．また，世界的な国境を越えての資金移動の増大に伴い，金融手形の振り出しも同様に増大することになった．よくいわれるように，ここに世界金融市場としてのロンドン金融市場の位置は，いよいよ確固としたものとなり，その重要性がさらに高まっていったのである[256]．

こうした展開それ自体は，短期金融世界市場の量的な発展を表徴するにすぎない．より大きな問題は，こうした量的な発展に伴って生じた短期金融世界市場の構造変動である．その場合では，世界的な商業・金融手形の流通が増大したことによって，短期金融世界市場において，どのような構造変動が新たに生じてくることになったのであろうか．

---

[256] たとえば，King, Wilfred Thomas Cousins, *History of the London Discount Market*, New Impression, Frank Cass and Company Limited, 1972 (The First Edition, 1936) (邦訳は，藤沢正也訳『ロンドン割引市場史』有斐閣，1960 年；同改訂版，日本経済評論社，1978 年），p. 271, 参照．

新たな短期金融世界市場の構造変動の内容　1つには，これまでこうした手形引受業務には係わっていなかった商業銀行が，この業務に乗り出してくることになったことである[257]．こうした銀行と，この時期まで世界的な手形の独占的引受業者であったマーチャント・バンカーズとの提携の強化を，これは意味した．さらに，19世紀末からの重工業を中心とする企業の大型化に伴う信用需要の増大と関係づけて，これまで理解されてきた向きがあるけれども，この時期からのイギリスにおける銀行の合同運動[258]によって実現した商業銀行の大型化は，こうした銀行の業務の拡大を1つの要因として現実化したのである．

2つには，フランスやドイツなどヨーロッパの主要な銀行は，1860年代後半から1870年代にかけてロンドンに支店を開設していった[259]が，これらの銀行も，世界的な手形の引受業務を精力的に行なうようになったということである．こうした銀行の本店が所在するヨーロッパ大陸の金融市場とロンドン金融市場との連携が，短期金融を通じていっそう強化されたことを，これは意味した．

3つには，帝国銀行（Imperial Banks）ないし植民地銀行（Colonial Banks）と称される銀行が増設され，こうした銀行の世界金融に果たす役割が短期金融の面でも増大したことであった．ロンドンといった世界金融市場に本店を置き，実際には主として植民地で活動するこの種の銀行は，すでに19世紀の前半にカナダやオーストラリアや東インドなどに設立されていた[260]．ところで，重工業資本主義の時代になると，さらに世界的な通商の増大に伴う金融

---

257) King, *op. cit.*, pp. 280-281, 参照．この背景として，すでに触れたように［脚注193］，参照）電信の発達と相まち特に1870年代から国内手形（Domestic [Inland] Bill of Exchange）の振出が減少し，ロンドン宛に海外から振り出された手形の取引が激増したことが考慮されなければならない（この点，いろいろなところで指摘されているが，たとえば，Scammell, W. M., "The London Discount Market : The Later 19th Century," *in* Michie [ed.], *The Development of London* (*op. cit.*), pp. 151ff., 参照．

258) この合同運動については，生川栄治，前掲書，87-101ページ；西村閑也「イギリスの銀行合同運動について」(1) (2)『金融経済』第55号，1959年4月，54-77ページ；第56号，1959年6月，31-56ページ，参照．

259) たとえば，鈴木俊夫『金融恐慌とイギリス銀行業　ガーニィ商会の経営破綻』日本経済評論社，1998年，273ページ，参照．なお，1870年代の初めころからロンドンに出先機関を設けたイギリス以外の世界の主要銀行名と，こうした出先機関の設立年については，King, *op. cit.*, p. 280の脚注，参照．

260) 帝国銀行ないし植民地銀行の展開について詳しくは，Baster, Albert Stephen James, *The Imperial Banks*, London, P. S. King & Son, Ltd., 1929, 参照．

を賄うために，この種の銀行が増設されていったのである．

その代表的な事例を示したのが，南アフリカで主要な業務活動を行なう帝国銀行であった．この地においては，1861年には，最初の帝国銀行としてロンドン・アンド・サウス・アフリカ銀行（London and South African Bank）が，そして，その翌年の1862年には，スタンダード・バンク・オブ・サウス・アフリカ（Standard Bank of South Africa）が設立された．さらに，1879年になると，新たにバンク・オブ・アフリカ（Bank of Africa），そして，1891年には，アフリカン・バンキング・コーポレーション（African Banking Corporation）と称される帝国銀行が設立されたのであった[261]．

4つには，国際的な資金の移動を主な業務として設立されたのが，海外銀行（Overseas Banks）ないし国際銀行（International Banks）といわれる金融機関であるが，この金融機関が，世界市場の網の目に濃厚に組み込まれることになった後進地域において積極的に設立されるようになっていったことであった．そして，これらが，マーチャント・バンカーズの手形引受業務の補助役を演ずるようになった．さらに，こうした金融機関も，ロンドンに出先機関を設けて，そこでも，同様に手形引受業務に関して補助役的な活動を行なうようになった[262]．

短期金融世界市場の濃密な網の目が　このようにして，ロンドン世界金融市場に拠点を置くマーチャント・バンカーズの主導のもとに，手形引受業務への参入を通じて世界的規模において，旧来からの，また，新しく設立された金融機関が再編成され，編成されていったことは，抽象的に表現すれば，世界資本主義の静脈に相当するといってよい短期金融世界市場が，世界のすみずみまで網の目状に濃厚に再編成されていったことを意味するものであった．

---

261) Frankel, S. Herbert, *Capital Investment in Africa : Its Course and Effects*, New York : Foward Fertig Inc., 1969, pp. 65-66, 参照．なお，1877年には，ロンドン・アンド・サウス・アフリカ銀行はスタンダード・バンク・オブ・サウス・アフリカ（この銀行については，Amphlett, George Thomas, *History of the Standard Bank of South Africa Ltd., 1862-1913*, Glasgow : Robert Maclehose and Co. Ltd., 1914, 参照）に併合され，72の店舗をもつ銀行になった．この銀行の1890-1914年の役員23名中8名は，元ケープ植民地総督4名を含む高級官僚であった（Cassis, Y., "The Banking Community of London 1890-1914 : A Survey," *The Journal of Imperial and Commonwealth History*, Vol. XIII, No. 3, May 1985, p. 115, 参照）．

262) Baster, Albert Stephen James, *The International Banks*, London : P. S. King & Son, Ltd., 1935, 参照．海外銀行設立の主導者は，マーチャント・バンカーズであった．国際銀行については，なお，西村閑也「国際銀行業史（1870-1914年）研究序説」(1)(2)『経営志林』（法政大学）第27巻第3,4号，1990年10月；91年1月，参照．

B 長期金融世界市場の構造変動

マーチャント・バンカーズは長期金融業務にさらに重点を　ところで，この短期金融世界市場の構造変動は，長期金融世界市場に対して，いっそう重要な影響を及ぼすことになった．世界的に振り出される商業・金融手形の引受業務に参入する金融機関が増大したために，マーチャント・バンカーズは，こうした短期金融市場における業務よりもむしろ資本輸出に係わる外国証券の発行の引受や，この証券の売買といった長期金融世界市場における業務にさらに大きく重点を移すことができるようになったのである．このことをまず指摘しなければならない[263]．

大物マーチャント・バンカーズに主導された世界資本市場の再編成　世界資本市場が大物マーチャント・バンカーズによって主導されるという態勢それ自体は，すでに1820年代に形成されていた．その後もこの態勢は，ずっと持続してきていたのではあった．けれども，この重工業資本主義の時代となり，資本輸出が激増する傾向をもつようになった事態に対処するために，また，対外投資の危険性を分散する必要があることから，大物マーチャント・バンカーズは，資本輸出の実現形態である対外証券の発行に当たり，比較的規模の小さいマーチャント・バンカーズ，証券ブローカー，保険会社や投資信託などを下引受業者としてその傘下に糾合し，ますます濃密な支配・従属のピラミッド体制に世界資本市場を再編成していったのである[264]．

帝国銀行などの増設も後進地域への資本輸出をより容易に　また，短期金融世界市場の構造変動をもたらした要因としてすでに掲げられた帝国銀行（＝植民地銀行）の増設や海外銀行（＝国際銀行）の普及も，植民地や後進地域への資

---

263) Baster, *The International Banks* (*op. cit.*), p. 4 ; Powell, Ellis T., *The Evolution of the Money Market 1385-1915 : An Historical and Analytical Study of the Rise and Development of Finance as a Centralised, Co-ordinated Force*, Third Impression, London : Frank Cass & Co. Ltd., 1966 (The First Edition, 1915), pp. 386-387, 参照.

264) たとえば，すでに述べたようにこの時代にアメリカ合衆国の鉄道建設は，さらに飛躍的に増大していくが，これを現実化したのは，ヨーロッパからの資本の輸入であった．この輸入の点のみに絞った分析ではあるが，この輸入が世界資本市場の再編成の契機となったという研究として宮下郁男「合衆国鉄道証券の発行とロンドン資本市場の再編成——『19世紀末大不況』期に焦点をあてて」『経済學研究』（北海道大学）第44巻第1号，1994年6月，35-52ページ，参照．もっとも，これは1つの契機であり，いうまでもないが，重工業資本主義の時代における世界資本市場の再編成の契機になったのは，アメリカ合衆国の鉄道建設の進展に際して巨額の資本がヨーロッパから流入してくる態勢が作られたためだけではなかった，為念．

本の輸出を容易にする条件となった．1860年代から帝国銀行が増設されていったことはすでに述べたが，こうした銀行の表向きの設立の目的は，現地における国際通商の増進に資するためであるとされた．けれども，実際には同時にヨーロッパからの資金の導入を容易にするという目的を併有していたのであった．

とりわけ，海外銀行ないし国際銀行と呼ばれるものは，そもそも現地の政府や事業へのヨーロッパからの資金の投入のためというのが，その設立の主目的であった．現実においてこうした銀行の設立を促した要因は，国際通商のための手形の売買といった商業金融を営むためよりもむしろ，イランやエジプトといった近東における諸事例に典型的に見られるように，ヨーロッパの資金をこの銀行設立の地域に導入するためのものであった[265]．ロシア＝中国銀行という国際銀行の設立が，建設される中国東部鉄道への資金の投下を目的としたものであったことについては，すでに述べた通りである．

きわめて当然な事柄に触れなければならないが，そもそも，帝国銀行にしても海外銀行にしても，こうした銀行の設立〈それ自体〉が，資本輸出を意味することが踏まえられていなければならないのである．

海外銀行における提携と競争の関係　ところで，これらの海外銀行のうちイギリス系，つまりロンドンに拠点を置く金融業者が中心となって設立されたものが数的には多かったが，それ以外の国の金融市場に拠点を置く金融業者が設立したものもかなりあった．そして，これらの銀行は，それぞれの金融市場が位置している国の権力によって支持されてはいた．しかしながら，ここで指摘しておかなければならないことは，これらの銀行は対立一辺倒ではなく，提携と競争をしながら活動をしていったということである．イランにおけるイギリス系のペルシャ帝国銀行（Imperial Bank of Persia）（1889年設立）と，ロシア系のペルシャ割引・貸付銀行（Discount and Loan Bank of Persia）（1891年設立）の関係にこの点が典型的に見られる[266]．

---

265)　Baster, *The International Banks* (*op. cit.*), p. 59, 参照．
266)　水田正史「ペルシア帝国銀行史研究序説」『経済学論叢』（同志社大学）第38巻第4号, 1987年6月, 100-118ページ；同「ペルシア帝国銀行史研究の新段階――G. ジョーンズ博士の *Banking and Empire in Iran* をめぐって」同上, 第39巻第2号, 1988年1月, 152-167ページ；同「イギリス・ロシアの角逐とペルシア帝国銀行」入江節次郎編著『世界経済史』（前掲）所収, 111-119

エジプトでの事例　また，エジプトでは，すでに 1856 年に最初のイギリス系海外銀行であるバンク・オブ・エジプト（Bank of Egypt）が設立されていたが，1860 年代半ばから 1870 年代の半ばにかけて，ヨーロッパからの銀行進出はラッシュの状況を呈した．イギリス系，フランス系，オーストリア系など多様な銀行が，この地に進出してきた．

イギリス系では，1864 年に設立されたアングロ・エジプシャン・バンク（Anglo-Egyptian Bank）（1872 年に設立されたイギリス系のバンク・オブ・アレクサンドリア [Bank of Alexandria] を 1885 年に併合），フランス系では，1870 年に創設されたバンク・フランコ・エジプシェンヌ（Banque Franco-Égyptienne），オーストリア系では，1869 年に設立されたバンク・オーストロ・エジプシェンヌ（Banque Austro-Égyptienne）といった諸銀行が，これらの代表的なものであった．

そして，これらの銀行はイランにおけるのと同じように提携と競争の関係を保ちながら活動していった．こうしたことは，いかに多額の資金がヨーロッパからエジプトに複雑に入り込んで流入したかを象徴するものでもあった[267]．

南アメリカでは　このような海外銀行が，協調と競争の関係を保ちながら進出していったのは，イランやエジプトだけではなかった[268]．中近東以外の地域

ページ；同「ペルシャ割引貸付銀行とイラン・ロシア間の貿易と金融」大阪外国語大学『中東イスラム・アフリカ文化の諸相と言語研究』2001 年，所収，323-342 ページ；Baster, *op. cit.*, pp. 120-125；Cameron and Bovykin (eds.), *op. cit.*, p. 412, pp. 419-421, & p. 424；Feis, Herbert, *Europe : The World's Banker 1870-1914 : An Account of Eurpean Foreign Investment and the Connection of World Finance with Diplomacy before the War*, Clifton, New Jersey : Augustus M. Kelley Publishers, Reprinted, 1965 and 1974（The First Edition, New Haven : Yale University Press, 1930）（邦訳は，ハーバート・ファイス著／柴田匡平訳『帝国主義外交と国際金融 1870-1914』筑摩書房，1992 年），pp. 361ff., 参照．

267)　岡野内 正「イギリスの植民地銀行とエジプト」入江節次郎編著『世界経済史』（前掲）所収，127-128 ページ；同「エジプトにおける外国銀行と国家財政，1856-1876 年」『経済学論叢』（同志社大学）第 35 巻第 2・3 号，1985 年 3 月，133-145 ページ；Cameron and Bovykin (eds.), *op. cit.*, p. 408, 参照．もっとも，イギリス系といっても，たとえば，アングロ・エジプシャン・バンクの設立には，フランスの金融市場に足場を置いていたジェネラル・クレジット・アンド・ファイナンス・カンパニー（General Credit and Finance Company）も係わっていたし，そして，フランス人のグループが，その経営の実権を握っていたのであった．また，フランス系とされるバンク・フランコ・エジプシェンヌの経営の主導権を握ったのは，ヨーロッパ各地の金融市場にまたがって活動をしているマーチャント・バンカーのビショフシャイム・アンド・ゴールドシュミット（Bischoffsheim & Goldschmidt）の L.R.Bischoffsheim であった，為念．一方，ヨーロッパの大銀行，たとえば，フランス系のコントワール・デスコント・ド・パリ（Comptoir d'Escompte de Paris）（1869 年進出）やクレディ・リヨネ（Crédit Lyonnais）（1875 年進出）などは，支店設置という形でエジプトに進出したのであった．なお，参考までに，バンク・オーストロ・エジプシェンヌの創立は，『世界経済史』に収録されている岡野内論文では，1868 年であったとされている．

268)　イランやエジプトだけではなく，イギリス系，フランス系，ドイツ系，オーストリア系など

について，たとえば，イギリス系の海外銀行が優位を占めた南アメリカ地域について見てみよう．そこでは，20世紀の初めには，ドイツ系の海外銀行も3行あって，これらの支店総数は17店舗であった．だが，1914年には，その銀行数は5行に増え，これらの支店総数は53店舗に増大した．また，フランス系ではブラジルのためのフランス銀行（Banque Française pour le Brésil），アルゼンチン＝フランス銀行（Banque Argentine et Française），フランス＝イタリア銀行（Banque Française et Italienne）の3銀行が活動し，その他オランダ系，ベルギー系などの海外銀行も進出してきた．そして，これらの銀行は，提携と競争の関係を保持しながら活動したのであった[269]．

海外銀行が提携と競争の関係を保持したのは　後述するように，重工業資本主義の時代以前には，ヨーロッパからの資本輸出は，ロンドン資本市場を通じて行なわれる傾向が強かった．これに対して，重工業資本主義の時代になると，フランス，ドイツ，ベルギー，アメリカ合州国などの資本市場からも直接的に資本が輸出されていくようになった．資本輸出先の地域において，いろいろ

の諸銀行が同じような関係を保ちながら活動したトルコについても言及しなければならないが，省略したことをお断りしておかなければなるまい．資料については，たとえば，Cameron and Bovykin (eds.), *op. cit.*, pp. 407-410, pp. 413-415, pp. 418-419, p. 421, & p. 424;武田元有「19世紀末トルコにおける仏独金融協商の形成と負債債還体制の展開」『社会経済史学』第66巻第5号，2001年1月，25-47ページ，参照．

269) イギリス系海外銀行の優位は，こうした銀行がブラジルの銀行の総預金高の約3分の1を支配したとされることからも知られる (Joslin, David, *A Century of Banking in Latin America*, London: Oxford University Press, 1963, p. 110, 参照). この点の指摘に続く本文の叙述部分については，Baster, *The International Banks* (*op. cit.*), p. 154 ; Cameron and Bovykin (eds.), *op. cit.*, p. 364, 参照．なお，Cameron and Bovykin (eds.), *op. cit.*, pp. 369-370 には，ブラジルについてだけではあるが，1862年に設立されたイギリス系のロンドン・ブラジル銀行（London and Brazilian Bank）をはじめとするドイツ系，フランス系，ベルギー系，ポルトガル系の計16行の設立年（1913年までの），資本金の一覧が表示されている．それから，南アメリカにおけるドイツ系の海外銀行の活動については，居城弘「ドイツ金融資本と国際信用制度の展開（一）――ドイツ大銀行の海外進出の構造と展開」『法経研究』（静岡大学）30巻1号，1981年6月，133-138ページ；同『ドイツ金融史研究――ドイツ型金融システムとライヒスバンク』ミネルヴァ書房，2001年，409-414ページ；赤川元章『ドイツ金融資本と世界市場』慶応通信，1994年，195-216ページ，参照．ついでながら，アジアにおけるドイツ系海外銀行の進出については，居城弘，前掲論文，138-143ページ；同，前掲書，414-424ページ，参照．さらに，第1次世界大戦前のドイツ系海外銀行の一覧については，北村次一「ドイツ植民地主義と資本輸出」『金融経済』114，1969年2月，7ページ，参照．なお，南アメリカのイギリス系海外銀行の資本も，イギリス人だけが所有したのではなかった．たとえば，1865年設立の English Bank of Rio de Janeiro の創立時の株式の42.4%はポルトガルやブラジルの人によって所有された．また，1882年設立の Mercantile Bank of the River Plate の資本は，フランスやベルギーやドイツの資本家によって所有されたし，1889年創立の Anglo-Argentine Bank の資本金の31.6%をベルギー人などが所有したのであった (Jones, Charles, "Commercial Banks and Mortgage Companies," *in* Platt [ed.], *Business Imperialism* (*op. cit.*), pp. 21-22, 参照．関連して，脚注273）で指摘するように20世紀になるとラテン・アメリカにおいては，銀行ばかりでなく他の分野にもフランスやドイツやアメリカ合州国やカナダなどからの資本投下も増大していったのである．

な資本系統の海外銀行が提携と競争の関係を保ちながら活動を展開したことは，こうした資本輸出の新たな態様に対応するものでもあった．

植民地地域でも公債の発行が増大　この時代における特に植民地地域への資本輸出の増大をもたらした要因の一つとして，これらの地域における公益事業の進展があげられよう．その場合，こうした公益事業の推進を支えた帝国銀行の融資活動を容易にしたのは，公益事業進展の資金が現地植民地政府の公債の発行によって賄われたことであった．このことは，重工業資本主義の時代の新たな特徴の1つを示すものであり，そこにも，長期金融世界市場への植民地地域包摂の構造の変化の一端を認めることができるであろう．

この増大の例証として，イギリス領に限定されたものであるが，1913年現在のアフリカ植民地諸地域の公債の発行残高を示しておこう（**第26表**,参照）．

第26表　イギリス領アフリカ諸地域の公債発行残高（1913年, 現在）

(単位：1,000ポンド)

地域	南アフリカ連邦*	ナイジェリア	ゴールドコースト	シエラレオネ	ウガンダ	ニアサランド	合計
公債発行残高	107,808	8,268	2,128	1,730	296	115	120,345
(%)	(89.6)	(6.9)	(1.8)	(1.4)	(0.2)	(0.1)	(100.0)

［備考］　*南アフリカ連邦については，外債 (External Debt) とされているもののみを掲げた．原表には，その他内債 (Internal Debt) とされているものも分けて表示されており，これについても外国人の持分はあるが，一応内債分の11,180,000ポンドは除外した．他の地域については，内外債の区別は不明であるけれども，公債は実質的にはすべて外債であるとみなした．
　なお，南アフリカ連邦に統合される以前のケープ植民地が比較的早くから多額の公債をロンドンで発行していたことについては，たとえば，Porter, Andrew, "Britain, the Cape Colony, and Natal, 1870-1914: Capital, Shipping, and the Imperial Connection," *The Economic History Review*, Second Series, Vol. XXXIV, No. 4, November 1981, p. 557, 参照．
［資料出所］　Frankel, *op. cit.*, Table 34 (Followed by p.174) & p.176 によって作成．

この第26表によれば，1913年現在の数字では，南アフリカ連邦を別とすれば，なおイギリス領アフリカ諸地域の公債発行残高はそれほど多くはない．だが，それでもナイジェリア，ゴールドコースト，シエラレオネを合わせたイギリス領西アフリカについて見ても，その公債発行残高は，12,126,000ポンドと，かなりの額に達していることに注目しなければなるまい．

C　長期金融世界市場の態様の変化——重工業資本主義時代の資本輸出

(a) 態様の一般的な変化

いくつかの資本市場を介して資本輸出が　資本輸出それ自体は，すでに19世紀

の20年代から重要な経済的な意味をもちながら行なわれていった．だが，重工業資本主義の時代は，資本輸出の時代であるといわれるほど，これが，全体的に激増しただけではない．すでに述べたように，これまではヨーロッパからの資本輸出は，ロンドン資本市場を通じるものが多かったが，いくつかの資本市場を介しても行なわれていくようになった．

この点，ロンドン，パリ，アムステルダム，アントワープ，ハンブルク，ケルン，フランクフルト，ウィーン，ジュネーブ，ベルリンといったいくつかの資本市場において，フランスの戦時賠償債が1872年に発行されたことは，画期的な意味をもつものであった[270]．そして，たとえば，1913年の時点で応募済みないし利払いの行なわれたラテン・アメリカ17国の138の公債（政府債，州債，都市債）について，その3分の1以上の応募や利払いは，いくつかの資本市場で同時になされた，とされている[271]．つまり，これらの公債は，ヨーロッパのいくつかの資本市場で発行されたことが意味されているのである．

複数の国が資本輸出国に　こうした資本輸出市場の多様化に対応して，この輸出先にはいくつかの資本市場から資本が流入してくるようになった．たとえば，ラテン・アメリカについても，この地域への投資国として占めていたイギリスの圧倒的な優位が崩れた[272]．そして，アメリカ合州国やフランスなどもこの地域への投資国として登場してきたことが知られるのである[273]．

---

270) Hobson, C. K., *The Export of Capital*, London : Constable and Company Ltd., 1914（邦訳は，楊井克巳訳『資本輸出論』日本評論社，1968年），p. 138, 参照．
271) 具体的には，ロンドン，パリ，ベルリン，アムステルダム，ブリュッセル，ハンブルク，アントワープ，フランクフルトといった資本市場でなされた (Stone, Irving, "British Direct and Portfolio Investment in Latin America before 1914," *The Journal of Economic History*, Vol. XXXVII, No. 3, September 1977, pp. 721-722, 参照).
272) といっても，この地域へのイギリスからの投資は，対民間事業投資にウェイトを移しながら増大していった．総投資残高が，1895年=552,505,000ポンド，1913年=1,177,462,000ポンドと推移していったことからもこの点が伺われる (Stone, "British Long-Term Investment in Latin America, 1865-1913," [*op. cit.*], p. 323, 参照)．なお，念のためリッピィは，ラテン・アメリカへのイギリスからの投資残高は,名目額にして1890年=425,727,710ポンド,1913年=999,236,565ポンドであったとしている (Rippy, J. Fred, *British Investments in Latin America, 1822-1949 : A Case Study in the Operations of Private Enterprise in Retarded Regions*, Minneapolis : University of Minnesota Press, 1959, p. 37 & pp. 67-68, 参照).
273) 少しだけ数字を示すと，アメリカ合州国からのラテン・アメリカへの長期投資残高は，1897年=3億800万ドル，1908年=11億ドル，1914年=16億ドルであった．また，フランスからの同じ投資残高は，1902年=6億5,100万ドル，1913年=17億ドルであった (Stone, "British Direct and Portfolio Investment in Latin America before 1914," [*op. cit.*], p. 721, 参照). さらに，ドイツからの1914年現在におけるラテン・アメリカへの長期投資残高は，アメリカ合州国とカ

このようにして，これまでは，イギリスやフランスだけが世界的な資本輸出国であるとされていたが，1880年代になるとドイツ，少し遅れてアメリカ合州国など複数の国が，資本輸出国とされるようになったのである[274]．

くれぐれも注意しなければならないことは，いくつかの国が資本輸出国になったからといって，これらの国の資本市場が相互に対立と競争の関係になったのではないという点である．基本的には，ロンドン資本市場に包摂されながら，それぞれの資本市場が世界資本市場の一翼を構成するという態勢がいっそう強められたと理解されなければならないのである．

後進地域への資本輸出が増大　また，すでに1820年代から，後進地域であるラテン・アメリカへも資本輸出が行なわれた．けれども，重工業資本主義の時代になると，どの資本市場からの資本輸出にしても，植民地や後進地域への資本輸出が増大したために全般的に激増したといわれるほど，こうした地域への資本輸出が重要になったのである[275]．

　　　ナダへの投資残高を凌駕して全投資地域の16.5%を占めるにいたった (Feis, *op. cit.*, p. 74, 参照)．なお，アメリカ合州国からの投資残高のより詳しい数字については，Lewis, Cleona, *America's Stake in International Investments*, Reprinted, New York:Arno Press, 1976 (The First Edition, Washington, D. C.:The Brookings Institution, 1938), p. 606, 参照 (ついでながら，この文献はアメリカ合州国の資本輸出入史研究にとって貴重な資料であることを添えておこう)．

274)　こうしたことから，第1次世界大戦前のイギリス，フランス，ドイツ，アメリカ合州国からの資本輸出額 (=対外投資残高) が推算されるようになった．ただ，第1次世界大戦期まではアメリカ合州国はなお純資本輸入国であり (数字的に示すと，1914年現在，この国からの対外投資残高は35億ドルであったが，一方，対外長期債務残高は68億ドルであった [Woodruff, *op. cit.*, p. 155, 参照]．他にも入江節次郎「重工業資本主義と資本輸出」[前掲書，所収] 158ページ；Barlow, E. R. and Ira T. Wender, *Foreign Investment and Taxation*, Englewood Cliffs, New Jersey : Prentice-Hall, Inc., 1955, p. 4, 参照)，この国を除外すると，たとえば，1914年現在におけるこの額は，イギリス=37億6,300万ポンド，フランス=18億ポンド，ドイツ=11億7,500万ポンドとされる (入江節次郎，同上，209ページ；Woodruff, *op. cit.*, p. 150, 参照)．もっとも，ロンドン市場を拠点とする資本輸出には外国人や外国の企業も参加していることを考慮しないでイギリスの資本輸出額を算定することは問題である．この点を考慮すれば，むしろ31億3,200万ポンドと見積もるほうがより事実に近いといった見解がある (入江節次郎『世界金融史研究』[前掲]，45ページ，53ページ，参照)．だから，フランスやドイツの資本輸出額の推定値についても，まだまだ問題が残されているのである．ついでながら，第1次世界大戦前のフランスの資本輸出額に関して，いろいろな推定値が出されていることについては，Cameron, Rondo E., *France and the Economic Development of Europe 1800-1914 : Conquests of Peace and Seeds of War*, Princeton, New Jersey : Princeton University Press, 1961, pp. 533-534 ; White, Harry D., *The French International Accounts 1880-1913*, Cambridge, Massachusetts: Harvard University Press, 1933 (*Harvard Economic Studies* Volume XL), p. 315 ; Falkus, Malcolm, "Aspects of Foreign Investment in Tsarist Russia," *The Journal of European Economic History*, Vol. 8, No. 1, Spring 1979, pp. 24-36, 参照．さらに，1908-1913年のフランスにおける対外新資本発行 [対内新資本発行と対比しての] の年次別の推移については，Myers, Margaret G., *Paris as a Financial Centre*, London : P. S. King & Son Ltd., 1936 [Reprinted, New York : Garland Publishing, Inc., 1983], p. 138, 参照．

275)　こうしたことは，何よりも第1次世界大戦前における資本輸出先の地域的分布の推移から知られる [資料については，後掲の脚注283) を参照]．第1次世界大戦前のイギリスからの対外投

第3章　世界資本主義の第Ⅲ段階　211

　後進地域への資本輸出増大について，一例を示すと，地中海沿岸地域を除くアフリカへのヨーロッパからの対外投資額は，1900年には約2億7,500万ポンドであった．だが，1913年末には，その額は，6億1,000万ポンドに達したという．南アフリカの鉱山業の利益を守るためにイギリス軍とボーア人の軍隊との間で戦われたボーア戦争期（1899-1902年）とその戦後を含む時期であったとはいえ，1900-4年のロンドンにおける対外新資本発行のうちアフリカ向けは，39.6パーセントを占めた．続く1905-9年にはこの割合は減少したとはいえ，それでも9.6パーセントを占めた[276]．

資本輸出の新たな役割　そして，このように資本輸出が，地球のすみずみに浸透していくに伴って，資本輸出は新たな役割を与えられるようになった[277]．

　この新しい役割としてまず掲げなければならないのは，すでに述べた世界通商の多角化の進展に伴う各地域間の貿易収支のアンバランス調整の役割を資本輸出が，いっそう担うことになったということである．換言すれば，世界資本主義が内包する矛盾の1つは，この体制のなかでも通貨は各国別に異なっており，各地域の国際収支の動向によって為替相場の動きに表徴される当該通貨の世界的な安定性が脅かされるということである．そして，この矛盾に対処するものとして，国際収支を調整する役割を資本輸出が果たすことになったのである．つまり，ここに事後的にそうなるのではあるけれども，この矛盾への対応が，資本輸出を通じて講じられることになったのである[278]．これは，

　　　資の約半ばは，単なる証券（Portfolio）投資ではなくて直接投資，また，同じ時期の世界の対外投資の約3分の1も直接投資が占めるようになったとされる（Jones, Geoffrey, *British Multinational Banking 1830-1990*, Oxford : Oxford University Press, 1993, p. 9 ; do., *Merchants to Multinationals : British Trading Companies in the Nineteenth and Twentieth Centuries*, do., 2000, p. 8, 参照）．このことと，この地域的分布の変化との関連も問われよう．なお，第1次世界大戦前のイギリスからの直接投資推進の担い手については，Chapman, S. D., "British-Based Investment Groups before 1914," *op. cit.*, pp. 230-251 ; Wilkins, Mira, "The Free-Standing Company, 1870-1914 : An Important Type of British Foreign Direct Investment," *The Economic History Review*, Second Series, Vol. XLI, No. 2, May 1988, pp. 259-282, 参照．

276）　Frankel, *op. cit.*, p. 150 & p. 153, 参照．
277）　ここで一言断っておかなければならないことは，これまでの国民的資本主義を前提にした資本輸出の捉え方には問題があり，むしろ資本輸出は，世界金融として捉えるべきではないかということである（入江節次郎『世界金融史研究』［前掲］に収録されている「資本輸出史から世界金融史へ」，参照）．だが，ここでは，こうした見解を踏まえた上で，商品輸出とは区別される意味において資本輸出を捉え，この用語を使用していくことにしたい．
278）　1880-1884年，1890-1894年，1900-1904年，1910-1913年におけるイギリス，ドイツ，フランスの貿易収支，貿易外収支，うち利子・配当収支の数字（入江節次郎〈大不況〉と資本主義の構造変動」［前掲書，所収］，49ページの第1-29表，参照）を見ることによって，この資本輸出の新しい役割を推察することができるであろう．そして，重工業資本主義の時代に確立したこうした調整の機構は，総体的に世界的な通商と金融の網の目がロンドン市場を中心としてしっかりと

しばしば指摘されることではあるが，念のため重ねて述べることにした．

重工業資本主義の時代には資本輸出がなぜ増大したか　ところで，そもそも重工業資本主義の時代になると，資本輸出がなぜ増大することになったのであろうか．まず，考えなければならないことは，主導産業である重工業の製品の輸出であるが，この製品は鉄鋼，機械，船舶，車輛などについて見ても，すべて生産財であり，鉱山の開発・操業や工場の建設・運営，都市や港湾や鉄道の建設などに伴う需要にもとづくことが多いということである．つまり，資本の投下の先行する需要が多いということである．この時代には既述のように特に後進地域において非鉄金属鉱山の開発が盛んに行なわれるようになったし，アジア，アフリカ，ラテン・アメリカにおいて鉄道建設が進展したことが想起されなければなるまい．

また，後進地域においても港湾都市を中心に，道路は舗装され電気や水道施設の整った近代的な都市が建設されていくことにもなった．だが，この都市の建設も先進地域からの重工業製品の輸入増大の要因となったばかりでなく，これまた，先進地域からの資本の導入に支えられて推進されたのであった．

さきに述べた1890年代からオーストラリアやカナダの非鉄金属鉱山業を主対象とした外域からの資本輸出の増大や，また，同じ年代から新たに増大したフランスなどからのロシアへの資本輸出の対象事業について見ても，そこには，重工業資本主義の到来と深く係わっていることが知られるのである．特にこうした資本輸出については，もっぱら「資本の過剰」や「利潤率や利子率の格差」の観点に立脚するかぎり，正しい理解はできないのである[279]．

(b) 資本輸出と国際通商との新たな関係

どのような新たな関係が　また，資本輸出と国際通商の関係についても，重工業資本主義の時代になると新しい特徴が見られるようになった．イギリスからの資本導入が，独占的な重みを占めた東インドや，ドイツなど他国からの

　　　形成されたこと，換言すればロンドン市場が世界経済の心臓部の地位を決定的に強固なものにしたことを表徴するものであった (Crouzet, François, *The Victorian Economy* [Translated by Anthony Forster], London : Methuen & Co. Ltd., 1982, p. 370, 参照)．
　279)　念のため，この問題について詳しくは，入江節次郎『世界金融史研究』(前掲)，67-72ページ，参照．

それよりも優位を占めたアルゼンチンの場合についても，これらの地域において必要とされる工業製品が主としてイギリスから供給されるという態勢は崩れた．この点については，すでに触れた．

ロシアの資本輸入と工業製品の輸入　さらに興味ある点は，ロシアの資本輸入について典型的に見られる工業製品の輸入との関係であった．ロシアの政府債，政府保証の鉄道債，株式や社債に対するフランスからの投資は，ドイツからのそれよりもはるかに多かった．

たとえば，第1次世界大戦直前の数字では，ロシアの国債への外国からの資本投下は，フランス＝65％, オランダ＝10％, ドイツ＝4％, イギリス＝5％であり，政府保証の鉄道債への投資では，フランス＝40％, ドイツ＝35％, イギリス＝17％, オランダ＝8％であった．また，1900年のロシアの株式と社債を合計したものへの投資では，ベルギー＝33％, フランス＝25％, ドイツ＝24％, イギリス＝14％, アメリカ合州国＝1％であり，いずれにしてもフランスがドイツよりも多かった[280]．

一方，ロシアの商品輸入元の地域別内訳は，1906-10年ではドイツ＝39.5％, フランス＝4.5％, 1911-13年ではドイツ＝45.0％, フランス＝4.6％であり，いずれも圧倒的にドイツが優位を占めた．もっとも，ロシアの商品輸出先についてもドイツは，フランスよりもかなり多かったのではあるけれども，その開きは輸入の場合ほどではなかった[281]．

ところで，ロシアの輸入品目別内訳を見ると，たとえば，1911-13年の数字のみを掲げることになるが，農機具を含む機械器具＝16.3％, 化学製品＝5.2％であり，これらを合計すると，綿糸，毛糸，絹糸，綿製品，羊毛製品，絹製品を合わせた繊維製品＝6.2％をはるかに凌駕していた[282]．

資本はフランスから近代的工業製品はドイツから　そこで，第1次世界大戦前のロシアについては，資本はフランスから，近代的工業製品である機械類や化

---

280) 冨岡庄一『ロシア経済史研究——19世紀後半〜20世紀初頭』有斐閣, 1998年, 306-307ページ, 参照．
281) ロシアの商品輸出先の地域別内訳は, 1906-1910年ではドイツ＝27.1％, フランス＝6.6％, 1911-1913年ではドイツ＝30.2％, フランス＝6.3％であり, ドイツがかなり優位を占めたが, それでも商品輸入元の場合ほどの開きではなかった（ロシアの商品輸入元と輸出先の地域別内訳については, 冨岡庄一, 前掲書, 18ページ, 参照）．
282) 冨岡庄一, 前掲書, 55ページ, 参照．

学製品はドイツからという構造が形成されることになったのである．

(c) 資本輸出の世界的分業の態勢——地域的ないし対象業種別の分業

資本輸出の地域的な分業の態勢　重工業資本主義の時代には，いくつかの資本市場からの資本輸出が増大していったわけであるが，これらは必ずしも競合関係にあったと捉えてはならない．

資本輸出先の重点地域に相違が　まず，資本輸出先について，その重点地域に違いが見られた．たとえば，第1次世界大戦前のイギリス，フランス，ドイツからの資本輸出先の大まかな地域的分布を見てみよう．イギリスからの資本輸出は，ヨーロッパ地域が比較的少なく，2億4,250万ポンドで6.4パーセントを占めた．これに対し，フランスからの資本輸出は，ヨーロッパ地域が比較的多く，11億ポンドで61.1パーセントの重みを占めた．特にロシアが，フランスからの資本輸出先の25.1パーセントを占めて，額においてもイギリスからの資本輸出額の4倍以上であった．イギリスからの資本輸出は，南北アメリカ，アジア，アフリカ，大洋州に90パーセント以上が向けられた．

ドイツからの資本輸出先も，ヨーロッパ地域が比較的多く，6億2,500万ポンドで，53.2パーセントの重みを占めた．なかでも，オーストリア，バルカン諸国，トルコが，重要なドイツの輸出先であった[283]．

特にアジア，アフリカについては　さらに，同じ時期のアジア，アフリカの諸地

---

283) 具体的な数字については．たとえば，入江節次郎「重工業資本主義と資本輸出」(前掲書，所収), 208-209ページ；Woodruff, *op. cit*., pp. 152-155, 参照．特に第1次世界大戦前のイギリスからの資本輸出先については，山田秀雄『イギリス植民地経済史研究』岩波書店, 1971年, 4ページ；Crammond, Edger, "British Investments Abroad," *The Quarterly Review*, Vol. 215 (No. 428), July, 1911, p. 45; Davis, Lance E. and Robert A. Huttenback, *Mammon and the Pursuit of Empire : The Political Economy of British Imperialism, 1860-1912*, Cambridge : Cambridge University Press, 1986, p. 46; Stone, Irving, *The Global Export of Capital from Great Britain, 1865-1914 : A Statistical Survey*, London : Macmillan Press Ltd, 1999, p. 409, Table 59, 参照．また，同じくフランスからの資本輸出先については，数字は少し異なるが，菊池孝美「第一次大戦前におけるフランス帝国主義の性格——資本輸出を中心に」『研究年報 経済学』(東北大学) 第41巻第1号 (通巻132号), 1979年6月, 78ページ (同『フランス対外経済関係の研究　資本輸出・貿易・植民地』八朔社, 1996年にも収録)；Cameron, *France and the Economic Development of Europe 1800-1914* (*op. cit*.), p. 486, 参照．ついでながら，フランスからトルコへの多額の資本投下については，Guyot, Yves, "The Amount, Direction and Nature of French Investments," *The Annals of the American Academy of Political and Social Science*, Vol.LXVIII (*America's Changing Investment Market*), November, 1916 (Reprinted, New York : Kraus Reprint Co., 1975), p. 51, 参照．なお，イギリスの資本輸出先について，1896年と1910年とを比較すれば，ヨーロッパ大陸向けだけが減少し，この減少額は1億300万ポンドに及んだとされる (Crammond, *ibid*., 参照)．さらに，1870年代からのこうした減少化については，中村雅秀『帝国主義と資本の輸出——パクス・ブリタニカの盛衰とアジア』ミネルヴァ書房, 2000年, 7ページ, 参照．

域に対する主要資本輸出国からの資本輸出について見ると，いっそう地域的な重点の違いを知ることができる．アジアにおいては，東インドやセイロンや海峡植民地ではイギリスからの，フランス領インドシナではフランスからの資本輸出が主要な位置を占めた．また，オランダ領東インドに流入した外域からの資本の約 26.6 パーセントは，イギリスからのものであったが，他は主としてオランダからのものであった．アフリカについては，フランスからの資本輸出が約 6.2 パーセントを占めた南アフリカ連邦や，ドイツからのそれが約 32.3 パーセントを占めたベルギー領コンゴを一応別として，総じて帝国主義本国からの資本輸入が，100 パーセント近い割合を占めた[284]．

いろいろの国から資本が流入した地域でも　アジアの中国やシャムには，いろいろの国から資本が流入したけれども，そこでも流入した資本は，単純な競合関係になったのではない．当該地域の内部において場所的ないし業種別に分業した資本の投下がなされたのであった．また，同じ事業対象に対しては提携して投資される場合も少なからずあったことが銘記されなければなるまい．

資本輸出の対象業種についての分業関係　資本輸出の対象業種について，業種別の分業関係がはっきりと見られる事例の 1 つは，ロシアへの資本輸出であった．第 1 次世界大戦前，フランス，ベルギー，イギリス，ドイツなどからロシアの民間事業に資本が投下されたが，1901 年ころについていえば，フランスやベルギーからは鉱山業，冶金業，金属加工業，コークス製造業を含む石炭業，銀行業への投資が多かった．そして，イギリスからは石油業への投資が圧倒的に多く，ドイツからは電機工業や化学工業に重点的に投資された[285]．

---

284)　具体的な数字については，入江節次郎「〈大不況〉と資本主義の構造変動」（前掲書，所収），46 ページ，参照．もっとも，この表によって概括的な考察をしたが，内容に立ち入れば，後述するように，そこでも当該帝国主義本国からの資本輸出は排他的なものでは必ずしもなかった．ついでながら，第 1 次世界大戦前のアメリカ合州国からの対外投資の地域的分布については，Davis, Lance E. and Robert J. Cull, *International Capital Markets and American Economic Growth, 1820-1914*, Cambridge : Cambridge University Press, 1994, pp. 81-82, 参照．そこでは，カナダや中南アメリカへの集中傾向を認めることができる［脚注 273］に触れた合州国からラテン・アメリカ地域への投資額についても，さらにここでの数字を参照］．

285)　冨岡庄一『ロシア経済史研究』（前掲），306 ページ，参照．特に，1890 年代からのフランスからの対ロシア民間事業投資については，Crisp, Oliga, "French Investment in Russian Joint-Stock Companies, 1894-1914," *Business History*, Vol. II, No. 2, June 1960, pp. 75-90, 参照．この民間事業への投資が盛んになった 1896-9 年は，フランス国内が好況期であったことにも注意したい．また，すでに 1900 年までにロシアの株式会社（商事会社や鉄道会社を除く）に対してフランスから投下された資本額は，692,371,823 フランに達したが，さらに，南ロシアにおいて鉱山業や冶金業を営むベルギーの会社に対してフランスから約 100,000,000 フランが投じられたという事実

(d) 資本輸出をめぐる国際的提携——この提携が頓挫した事例をどう捉えるか

南満州鉄道会社についても　日本政府がその資本金の半ばを所有する形で1906年に設立された南満州鉄道会社は，1914年当時，日本からの対満州直接投資の79パーセントを占める重要な機関であった．だが，その実，同社はロンドン金融市場での借款に大きく依存しながら，その活動を展開したのであった．数字的に示すと，1911年までの間に同社がロンドンで受けた借款額は，1,400万ポンドに達したのであった[286]．

ロンドンから資金的に支えられたドイツの資本輸出　ロンドンからの資金的な支えに依存しながら資本輸出活動を行なった事例は，ドイツの資本輸出についても認められる．第1次世界大戦前のドイツからの資本輸出は，証券の形態を通じて，あるいは直接投資という形で事業体に対して，主として大銀行の主導のもとに行なわれたのが特徴であるとされる[287]．

ところで，ここで見落としてはならないことは，こうしたドイツの大銀行による長期資金の投下が，ロンドン金融市場やパリ金融市場などを通じてのこの大銀行への短期資金の供与によって支えられたという事実である[288]．こうしたことからも，ドイツからの資本輸出が，イギリスやフランスからの資本輸出と競合したというように単純に解してはならないのである．

ドイツの植民地への資本輸出についても　南アフリカの鉱山業の資金は，イギリスからだけではなくフランスやドイツなどからも調達されたのであった[289]．

　　　も意味深長である．なお，1885年から1914年までのフランスからロシアへの直接投資の対象業種別内訳の年毎の推移については，原 輝史『フランス資本主義研究』日本経済評論社，1979年，160ページ，参照．
286)　Hou, *op. cit.*, p. 18, 参照．
287)　たとえば，戸原四郎『ドイツ金融資本の成立過程』東京大学出版会，1960年，356-357ページ，参照．
288)　侘美光彦『国際通貨体制——ポンド体制の展開と崩壊』東京大学出版会，1976年，71-72ページ；Born, Karl Erich, *International Banking in the 19th and 20th Centuries* (Translated from the German by Volker R. Berghahn; Originally Published as *Geld und Banken im 19. und 20. Jahrhundert*, Stuttgart : Alfred kröner Verlag, 1977), New York : St. Martin's Press, Inc., 1983, pp. 122-123, 参照．
289)　こうした点，南アフリカのダイヤモンド鉱山業については，Chapman, S. D., "Rhodes and the City of London (*op. cit.*)," *ibid*. [脚注 217]，参照．金鉱山業については，Frankel, *Capital Investment in Africa* (*op. cit.*), p. 89；より詳しくは，Kubicek, Robert V., *Economic Imperialism in Theory and Practice : The Case of South African Gold Mining Finance 1886-1914*, Durham, N. C. : Duke University Press, 1979, *passim*, 参照．特に，南アフリカの金鉱山金融業において支配的地位を占めた Wernher, Beit & Co. のこうした資金調達の状況については，Kubicek, Robert, "Finance

第3章　世界資本主義の第Ⅲ段階　217

排他的と考えられがちなドイツからの資本輸出それ自体についても，たとえば，1890年代からの植民地カメルーンズの植民会社への投資には，ドイツの金融業者ばかりでなくベルギーの金融業者も，資本参加をしたのであった[290]．また，ドイツ領南西アフリカに対しては，1885年に設立されたドイツ南西アフリカ植民会社 (Deutsch-Südwestafrikanischen Kolonialgesellschaft) の他，セシル・ローズとロスチャイルド資本のダイヤモンド企業のデ・ビアス鉱山会社とのイギリス系合同資本グループが，大きく進出していった[291]．

さらに，ドイツとイギリスからの合同出資の南西アフリカ会社 (South-West Africa Co. Ltd.) が，1892年8月にロンドンで設立され，ドイツ領南西アフリカにおいて，鉱山事業や鉄道建設を行なう特権をドイツ政府から与えられたのであった[292]．

協調的な資本輸出関係が基調　資本輸出の投資先である事業は，一定の地域からの資本では不足するような場合，基本的には，広く国際的な資金の導入を求めるのが一般的であった．そこでは，協調的な資本輸出関係が基調になっていくのである．詳論はあえて避けるけれども，政治的・軍事的な対立を必然のように説くために，この対立の根底に資本輸出をめぐる経済的対立があったことを印象づけるような見解がしばしば表明される．だが，こうした見解は，政治的・軍事的プロパガンダに資するものになっていくのである．

協調的な資本輸出の展開が頓挫した事例として　とはいえ，実際には，このような協調的な資本輸出関係が全面的に展開されていったわけではない．この問題に関連して，次のような事例がよく引き合いに出される．バグダード鉄道

　　　Capital and South African Goldmining 1886-1914," *The Journal of Imperial and Commonwealth History*, Vol. III, No. 3, May 1975, pp. 389-391 ; Chapman, Stanley David, *Merchant Enterprise in Britain from the Industrial Revolution to World War I*, Cambridge : Cambridge University Press, 1992, pp. 277-279, 参照．
290)　具体的な状況については，熊谷一男『ドイツ帝国主義論』未来社，1973年，193，202，206，236ページ，参照．
291)　同じく，熊谷一男，前掲書，237-239ページ，241ページ，参照．
292)　南西アフリカ会社の活動については，Henderson, W. O., "British Economic Activity in the German Colonies, 1884-1914," *The Economic History Review*, Vol. XV, 1945, p. 61, 参照．また，その活動の一端については，Dreyer, Ronald, "Whitehall, Cape Town, Berlin and the Economic Partition of South-West Africa : The Establishment of British Economic Control, 1885-1894," *The Journal of Imperial and Commonwealth History*, Vol. XV, No. 3, May 1987, pp. 277-283, 参照（なお，South-West Africa 社の資料は，ロンドンの「カンパニィ・レジストレーション・オフィス」[Company Registration Office] の 'Berg Aukas' というファイルに収められている，とされる［この論文の注の No. 88 による]）．

投資問題である．つまり，ドイツ銀行（Deutsche Bank）の主導のもとに，ドイツ，イギリス，フランスから資本を導入してバグダード鉄道会社[293]という国際資本が投下された会社を創設し，これによってアナトリア鉄道（Anatolian Railway）の終着地点であるトルコのコニヤ（Konya ; Konieh or Konia）からバグダードを経てバスラ（Basra）まで路線を延長する壮大な鉄道建設計画が立てられが，この国際資本の調達が頓挫したという事例である．

バグダード鉄道への投資をめぐる国際的提携の頓挫の内容　では，この事例における国際的な提携の進展が頓挫したというのは，どのような諸点においてであったのか．具体的に述べると，まず，国際的な資本調達を前提として1903年に設立されたこの鉄道会社の資本へのロンドンに本拠を置く金融業者の参加が見送られ，引き続いてこの鉄道会社の社債へのパリでの応募が認められなくなっていったという諸事実である[294]．

帝国主義的国家権力の介入を抜きにしては　問題は，この国際的な提携の進展が，なぜ頓挫したかということである．きわめて重要な問題であるが，結論的に要約していえば，この鉄道建設地域における帝国主義的諸列強の勢力圏拡大と維持の葛藤に，世界金融市場が引き込まれたからであった．つまり，経済の論理を蹂躙して憚らない帝国主義的国家権力の介入を抜きにしては，こうした資本輸出の国際的提携の進展の頓挫を論じることは到底できない，と考えられるのである[295]．

---

293) Imperial Ottoman Bagdad Railway Company ; Kaiserlich Ottomanischen Gesellschaft der Bagdadbahn ; Société Impériale du Chemin de Fer de Bagdad.

294) こうした経過については，Born, *International Banking*（*op. cit.*), pp. 142-144；赤川元章，前掲書，417-422ページ；Chapman, Maybelle Kennedy, *Great Britain and the Bagdad Railway 1888-1914* (*Smith College Studies in History*, Volume XXXI), Northampton, Massachusetts, 1948, pp. 42ff.；Feis, *op. cit.*, pp. 342-360, 参照．なお，背景として1888年初めと1913年末におけるイギリスやフランスやドイツからのオスマン・トルコへの資本投下額の対象事業別内訳については，Pamuk, Şevket, *The Ottoman Empire and European Capitalism, 1820-1913: Trade, Investment and Production*, Cambridge：Cambridge University Press, 1987, pp. 65-66, 参照．

295) 詳論はできないとしたが，この問題を考える上で何よりも参考になる日本の研究書として，杉原達『オリエントへの道──ドイツ帝国主義の社会史』藤原書店，1990年，参照．なお念のため，バグダード鉄道の建設は，資本や設備や技術のヨーロッパからの導入による農畜産業や鉱山業の発展，公益事業の進展，商業機関や銀行などの支店や営業所の開設といった帝国主義的経済進出の一環として捉えなければならないという観点から分析した資料としては，Henderson, W. O., "German Economic Penetration in the Middle East, 1870-1914," *The Economic History Review*, Vol. XVIII, 1948, pp. 54-64, 参照．また，バグダード鉄道の路線延長問題が帝国主義的国家権力間の闘争と絡み合ったことについては，たとえば，Pratt, Edwin A., *The Rise of Rail-Power in War and Conquest 1833-1914*, London：P. S. King & Son, Ltd., 1915（Reprinted in 1998 by Routledge Thoemmes Press［London］as *The Railway Revolution*, Volume VII, Edited by Mark Casson), pp.

7 〈大不況〉期と帝国主義の時代——第3章の結びに代えて

(1) 〈大不況〉期を経て独占的・金融的資本主義の体制が確立

〈大不況〉期の特徴　重工業資本主義の時代になってから3年ほどたった1873年から1895,6年まで世界資本主義は,〈大不況〉期を経過していくことになった．この時期について具体的に理解するには，1873年，1882年，1890年に勃発した世界経済恐慌や恐慌後の不況過程の特殊な様相をまず知っておく必要があろう．だが，こうした諸点については，すでにいろいろ述べられていることであり，ここでは重ねて論述しないことにしよう[296]．

この〈大不況〉期の何よりの特徴は，長期にわたる大幅な物価の低落であった．たとえば，イギリス，アメリカ合州国，ドイツ，フランスについて，1873年＝100.0とした1896年の卸売物価指数が，それぞれ，58.5；59.0；60.0；56.9になったことに指標的に示される[297]．

物価低落の要因を明らかにしていくには　ところで，この驚くべき世界的な卸売物価の著しい低落の要因を説いていくには，重工業の発達に伴う世界的な交通手段の発展に基礎づけられた運賃の低下が，まず掲げられなければならない．運賃の低下は，世界的に供給される工業原料の価格低落の要因となった．また，こうした交通手段の発展に支えられて，穀物の世界的な生産と輸出が著しく増大したことも指摘されなければならない．さらに，重工業資本主義の展開に条件づけられながら，冷凍蔵設備と冷凍蔵輸送船が開発されること

341-344，参照．さらに，この鉄道会社へのロンドンの金融業者の資本参加が見送られたのは，イギリスの政治権力の圧力によるものであったことについては，Francis, Richard M., "The British Withdrawal from the Bagdad Railway Project in April 1903," *The Historical Journal*, Vol. XVI, No. 1, 1973, pp.168-178, 参照．ついでながら，トルコにおける金融活動にイギリスの国家権力が深く係わったことを論じたものとして，McLean, David, "Finance and 'Informal Empire' before the First World War," *The Economic History Review*, Second Series, Vol. XXIX, No. 2, 1976, pp. 293-297, 参照．それから，Cameron and Bovykin (eds.), *op. cit.*, p. 434 においても，この国際的な金融提携の進展が頓挫する事態を招いた責任は，大銀行側にはなかったとされている．

296)　これら3つの世界経済恐慌については，たとえば，入江節次郎『独占資本イギリスへの道』(前掲)，77-92ページ，参照．

297)　1873年の主要国における卸売物価指数を100.0とした1913年までの推移については，入江節次郎「〈大不況〉と資本主義の構造変動」(前掲書，所収)，19ページ，参照．

になったために，安価な冷凍食肉の世界的な供給が激増することになったことも考慮されなければならない．

その上，〈大不況〉期における目を見晴らせるような物価の低落は，重工業資本主義の下での生産性の飛躍的な増大に裏打ちされた工業製品の生産コストの低下に要因づけられていたこともきわめて重要なことである．

要するに，重工業資本主義の下で進展した世界的な産業構造の再編成や交通手段の変革を前提としなければ，〈大不況〉期を大きく特色づける長期にわたる物価の低落の要因について，解き明かすことができないのである．

不況が長引いたのは　〈大不況〉期の他の特徴の1つとして，恐慌に続く不況が長引いたことがあげられる．具体的には，1880年代の初めと終わりのそれぞれの2年間ほどを除き，この時期における不況期間が長期化したことが指摘される．その大きな要因の1つとして，鋼レールが普及したために，鉄道の軌条の置き換え需要の生じるまでの期間が長期化したことがあげられる．

また，大型快速鋼汽船の建造に伴って，新造船需要が生じてくるまでの期間が長くなったことも指摘される．つまり，これらの要因のすべてが，重工業資本主義の所産であった．

さらに，先発重工業地域においては，不況期における旧設備の整理に手間取った．そのため，好況期に旧設備が動員されることになった．その結果，重ねて不況期における旧設備の整理が手間取ることになり，結局，不況が長引くことになったのである．それゆえに，こうした不況の長期化という事態の進展は，20世紀に入るまでの重工業資本主義の特定の時期を特色づけるものとして免れえなかったと，理解されなければなるまい[298]．

独占的・金融的資本主義の確立を説いていくにも　次に〈大不況〉期の過程を経て，世界資本主義が独占的・金融的資本主義の体制を確立するにいたったことも，重工業資本主義の到来を前提として説かれなければならない．つまり，

---

298) 少し脇道にそれるようになるために本文中には触れなかったが，〈大不況〉の1つの特徴として，恐慌期にロンドン金融市場において金融恐慌が発生しなかったことを指摘する向きがある．そして，その主因として，イギリスの銀行が，国内の大企業に対して長期信用を与えていなかったことが掲げられる傾向があった．しかし，イギリスの銀行も当座貸越を利用した短期金融の方法と株式制度とを結合させて，それなりに長期信用を実質的に与えていたのであった．むしろその主因は，世界通商の多角化や対外投資の盛行に条件づけられながら，ロンドン金融市場が，世界金融市場の核としての中心性をいっそう高め，他の国際金融市場との協力態勢をきわめて強めたことに求められるのではないだろうか．

具体的にいえば, なぜ, カルテル的な協定が支配的になったか. 統合体や結合体といわれる企業体が, なぜ支配的な企業形態になったか. 大企業の支配の集中をもたらす手段として, また, 大銀行による信用の供与と連結して, 株式資本の重要性がなぜ増大することになったか. こうした〈大不況〉期の過程において固められた新しい傾向の解明も, 重工業資本主義のもとで進行した産業構造の再編成に即して解き明かさなければならない. これらは, ここでのテーマとして掲げたほどの重要な問題ではあるが, すでに本文中において要約的ではあるが解答したので, あえて繰り返し重ねて説明しないことにしたい[299].

(2) 独占的体制のもとでの国際的経済活動

「資本家団体のあいだでの世界の分割」という事態の進展　資本主義の独占的体制の確立とともに, 新しい国際経済活動が見られるようになった. まず指摘されなければならないのは, 帝国主義に関する古典的学説の1つが掲げた「資本家団体のあいだでの世界の分割」[300] という事態の進展であった. 世界的な巨大諸企業が, 世界市場分割の協定を締結する. これら巨大企業が, 他国の企業を傘下に引き入れる活動をしていく. 今日の世界経済の特徴のように見られているこうした活動が, 特に20世紀に入ってからの重工業資本主義のもとで展開されていくことになった.

経済領域の拡大を目指す闘争　次に, 関税政策を利用した新たな国際的な経済活動に言及しなければならない. そのうちで特筆すべきものは, 帝国主義に関する古典的学説の他の1つが指摘した経済領域 (Wirtschaftsgebiet) の拡大を目指す闘争の展開である[301].

---

[299] ここでの捉えかたとはニュアンスを異にするが,〈大不況〉期の過程を経て独占的・金融的資本主義の体制が確立したことを丹念に論究した研究成果として, 次の2つのものがあることを紹介しておこう. 伊藤誠「『大不況』——イギリスを中心とする」鈴木鴻一郎編『帝国主義研究』日本評論社, 1964年, 所収. 侘美光彦「金融資本の形成とイギリス資本市場」鈴木鴻一郎編, 同上書, 所収.

[300] この学説の唱道者はレーニン (Lenin, Vladimir Iliich, 1870-1924年) であり, 文献としては, たとえば, レーニン著, 宇高基輔訳『資本主義の最高の段階としての帝国主義』(岩波文庫版), 112-125ページ, 参照. なお,「資本家団体」という訳語は気になるが, この訳者の表記に従うことにした.

[301] この学説の唱道者はヒルファディング (Hilferding, Rudolf, 1877-1941年) であり, 文献としては, Hilferding, Rudolf, *Das Finanzkapital: Eine Studie über die jüngste Entwicklung des Kapitalismus*, Wien: Verlag der Wiener Volksbuchhandlung, 1910, SS. 390-394 (たとえば, 邦訳は, ヒ

これは，ドイツ帝国主義の対外経済政策の展開として位置づけられているものであるが，要約的にいえば，1890年代に入ってからのドイツでは，国内の産業を保護するという目的での関税障壁の設定は，もはや必要としなくなっていた．だが，カルテルの結成によって実現される国内市場における高価格＝高利潤をいっそう確実にするために，関税政策を利用した．このようにして確保された高価格＝高利潤は，保護された国内市場に相当する場が広大であればあるほど増大する．広大であれば，大量生産に基礎づけられる低コストの達成によって，いっそうの高利潤が取得されることになるからである．カルテル体制のもとで，この高利潤をプールして輸出奨励金を交付し，ダンピング輸出を推進していくこともできる．そして，ドイツ政府は，ドイツの金融資本と一体となって近隣の諸国と通商条約を締結し，ドイツの経済領域の拡張を実現していった[302]．これによって，ドイツの金融資本は，実質的にその国内市場を拡大していくことができたのであった．

他の国家権力も協力することによって実現　ここで見落としてならない点は，このように経済領域拡張活動が，いうまでもないことであるけれども，単なる経済活動ではなかった，ということである．この経済活動の推進主体は，ドイツの独占的・金融的資本であり，この実行主体はドイツ政府であった．つまり，ドイツ帝国主義の経済政策としてこれは，展開されたのであった．しかも，この通商条約締結の相手は，たとえばルーマニア政府といった国家権力であった．こうした帝国主義的政策は，ドイツ帝国主義的国家権力だけでは展開することができなかった．他の国家権力が協力することによってはじめて，この政策は実行されたことを銘記しなければならない．当然なことであ

ルファディング著，岡崎次郎訳『金融資本論』［岩波文庫版］下，63-68ページ），参照．なお，ついでながら，この「経済領域」という概念そのものは，ヒルファディングの独創ではなく，若き日のバウアー（Bauer, Otto, 1882-1938年）が打ち出したものの継承であるとされる（藤村幸雄「金融資本概念と帝国主義把握──ヒルファディング」入江節次郎・星野中編著『帝国主義研究II 帝国主義の古典的学説』［前掲］所収，433-434ページ，参照）．

302）こうした通商条約の具体例としては，1891年に締結されたドイツとオーストリア・ハンガリー，イタリア，ベルギー，スイスの4カ国との大通商条約，1893年のルーマニア，スペイン，セルビアとの小通商条約，1894年に難航のあげく締結されたロシアとの通商条約があげられる（藤村幸雄「金融資本の政策　関税政策」武田隆夫編『帝国主義論 上』東京大学出版会，1961年，所収，270ページ，参照）．なお，こうしたドイツの通商条約締結政策の展開については，藤村幸雄「金融資本成立期におけるドイツ貿易構造の特質」『経済学論叢』（同志社大学）第13巻第2号，1963年12月；同「ドイツ帝国主義と貿易政策──1902年関税改革を中心として」『社会科学』（同志社大学）5，第2巻第1号，1967年2月；大野英二『ドイツ金融資本成立史論』有斐閣，1956年，166ページ以下．参照．

りながら，忘れられがちなことのように思われるのである．

「帝国関税同盟」の構想　関税政策を挺子とする国際的経済活動の他の事例は，イギリスのチェンバリン (Chamberlain, Joseph, 1836-1914 年) が提唱し，1897 年にカナダ，1903 年にニュージーランドと南アフリカ，1908 年にオーストラリアが承認した「帝国関税同盟」(Imperial Customs Union) の構想であった．イギリス本国と同じ関税政策を自治領が採用するという同盟を結成しようとするものであり，イギリス版経済領域の拡大政策の展開というべきものであった[303]．

しばしば政治権力の発動と結びついた資本輸出　独占的・金融的資本主義の体制下の資本輸出の盛行について，ここで特に指摘しておかなければならないことは，これが，しばしば政治権力と結びついたということである．南アフリカの鉱山業の事例に見られるように，資本輸出によって推進される事業の労働力を確保するために，政治権力が発動されるにいたることについては，すでに述べた[304]．また，資本輸出は，現地における利権の取得に関連した事業の推進に向けてなされることが多かった．鉄道建設や鉱山の開発がこうした事

---

[303]　もっとも，この構想は，実際には帝国外から入ってくる穀物類に対して報復輸入関税を課せざるをえなくなるため，こうした食料品の値上りを招くことになるという理由によってイギリス国内で反対された．そこで，この構想推進の動きは終止符を打たれることになった．とにかく，こうした政策の展開は，経済領域拡張政策のイギリス版の具体化を示すものとして意義づけられる．なお，「帝国関税同盟」については，簡略ながら入江節次郎『独占資本イギリスへの道』(前掲)，181-182 ページ，参照．桑原莞爾「『エドワード期』経済と関税改革論争」桑原莞爾・井上巽・伊倉昌太編『イギリス資本主義と帝国主義世界』九州大学出版会，1990 年，所収，3-39 ページ，参照 (なお，この桑原論文は，同氏の『イギリス関税改革運動の史的分析』九州大学出版会，1999 年にその第 4 章として少し表現が改められて収録されている)．

[304]　ボーア (南ア) 戦争の本質は，南アフリカの鉱山業を支配している国際的金融資本とボーア人農業者との現地における労働力の争奪戦である，と分析したのは，J. A. ホブスンであった．この点の指摘については，佐伯尤「ロスチャイルド，南ア金鉱業主と南ア戦争──研究史の検討から」(1)『経済系』(関東学院大学) 第 186 集，1996 年 1 月，135 ページ，参照．それから，ホブスンによるこの点の詳しい分析については，何よりも Hobson, J. A., *The War in South Africa : Its Cause and Effects*, Reprinted by Howard Fertig, 1969 [First Published in 1900], pp. 189-240, 参照．その他，Hobson, J. A. "Capitalism and Imperialism in South Africa," *The Contemporary Review*, Vol. LXXVII, Jan. 1900, pp. 1-17 (この論文は，入江節次郎訳「J. A. ホブスン『南アフリカにおける資本主義と帝国主義』」『経済学論叢』[同志社大学] 第 23 巻第 3・4 号，1975 年 6 月に紹介されている)，参照．なお，この政治権力であるが，本国の政治権力が直接発動されるのでは必ずしもなかった．重商主義時代にその源をもつ特許会社 (Chartered Company) を介して発動されることがしばしばあった．植民地にふさわしい営業活動をする他，立法，司法，行政，軍事を行なう権能を付与されて 1889 年に設立されたイギリス南アフリカ特許会社 (British South Africa Chartered Company) は，帝国主義時代におけるこの重要な特許会社の代表といえるものであった．原住民から「伝来の土地を収奪し，彼等を賃労働に強制する」(生川栄治『イギリス金融資本の成立』[前掲]，301 ページ，参照) 槓杆となったこの会社は，ローデシアを中心としてこうした役割を果たしたのであった (その活動の地域については，佐伯尤，同上論文，144-145 ページ，参照)．

業であった．この場合も，資本輸出は政治権力の発動に支えられて行なわれていく傾向があった．財政基盤が強固でない現地政府への資本の供与も，しばしば先進国の政治支配を伴うことになった．

(3) 帝国主義の時代——国家権力の最高の発揚期

帝国主義の時代になっていった根拠　以上に述べたように，重工業資本主義の時代には，独占的ないし金融的資本主義の体制が固められていき，後進地域がモノカルチュア経済体制に仕立てられていった．また，資本輸出が，新しい重要性を帯びて増大していったのもこの時代であった．さらに，注目すべきは，この資本輸出を主軸とした国境を越えた経済活動であるが，これが政治と密着してなされることが多くなったということである．

これは，経済力に基本的には依拠しながら，資本が世界市場を創造し拡大していったこれまでの時代とは様相を異にするものであった．ここに，重工業資本主義の時代が，帝国主義の時代になっていく根拠が築かれることになる．

帝国主義の定義　帝国主義については，いろいろな定義が与えられている．だが，これらの定義を通じてえられる共通の認識として，次のような帝国主義の属性が定められる，と考えられる．つまり，帝国主義とは，——

　　国境を越えた地域に対する公式ないし非公式の経済的・政治的支配の獲得・維持が，本国の経済的・社会的・政治的体制の維持・発展にとって不可欠であるとして，独占的・金融的資本が，国家権力と一体になって，こうした支配の体制作りを推進していく歴史段階の資本主義の局面である．

重工業資本主義と帝国主義との関連の究明　では，重工業資本主義の時代になると，こうした帝国主義の体制の重要性がなぜ高まってくるのか．つまり，歴史段階的な概念としての帝国主義と重工業資本主義とは，どのように係わってくるのか．この点，この帝国主義は，独占的・金融的資本主義の体制になったことと不可分に結びついている．特に，後進地域への資本輸出の重要性が増大したことと深く直接的に関連している．大金融業者を頂点とする特定の利益集団が形成されて，このグループによって国家権力が動かされる態勢が作られたことも，新しい帝国主義という歴史段階的体制の特質の1つである．こういったことについては，分析や論議の膨大な研究の集積が残されている[305]．

ここでは，あえて繰り返さないことにしよう．

帝国主義に関して指摘されなかった重要な点　とはいえ，いままで帝国主義についてあまり指摘されていないと考えられる重要な点は，国民的資本主義がそれ自体としては存立しえず，資本主義は世界資本主義としてのみ存立するという矛盾に直面して，国民的資本主義の立場に立ちながら，みずからの領域の新たな拡大によってその矛盾の緩和の実現を幻想的に希求するところに，帝国主義という体制樹立の思想や実践が生まれるということである[306]．帝国主義のなかから，愛国主義[307]と，拡大対象の領域の住民との協和主義とが，表裏一体の関係を保ちながら打ち出されてくるのは，興味のあるところである．

帝国主義の体制下では大国は軍国主義国家の様相を濃厚に帯びる　そこでは，国家権力の動員や優先，そして，国家権力による経済活動への積極的な干与が必然化してくる．商品経済の世界的な自由な活動が著しく阻害されるようになる．そして，この体制を過去のものにしなければならない大きな理由は，帝国主義が，国家権力の最高の発揚形態である武力に裏打ちされながら存立するということである．帝国主義という体制のもとで大国は，軍国主義国家の様相を濃厚に帯びるようになっていく．

世界帝国主義というシステムは存立しえない　国家権力の最高度の発揚に裏打ちされた体制であるがゆえに，一つ一つの帝国主義相互間の共存は，本質的には永続していくことはできない．歴史現実的にも，帝国主義相互の対立の究極の発現形態として2つの世界大戦争が勃発した．つまり，帝国主義の特質は，いくつかの一国帝国主義という形態のみが現出し，世界帝国主義というシステムは存立しえないということである．しかも，一国帝国主義の内部では，協和主義の唱道にもかかわらず，現実には帝国主義本国と当該帝国主義の従属領域とに二分化し，その間の矛盾は，ときとともに深刻化し尖鋭化し

---

305) たとえば，入江節次郎・星野 中編著『帝国主義研究II 帝国主義の古典的学説』(前掲)，参照．
306) 資本主義は，国民的な側面と世界的な側面とをもつ．帝国主義とは，この2つの側面を統一するものである．これが，本著の見解とは微妙に異なって，成立以来の資本主義の本質的な契機であるとする帝国主義把握は，かなり以前に表明されていることを念のために紹介しておきたい（白杉庄一郎『近世西洋経済史研究序説』有斐閣，1950年，461ページ，参照）．
307) この愛国主義が「国旗の帝国主義」(Impérialisme de drapeau)（ジャン・ブーヴィエ著，権上康男・中原嘉子訳『フランス帝国主義研究——19,20世紀』御茶の水書房，1974年，68ページ，参照）という用語で表徴されるのは，意味深長なるものがある．

ていく.

古典的帝国主義期にその根が植えつけられた　古典的な帝国主義の時代のなかから，国家独占資本主義という小段階的な新たな体制を生み出す諸条件が醸成されていったことは，帝国主義史にとって看過してはならない事実である．そして，両大戦間期に，ブロック経済圏の構想が進展していったこと．古典的帝国主義期を経てから特に，民族独立や反体制の旗印を掲げた武力闘争が，帝国主義の体制の内部において激化するようになっていったこと．こうしたその後の展開に見られる特徴のある諸事象も，重工業資本主義の時代の古典的帝国主義期に，すべてその根が植えつけられていたのであった．

政治レベルで帝国主義を表現すると　最後に思えば，J. A. ホブスンは，帝国主義に関する彼の代表的な著述である『帝国主義研究』において，「帝国主義の経済学」と題する第1部よりも「帝国主義の政治学」と題する第2部に多くのページを充当した．帝国主義の政治学の分析が，より重視されたためであると考えられる．とはいえ，ここではその政治学の内容に立ちいる余裕はない．それにしても，この政治学的分析に関連して，ただ一言だけ述べることが許されるならば，帝国主義とは，別の表現で包括的に捉え直すと，政治レベルでは覇権主義の究極的な段階的体制である，ということができるであろう．

現時点においても帝国主義の体制は生き残っているか　こうした意味での帝国主義の体制は，第2次世界大戦後からかなりの年月を経た現時点においても，なお生き残っているかどうか．この問題は，帝国主義の経済史に関心を抱く者から推察しても，今日の世界資本主義の政治的局面に関する1つの究明目標になるのではないかと思われる．もし生き残っているとすれば，それは，もはや時代遅れのものであり，歴史的に清算されなければならないであろう．こうしたことも，古典的帝国主義の時代の分析によって示唆されるのである．どのようにしてこの清算を実現していくか．そこに世界史的な大きな課題が横たわっていることも，世界経済史の重工業資本主義の時代の考究から教えられるように思う．

　捉える角度を変えれば，このような意味でも，重工業資本主義時代の世界資本主義は，現代世界資本主義の構造的原形が形成された歴史的段階である，と意義づけることができるであろう．

結　び

方法の最初の立脚点　経済史は，経済のどのような局面を対象とすべき学問であるか．何よりもまずこのことが明らかにされねばならない．ところが，いままで，この問題からして明確にされていなかった．その一因は，経済学のなかで占める経済史学の位置が，はっきりと定められていなかったからであった．

経済学は，どのような領域によって構成されているのか．この点，経済の理論を究明する分野を経済学を構成する第1の領域とし，経済史学を同じく第3の領域と定める．また，この第1領域にも第3の領域にも属さない，一般に経済政策学の範疇に含められる分野を第2の領域とする．

そして，これら3つの領域の三位一体の関係において経済学は構成されると把握する．そうすることによって，経済史学は，商品経済の成立・展開過程の歴史的究明を本命とする経済学の1領域であることが明確にされる．

資本主義的蓄積が行なわれていく商品経済社会の基盤　この商品経済の完成姿態が資本主義経済社会であるが，そのもとで商品経済は，生産と流通の過程を繰り返す資本の循環の運動として実現していく．そして，この運動を通じて，資本主義的蓄積が行なわれていくのである．

ところで，この循環＝蓄積は，社会的分業という基盤の成立を前提とし，その基盤の上でのみ達成されていく．また，この社会的分業は，資本主義発達の段階に応じて交替する主導産業を中心として編成されるのである．このようにして，この編成は歴史段階的にシステムとして仕上げられていくわけである．

きわめて重要な点は，こうした社会的分業のシステムが，世界的にのみ，つまり，世界経済の場においてのみ完結した体系を樹立することができる，ということである．換言すれば，国民経済の枠のなかでこの樹立を実現していくことは，絶対にできないということである．

簡単明瞭な原理によって　この原理は，いたって単純明快なものである．すべ

ての工業製品を観察すれば，明瞭に理解できることであるが，この製品は，原材料→原料へと遡れば，鉱業，農林畜水産業といった第1次産業の産品に還元される．労働力が，第1次産業の産品なくしては維持できないことや，工業製品の生産や運輸手段の発動に不可欠な動力・燃料が第1次産業に係わる自然的資源から得られることについては，あえて言及する必要もあるまい．

ところで，こうした第1次産業の生産が，自然的・地理的条件に規制されて全地球的規模に分布して行なわれることについても，とりたてて説明するまでもないほど自明である．このような原理にもとづいて，社会的分業のシステムは，世界的に編成されて完結した体系性を獲得することができるのである．

世界経済史こそ経済史学の本命　したがって，商品経済の成立・展開の過程を対象として究明していく経済史は，当然のことながら世界経済史をまずその対象として位置づけなければならない．たとえば，広島県経済史が先にあってそれから日本経済史があるのではなくて，日本経済史が先にあってそれから広島県経済史があるのである．同様に，各国経済史が先にあってそれから世界経済史があるのではなくて，まず世界経済史が存在しなければならないのである．

これまでも，世界経済史という名のつく経済史がなくはなかった．けれども，まず世界経済史が存在しなければならないといった意味での世界経済史は，わずかにしか現れなかったのである[308]．こうした世界経済史が必要とされながら，しかも，特に最近では火が消えたように現れなくなっているのである．これはまったく驚くべきことだといわなければならない．

なぜ下火のように一見なったか　では，なぜここで展開したような内容の世界経済史が，特に最近，下火になったように思われるのであろうか．これについては，いろいろな要因があると考えられるけれども，そのうちもっとも大きなものは，その方法が明確にされず，その方法にもとづく展開が見られないからであるといえよう．そのために，歪んだ各国経済史が展開されることになったり，偏狭な思想が生み出されることになったりしているのである．

---

308)　その代表の1つとして，たとえば，河野健二・飯沼二郎編著『世界資本主義の歴史構造』（前掲）が掲げられるであろう．

一国資本主義史か世界資本主義史かと問うのは時代遅れ　ところで，世界資本主義の存在それ自体が否定できなくなった今日，また一方では，資本主義は，一国資本主義としても，同時に世界資本主義としても存在している．このように捉える俗流的な二面的資本主義理解が，学界のなかにもなお根強く残っているように思われる．

しかしながら，この折衷主義的な捉えかたは，もはや時代遅れの認識であるといえよう．というのは，その枠内では社会的分業の完結した体系を獲得できない一国資本主義は，それ自体としては存立することができないものだからである．まず存立しえているのは世界資本主義であることが，そこでは，しっかりとわきまえられていないからである．

一国資本主義を重ね合わせた総体が世界資本主義である，という考えを脱却できない向きも，まだあるように見受けられる．だが，それ自体としては存立しないものの総体とは，どのようなものとして捉えることができるのであろうか．

経済史の根本問題への解答を迫る世界経済史　ところで，世界経済史の方法や展開を考究していくと，経済史と限らず歴史学一般と言い変えてもよいが，そこには，いくつかの根本問題があることに気づく．

1つには，目的意識制約性の問題である．何のために経済史を研究するか．その価値観にかかわる問題にまず当面する．この価値観は，尊重されなければならない．何のための経済史であるかが明確にされないまま，客観的な事実そのものが経済史である．このようにうそぶく経済史は偽物であることが，世界経済史の提示によってまず暴露されるのである．何よりも世界経済史は，いままでの一国経済史では何ゆえ不充分であるかを問い詰める経済史だからである．

2つには，いままで，経済史の発展に関して段階を区切り，それぞれの歴史段階の特質を究明するのが経済史の本命的な課題だとする発展段階史観が有力であった．けれども，この史観によれば，ともすれば前の段階の特質は当該段階になると消失してしまうような捉えかたになっていく．これでは，経済史における連続性の側面が見失われ，現代経済史こそ経済史学の本命である，といった認識に陥ってしまうのである．結局，底の浅い歴史が語られること

になっていくのである.

　また，前の段階から次の段階に移行していく歴史的な必然性も把握されないことになる．そして，資本主義の発展に伴い当然に新しい段階の特質が生み出されてくる，といった歴史分析を欠落させた単純な論理＝歴史説をよしとするようになっていくのである．

　何度も繰り返すことになるが，当該歴史段階の主導産業を主軸として世界的に編成される社会的な分業の構造は，次の歴史段階になっても消滅しない．これは，変容しながら重層的に組み込まれていく．また，当該歴史段階の主導産業を主軸として世界的に編成される社会的な分業の構造の究明によって，次の段階の主導産業出現の条件は，この構造の内部に醸成されていくことも手に取るように明らかになるのである．こうした認識も，世界経済史の追究によってしっかりと固められるのである．

　3つには，世界経済史ということになると，対象が広大なあまり歴史研究にはならない．お手上げである．このような声も，しばしば聞かれるのであるが，この問題に対して解答が与えられるということである．まず，長い歴史的な経過を辿るのが経済史であるという先入見を払拭しなければならない．そして，現代世界経済の構造の原形が形成されていった時代を段階的に定め，それぞれの段階について，時間的というよりも空間的に主導産業を主軸として社会的分業の世界的編成がどのようにして形成されていったか．どのような意味において，当該段階はこの原形が形成された時代であったとされるか．このような点を明らかにしていくのが歴史研究のむしろ本命であると認識するのである．

　つまり，歴史とは，空間的な時間ではなくしてむしろ時間的な空間であり，歴史研究において，誤解を恐れずに表現すれば，時間よりも空間を重んじるという方法に立たなければならないのである．「時は流れず」[309]という哲学的思考を経済史を学ぶ人たちは，自家薬籠中のものにしていかなければならないのであって，このことを世界経済史の研究は迫るのである．

主導産業を定立する意義　世界経済史を展開していくに当たっては，それぞれ

309）こうした哲学的思考については，たとえば，大森荘蔵『時は流れず』青土社，1996年，参照．

の段階の社会的分業の世界的編成の構造を明らかにしていくという方法を採用したが，その場合，この編成の主軸として，主導産業が定立される．だが，主導産業を定立する意義はそれにとどまらない．主導産業の景気の動向は，当該歴史段階の世界景気の動向を規制するのである．このように世界景気を主導する位置を占める点でも主導産業は重要な意義をもつのである．

　さらに，主導産業内部の画期的な事態の進展が，当該歴史段階を特質づけるものとなるのである．たとえば，綿工業資本主義の時代には，労働力の商品化が実現したとされるが，その場合，当該時代の主導産業である綿工業の基幹部門である綿紡績業における大きな構成要素となった不熟練労働者が，労働力市場を通じて調達されるようになったことが重要な意味をもつことになったのである．また，重工業資本主義の時代は，独占的・金融的資本主義の時代になったとされるが，その場合，当該時代の主導産業である重工業部門において独占的競争や金融資本的蓄積が支配的になったことが，歴史段階を画期づける重要な意味をもつものとなるのである．

綿工業資本主義の時代に世界資本主義の骨組みが形成される　そして，世界資本主義は，まず綿工業を主導産業とする体制として発足することになる．この世界資本主義の第Ⅰ段階というべき綿工業資本主義の時代（1820-1850年）は，資本主義を特質づける労働力商品化の体制が形成されたという意味で，成立したとされるだけではない．世界資本主義の脈管に相当する世界商品市場と世界金融市場ができ上がったという意味で，これは成立したと認められるのである．こうした認識がむしろ重要であり，この点において，この時代は世界資本主義のいわば骨組みが形成された時期であると位置づけることができるのである．

　けれども，世界資本主義の体制の肉付けは，なおこの時代には不充分であった．とはいえ，この時代に早くも世界的鉄道建設の第1期と称してもよい事態が進展していった結果，この時代に編成された社会的分業の世界体制の内部に，次の鉄工業資本主義（1850-1870年）の時代の主導産業として登場する鉄工業が勃興してくる条件が醸成されていくのである．

鉄工業資本主義の時代は過渡期　そして，1850年ころから，前の時代の鉄道建設の進展を基盤としながら世界的な鉄道建設が本格的に進展していくことに

なるのである．この世界的な鉄道建設の進展を市場的な支えとしながら，綿工業に替わって鉄工業が主導産業として前面に出現してくるのである．前の段階の消費財部門ではなくして，生産財部門が主導産業の位置を占めるにいたったことは，世界資本主義の第Ⅱ段階の到来を何よりもよく表徴するものであった．だが，なお，この鉄工業は手工業的なものであり，主導力において限界のあるものであった．世界的に発展の余地を大きく残していた鉄道業や海運業は，外部から製鉄業内部の技術革新を強く促迫していったのである．こうした意味において鉄工業資本主義の時代は，綿工業資本主義から重工業資本主義へと発展していく世界資本主義史における過渡期として位置づけられることになろう．

重工業資本主義の時代に現代世界資本主義の原形が形成 やがて近代的鉄鋼業が出現し，その核に位置する製鋼業を中心とする重工業が，1870年ころから主導産業として登場し，世界資本主義は，重工業資本主義の時代（1870-1914年）としてその第Ⅲ段階を迎えることになるのである．

この時代は，資本主義が独占的・金融的資本主義の段階に進展することになったという意味でも，また，後進地域の帝国主義的包摂が深化していくことになった点でも，さらに，広範にして濃密な網の目状に重層的に再編成された世界的な社会的分業の場において，資本が循環＝蓄積の運動を複雑に展開していくようになった点でも，現代世界資本主義の原形が形成された時期として意義づけられる．

そこに現代があるという様相を さらに，要約的に少しだけ具体的に掲げると，外域における政治的・軍事的・経済的支配が達成されなければ，本国の社会的・経済的・政治的な安定と発展はありえないとする帝国主義の体制が古典的に形成されたのもこの時代であった．また，後進地域がこの帝国主義の体制に包摂されることによって，現代の「南北問題」の原形が生み出されたのもこの時代であった．同時にこれは，今日のアジア・アフリカ台頭の根が，この時代に植え付けられたことをも意味した．運輸・通信手段の発達によって，通商や金融は，いよいよ世界的に多角化したが，こうした諸関係のなかに世界の各地が組み込まれた現代的意義も重要なものであった．

このようにして，綿工業資本主義の時代にその骨格を形成した世界資本主

義は，次の鉄工業資本主義の時代という過渡期を経て，重工業資本主義の時代に進んで，その肉付けを完成していくのである．ここに，世界資本主義は，そこにはすでに現代があるという態様を呈するに至るのである．

あ と が き

重化学工業資本主義の時代について　ここで展開された経済史は,別様に表現すれば,現在の世界経済のシステムを歴史の発展の過程のなかに段階的に映し出して捉えるという方法にもとづくものであった．その際の現在が,未来の萌芽を内包するものとして押さえられていることはいうまでもない．

　ということからしても,重工業資本主義の時代に続いて,重化学工業資本主義の時代（両大戦間の 1914-1945 年）について,究明していくことが求められるであろう．近代的化学工業が,重工業資本主義の時代に勃興することになったことは,すでに述べたが,この化学工業が,次の時代には主導産業の一翼を占めるようになるのである．

　重化学工業資本主義の時代において,高圧の電流を導入するだけで動力を発生させる電動機が普及したことは,重要な意味をもつものであった[310]．また,化学工業の原料であるとともに新たなエネルギー源となった石油の重要性の増大も考慮していかなければならない．ところで,重化学工業資本主義時代の本格的な究明は,重工業資本主義時代の分析に続くものとして,ここでは取り上げず,今後の課題としたい．

第 2 次世界大戦後の主導産業は　さらに,第 2 次世界大戦後について,その主導産業は何かが問われてくるであろう．その場合,この大戦後に世界の産業の構造はどのように変化したかが,前提として明らかにされなければなるまい．

　この問題については,まず,この大戦後における新しい技術革新として,情報処理に画期的な革命的変革をもたらしたコンピューター機器の出現を掲げなければなるまい．このコンピューターを核とした情報技術産業は,衛星通信装置の開発をも内包するものであるが,こうした情報技術産業の飛躍的な

---

[310]　電動機導入の画期的な意義については,有澤廣巳・脇村義太郎・鈴木鴻一郎『カルテル・トラスト・コンツェルン』御茶の水書房, 1977 年, 203-204 ページ, 参照.

発展に伴って，世界の情報伝達手段は驚嘆に値するような発達を遂げるにいたっている．

しかも，このコンピューターは，耐久消費財として家庭内に入り込んだいくつかの電気機器の1つとして，生活必需品の位置を与えられるようにまでなっているのである．

また，第2次世界大戦後には，高分子化学工業の名において発達した化学工業製品も，市場に広範に普及していくことになった．

自動車や航空機の産業の興隆　自動車や航空機の産業の興隆それ自体は，両大戦間の重化学工業資本主義の時代に生じた．だが，高分子化学工業の原料であるとともに主要なエネルギー源となった石油の関連産業の発達にも支えられて，自動車産業は，大型輸送車と自家用車の需要増大に支えられながら，新たな発展の時代を迎えることになった．いうまでもないが，その交通路の整備は，権力機関によって推進され続けているのである．

ジェット・エンジンで飛行する快速大型航空機による世界の航空路の支配も，第2次世界大戦後における新たな交通革命の進展を表徴するものであった．こうした航空機の発達が，非鉄金属工業のいっそうの発展に即応するものであったことはいうまでもない．

なお，自動車や航空機の産業の発展が，環境破壊をさらに拡大するものとなっていることも，ついでながら触れておこう．

だが，こうした一連の新たな展開が見られるようにはなっているものの，大型タンカーの建造や高速船の開発のおかげで，造船業それ自体は衰退してはいない．大型共同住宅などの建造や土地開発，水利事業，機械化農業，道路・橋梁・港湾・鉄道のさらなる建設の進展に支えられて，重機械工業もそれなりに発展している．このような諸点を考えていくと，重工業の核としての製鋼業の地位は，依然として揺らいでいないとするのが，正しいのではなかろうか．

自動車産業や情報技術産業は新しい主導産業になっているか　このような観点に立つとき，関連業種の広がりも大きく，世界的な景気循環の動きに与えている影響力の点から，自動車産業を現代世界経済の主導産業の位置に据えるのは，果たして妥当であるかが問われてくるのである．

また，情報技術革命の達成は，生産力の今日的発達の水準をたしかに表徴するものではあるけれども，この情報技術産業を現代世界経済の主導産業とするのは，やはり正しいであろうかと問われてくるのである．この問題は，どのように考えたらよいであろうか．

経済史研究者の立場からいえば，歴史的な考察によって回答が導き出されるのではないかと思われる．

主導産業とは産業構造の世界的な編成を主導するもの　つまり，世界経済史を学んだ体験に照らして思えば，綿工業資本主義，鉄工業資本主義，重工業資本主義を通じて共通して主導産業とされるものは，景気循環を世界的に主導した産業であっただけでなかった．社会的分業の世界的な編成を主導する位置を占めた産業であった．換言すれば，それぞれの段階の主導産業は，第一次産業をも含めて産業構造の世界的な変動を引き起こす主導力をもつものであった．

このような重みを今日の自動車産業や情報技術産業はもっているであろうか．研究を深めていった結果，このことが証明されるならば，こうした産業を主導産業の位置に据えることに誰しも異論は差しはさまないであろう．

だから，このことが証明されるまでは，現在の主導産業は，両大戦間期における重化学工業という態勢を基本的にはそのまま継続させている，と考えざるをえないのではなかろうか．

とはいえ，この重化学工業の内容は，科学技術の飛躍的な進歩に条件づけられて，ひときわ高度化した内容のものになっていると捉えなければならない．さらに，こうした重化学工業製品が，いまや家庭用品の内部に入り込んできていることを，どのように意義づけたらよいか．こうした問題についても，議論が深められていくことが期待されるのである．

第2次世界大戦後の世界金融市場の態様は　では次に，第2次世界大戦後における世界金融市場の態様は，どのようなものとして理解したらよいであろうか．21世紀は，統一的な世界通貨が出現して，為替相場の変動によって経済の動きが影響されるような体制が解消していく世紀になっていくことが期待される．だが，未来はそのようになっていくとしても，それまでの世界金融市場の態様をどのように捉えたらよいか．少しばかり言及しておこう．

何よりも，その場合，かつて世界の金融市場を統括していた時代における

ロンドン世界金融市場の性格について，再認識をしておくことが有意義ではなかろうか，と思われるのである．そこには，重要な2つの事実が厳然と存在していたのであった．

　1つには，ロンドン世界金融市場は，なるほど地理的にはイギリスに所在していたけれども，そこは，イギリスの政治権力の支配の及ばない文字通り自由な金融市場であったことである．この「自由」を享受することができたがゆえに，世界金融市場の中核的な位置をロンドン世界金融市場は，占めることができたのであった．

　2つには，ロンドン世界金融市場は，単独で世界金融市場の位置を占めたのではなかったということである．アムステルダム，パリ，フランクフルト，ベルリン，ウィーン，ペテルスブルク，フィラデルフィア，ニューヨークなどなど，世界の国際金融市場を傘下に収めて包摂することによって，ロンドン世界金融市場は存立してその機能を果たすことができたのであった．

　このような諸点を再認識するとき，いまやドルが世界通貨であり，このドルをもっていけば，世界中どこにおいても物が買えるのであるが，それにもかかわらず，アメリカ合州国の金融市場の中心であるニューヨーク金融市場に対して，歴史的なロンドン金融市場に相当するような位置づけを与えることはできない．ロンドン金融市場の歴史的な性格と機能は，変容しているとはいうものの，本質的には滅び去ることなく，現在の世界金融市場の構造に重層的に組み込まれて生きているのである．具体的にいえば，ニューヨーク世界金融市場は，このロンドン世界金融市場の存在を前提とし，これによって支えられながらその機能を発揮することができているのである．

現代における帝国主義の体制の問題　最後に，第3章の末尾に触れた第2次世界大戦後における帝国主義の問題であるけれども，外域における政治的・軍事的・経済的な支配がなければ本国の政治的・社会的・経済的な安定と発展が計れないとする帝国主義の体制は，なおも生きているかどうか．この問題も，活発な議論の対象とされたいものである．

　そして，第2次世界大戦後も，この帝国主義の体制は変容しながらも，生き延びているとした場合，この帝国主義の体制を掘り崩すような動きが，同時に進行していることも銘記されなければならないのである．その動きとは，──

1つには，ヨーロッパにおける EU（ヨーロッパ共同体）の動きである．EU が，国民国家の枠をどのように取り払っていくか．20世紀的な帝国主義に替わる新しい体制作りの動きとして，注目しなければならないと考えられるのである．

　2つには，東アジアを中核とするアジア共同体の動きである．これは，EU よりも発足が立ち遅れ，また，この共同体の形成は容易な道ではないと思われるのではある．けれども，このアジア共同体の動きについても，ようやく抽象的な議論の段階を越えて実践への道が探索されるようになってきているのである．

生き延びていくものと滅び去っていくもの　未来の世界経済の構造を展望していく場合，過去と現在との構造を概観し，生き延びていくものと滅び去っていくものとを峻別することが大切であると考える．その上で，過去と現在との世界経済の構造を重層的に組み込んで，未来の世界経済の構造は，形成されていくものと考えなければならない．

　歴史に学ぶことなくして，未来を語ることはできない．このようにいうとき，これを学ぶことによって，こうした峻別の能力を身につけていくことが，同時に求められているということができよう．

　ここで本書の記述を終えることにしたいが，ここに，本書作成のための資料固めについては，当人の大学院博士課程在籍中から現在は日本大学経済学部助教授の上村能弘氏の助力がえられたことを特記しておきたい．

　それから，最後になってしまったけれども，本書が世に問われることになったのは，ひとえに株式会社藤原書店代表取締役社長の藤原良雄氏の並々ならぬご尽力に負うところ誠に多大である．ここに心から厚くお礼を申し上げなければならない．また，藤原書店編集部の清藤　洋氏には，本書の製作業務について一方ならぬお世話になった．ご芳情を深謝しなければならない．

統計表一覧

第1表　世界の地域別鉄道の総延長キロ数 (1840 – 1865 年) ………………… 104
第2表　イギリス (U.K.) からの鉄道用鉄材の輸出高 (1847 – 1870 年) ………… 107
第3表　イギリス (U.K.) からの鉄鋼の輸出額 (1846 – 1870 年) ……………… 108
第4表　イギリス (G.B.) からの鉄材の輸出高 (1840 – 1870 年) ……………… 109
第5表　ヨーロッパ全域への棉花供給地のうちアメリカ合州国, 東インド, エジプトの占める割合 (1861 – 1866 年) ………………………………… 127
第6表　主要国の銑鉄生産に対する錬鉄生産の比率 (%) (1870 – 1910 年) ……… 134
第7表　主要国の鋼生産のうち平炉鋼生産の占める割合 (%) (1875 – 1910 年) … 135
第8表　世界の製鋼業国の粗鋼生産高 (1871 – 1910 年) ……………………… 136
第9表　イギリス (U.K.), ドイツ, ベルギー, アメリカ合州国, フランスからの銑鉄を除く鉄鋼の輸出高 (1896 – 1910 年) ……………………………… 137
第10表　鉄道レールの主要国の輸出高 (1901 – 1910 年) ……………………… 138
第11表　イギリス (U.K.) の銑鉄の生産高と輸出高 (1875 – 1913 年) ………… 140
第12表　イギリス (U.K.) からの輸出先別銑鉄輸出高 (1875 – 1896 年) ……… 140
第13表　主要鉄鋼業国における高炉の大型化の進行状況 (1870 – 1910 年) ──1 高炉当たりの年間銑鉄生産高の推移 …………………………… 143
第14表　イギリス (U.K.) の非鉄金属類の輸入高 (1880 – 1910 年) …………… 149
第15表　スエズ運河を通過した船舶の隻数・総トン数・1 隻当たりの平均トン数 (1870 – 1912 年) ……………………………………………………… 164
第16表　イギリス (U.K.) の地域別小麦輸入高 (1879 – 1912 年) …………… 168
第17表　イギリス (U.K.) の冷凍食肉輸入高 (1885 – 1910 年) ──オーストラリア, ニュージーランド, 南アメリカからの …………………… 172
第18表　シンガポールの米の輸入高 (1875 – 1910 年) ……………………… 181
第19表　シンガポールからの米の輸出高 (1875 – 1910 年) ………………… 182
第20表　東インドのイギリス (U.K.), ドイツ, アメリカ合州国との通商関係の推移 (1870 – 1909 年) …………………………………………………… 187
第21表　アルゼンチンのイギリス (U.K.), ドイツ, アメリカ合州国との通商関係の推移 (1870 – 1909 年) ……………………………………………… 188
第22表　カナダの対外通商関係の地域別比率 (%) (1851 – 1911 年) ………… 192
第23表　イギリス (U.K.) やアメリカ合州国とのカナダの貿易収支 (1875 – 1913 年) … 193
第24表　アフリカ (北アフリカを除く) 諸地域の主要輸出産品と総輸出入額 (1907 年と 1913 年) ……………………………………………………… 195
第25表　ゴールドコースト, ナイジェリア, 南アフリカのイギリス (U.K.) やドイツとの通商額 (1907 年と 1913 年) …………………………… 197
第26表　イギリス領アフリカ諸地域の公債発行残高 (1913 年, 現在) ………… 208

人名索引

（1） 業者についても，形式的には個人としてその名がでてくる場合には，原則としてここに収録した。
（2） 明朝体で表記した人名は，参照文献の編者，著者，執筆者であり，ゴシック体で表記した人名は，こうした編者，著者，執筆者以外の人物である。参考文献の著者であるとともに，経済史における，あるいは経済学史上重要な人物についても，当該人名はゴシック体で表記した。
（3） ファミリー・ネーム以外は詳しくは判らない人物も，幾人か現れることになったことをお断りしておきたい。

A

Adler, Drothy Richardson 107-108, 112-114, 119
Ahvenainen, Jorma 166
赤川元章 207, 218
秋田茂 189
Amphlett, George Thomas 203
有澤（沢）廣巳 110, 160, 235
浅羽良昌 160
Atkin, John 72

B

馬場宏二 30, 147
Baines, Edward 96
Banks, Erik 31
Baring, Thomas 115
Barlow, Edward Robert 210
Baster, Albert Stephen James 202-207
Bauer, Otto 222
Bell, *Sir* Lowthian 144
Berghahn, Volker R. 216
Bessemer, *Sir* Henry 133
Bethell, Leslie 151, 179
Birch, Alan 109, 135, 164
Bischoffsheim, Louis Raphael 206

Blakemore, Harold 151
Blount, *Sir* Edward Charles 88
Born, Karl Erich 216, 218
Boulger, Demetrius Charles 87
Bouvier, Jean 73, 225
Bovykin, Valerli Ivanovich 162, 206-207, 219
Brassey, Thomas 89, 106, 111, 114-115, 118
Buist, Marten G. 73
Burk, Kathleen 112
Burnham, Thomas Hall 134-136, 143
Butlin, Noel George 152

C

Cain, P. J. 189, 192, 194
Cameron, Rondo Emmett 51, 117, 162, 206-207, 210, 214, 219
Carr, Edward Hallett 35
Carr, James Cecil 135-141
Cassis, Youssef 203
Casson, Mark 218
Chaloner, William Henry 96
Chamberlain, Joseph 223
Chapman, Maybelle Kennedy 218
Chapman, Stanley David 31, 112-113, 166, 177, 211, 216-217

Chapman, *Sir* Sydney John   62, 166
Chilvers, Hedley Arthur   177
Clapham, *Sir* John Harold   89
Clarence-Smith, William Gervase   176, 195
Cornford, Leslie   85
Cottrell, Philip Leonard   51, 115
Crammond, Edgar   214
Crisp, Olga   215
Critchell, James Troubridge   171-174
Crossley, J. Colin   172
Crouzet, François   212
Cull, Robert J.   215
Curtin, Philip de Armond   49, 76
Curtis, Benjamin Hobbins   81

D

Davis, Clarence Baldwin   117
Davis, Lance Edwin   214-215
Davis, Ralph   162
Deane, Phyllis   107-108, 110, 142, 149, 168-169
Denby, Charles   152
Dethloff, Henry C.   68
土井 修   151
Dreyer, Donald   217

E

Ellison, Thomas   63, 126-127
Eltis, David   68
Emmer, P. C.   178
Engels, Friedrich   98
Engerman, Stanley Lewis   178
English, Henry   82

F

Falkus, Malcolm   210
Falkus, M. E.   84
Feis, Herbert   206, 210, 218
Ferguson, Niall   73, 88, 90, 115, 152

Ferns, Henry Stanley   160
Fieldhouse, David Kenneth   176
Fischer, Wolfram   166
Fitzgerald, Patrick   148
Fletcher, T. W.   174
Flinn, Michael Walter   146
Forbes, Ian L. D.   189
Forster, Anthony   212
Francis, Richard M.   219
Frankel, Sally Herbert   203, 208, 211, 216
Fremdling, Rainer   117
Fry, Richard   196
藤本 剛   30
藤村幸雄   91, 222
藤澤健一   35
藤沢正也   201
藤田暁男   29
布留川正博   68, 160, 176

G

Garbade, Kenneth D.   166
Gerenstain, Grigori   158
Gilchrist, Percy Carlyle   133
Goldsmid, *Sir* Issac Lyon   87
五味健吉   168
権上康男   153, 225
Gonzales, Michael J.   178-179
Greenhill, Robert   172
Guyot, Yves   214

H

Hall, Alan Ross   152
原 輝史   216
Hartland, Penelope   191
Harvey, Charles   142
波多野善大   161
Helps, Arthur   106
Henderson, William Otto   50, 88-89, 91, 115, 125, 217-218
Hidy, Muriel Emmie   112

Hidy, Ralph Willard   73, 112, 115
Hilferding, Rudolf   221-222
平田清明   37
平田雅博   166
広岡治哉   110
Hobson, Charles Kenneth   209
Hobson, John Atkinson   177-179, 223, 226
Hopkins, Anthony G.   50, 189, 192, 194
堀 晋作   185
星野 中   178, 222, 225
Hoskins, George Owen   134-136, 143
Hou, Chi-ming   158, 162, 216
北條 功   105, 117
Hurd, John M. [II]   122
Huttenback, Robert Arthur   214

I

一條和生   98
市川弘勝   110, 133, 160
市川承八郎   119, 194
飯沼二郎   29, 45, 109, 144, 228
居城 弘   207
池本幸三   48, 68
生川栄治   147, 202, 223
今井圭子   92, 105, 151, 159, 173
稲富信博   166
井上幸治   24
井上隆一郎   73
井上 巽   223
石田 進   125-126
石澤新二   178
Ismā'īl Pasha   125
Issawi, Charles   126
伊藤 誠   221
伊藤昌太   223
岩田 弘   48

J

Jagtiānī, Hīrā Metharam   116
Jenks, Leland Hamilton   87, 106-107,
  109-110, 115, 117-119, 121
Jones, Charles   207
Jones, Clement   164
Jones, Geoffrey   158, 166, 205, 211
Joslin, David   207

K

樺山紘一   50, 179
可児弘明   179
柿崎一郎   153
上村能弘   64, 67, 125, 239
川上忠雄   48
川勝平太   153
河野健二   29, 45, 109, 144, 228
Ken, Wong Lin   179
菊池紘一   153
菊池孝美   214
木村和男   121
King, Wilfred Thomas Cousins
  201-202
Kirkaldy, Adam Wills   162-164
北村次一   207
Klarén, Peter Flîndell   179
Knox, Frank Albert   191
小林良彰   89
琴野 孝   151
Kreeft, Christpher   90
Kubicek, Robert V.   216
久保田英夫   185
熊谷一男   217
Kumar, Dharma   122
神代 修   179
黒澤隆文   90, 115
桑原莞爾   223

L

Landes, David Saul   90, 115, 125-126
Latham, Anthony John Heaton   153, 155-156, 166, 176, 180-184, 194, 196, 198, 200
Lenin, Vladimir Iliich   221

Leopold Ⅰ:George Chretien Frederic Leopold　86
Levy, Hermann　148
Lewis, Cleona　210
Lewis, Colin M.　151
List, Friedrich　40
Luxemburg, Rosa　32, 124-125

M

McInnis, R. Marvin　166
Mackenzie, William　89
McLean, David Alexander　219
Macrosty, Henry William　139, 146, 148
牧野 博　92, 116, 120-123
Marshall, Herbert　191
Martin, Pierre Emile　134
Marx, Karl Heinrich　34
増田冨寿　159
Mathias, Peter　51
松井 透　121
Michie, Ronald Cattanach　72, 166, 202
宓汝成（ミー・ルーチョン）　152
南塚信吾　159
Mitchell, Brian Redman　105, 107-108, 110, 136, 142, 149, 151-154, 156, 163, 168-169, 187-188, 193, 196-197
宮川 淳　68
宮本謙介　176, 179
宮下郁男　119, 204
宮下柾次　169-170
宮崎犀一　105, 125, 162-163
宮崎義一　33
溝田誠吾　145
水田正史　104, 205
森 芳三　124
森川英生　160
森田桐郎　30, 105
森田安一　90
本山美彦　30
Mulhall, Michael George　144, 163
室井義雄　50, 175-176
Myers, Margaret Good　210

N

永田啓恭　29
中川敬一郎　176
中原嘉子　225
中木康夫　73
中村雅秀　214
中西弘次　119
中山弘正　151, 158-159
中山 毅　51
名和統一　125
Neal, Larry　180-182
Newbury, Colin　177
西村閑也　166, 185, 202-203
Nishimura, Shizuya　166
新田 滋　147
野村正義　153
Northrup, David　179
布目真生　31

O

荻原 登　31
岡野内 正　206
岡崎次郎　32, 222
奥泉 清　30
奥村茂次　105
Ol', Pavel Vasil'evich　158
尾上修悟　189-192
大橋周治　160
大森弘喜　157
大森荘蔵　230
大野英二　222
大塚久雄　28
大内 力　170
Orbell, John　73
Owen, Edward Roger John　126
小沢治郎　112

P

Pamuk, Şevket　218

Patterson, Ernst Minor   152
Perren, Richard   172-173
Perry, Matthew Calbraith   105
Phelps, Vernon Lovell   186
Platt, Desmond Christopher St. Martin   151, 160, 166, 200, 207
Pollard, Sidney   164, 175
Porter, Andrew   208
Powell, Ellis Thomas   204
Pratt, Edwin A.   218

R

Raymond, Joseph   170-174
Regalsky, Andrés Martín   151, 160
Remer, Charles Frederick   161-162
Rhodes, Cecil   177, 217
Ricardo, David   34
Richardson, Peter   177, 179-180
Rippy, James Fred   209
Robertson, Paul   164, 175
Robinson, Ronald Edward   117
Roman, Donald W.   117
Rostow, Walt Whitman   40, 168
Rothschild, James Meyer   115
Rothschild, Nathan Meyer : *1st Baron Rothschild*   152, 177
Rothschild, Solomon Meyer   90

S

佐伯 尤   177-178, 180, 223
雀部高雄   160
佐々木隆生   159
佐々木隆雄   168
Sassen, Saskia   30
佐藤秀夫   30
Saul, Samuel Berrick   185-187
Saunders, Kay   177
Scammell, William McConnell   202
Schneider, Jügen   166
Schulze, Max-Stephan   159
柴田匡平   206

島田悦子   89, 117
清水幾太郎   35
下山 晃   68
白杉庄一郎   225
正田健一郎   51
Siemens, *Sir* Charles William   134
Siemens, Friedrich   134
Silber, William Leo   166
Simon, Matthew   191
Smith, Adam   34
Southard, Frank Allan *Jr.*   191
Spackman, William Frederick   63
Stephenson, Robert   91
Stone, Irving   151, 160, 209, 214
杉原 薫   198-200
杉原 達   218
杉山忠平   98
Sun, E-tu Zen   158
鈴木圭介   119
鈴木鴻一郎   221, 235
鈴木俊夫   72, 202

T

高橋幸八郎   105
高橋泰隆   161
武田元有   207
武田隆夫   222
竹野内真樹   30
竹内幸雄   177, 189
滝澤秀樹   160
侘美光彦   46, 216, 221
田中章喜   51
Taplin, Walter   135-141
Taylor, Frederick Williams   191
Taylor, Kenneth Wiffin   191
Taylor, Peter   142
Thomas, Sidney Gilchrist   133
Tilly, Richard   117
戸原四郎   216
時永 淑   32
常盤政治   169
徳江和雄   139, 142

冨岡庄一　213, 215
戸塚秀夫　49
角山　榮　40, 49-50, 105, 109, 122
鶴見良行　166
Turrell, Robert Vicat　177

U

内田勝敏　179
宇高基輔　221
Ure, Andrew　96

W

脇村孝平　179
脇村義太郎　235
Walsh, Robert　77
Watt, James　52, 84
Wender, Ira Tenbard　210
White, Harry Dexter　210
Wilburn, Kenneth E.　117

Wilkins, Mira　211
Williams, Eric Eustace　50-52
Williams, Gardner Fred　177
Wilson, Charles　176
Wilson, Derek　73
Woodruff, William　162, 176, 195, 210, 214

Y

山田秀雄　175, 177, 214
楊井克巳　176, 209
矢内原忠雄　176, 178-179
依田憙家　152
吉岡昭彦　122
游　仲勲　30

Z

Ziegler, Philip　73

企 業 名 索 引

（1） 個人名であっても，企業としての活動が重視される業者については，すでに「人名索引」に取り上げられたものも，重ねて業者名を掲げることにした．
（2） 鉄道業者名については，正確には判らないが，始発駅と終着駅の所在している都市の名を掲げて鉄道名としているものがある．その場合，この鉄道名を便宜上企業名とした．
（3） （ ）内の表記は，企業名だけでは業種別が不明であると思われるものについて，当該企業の業種名を示したものである．Merchant Banker についても単に Banker と表記した．
（4） [ ] 内の表記は，当該企業名について別様の表記が用いられている場合，これを示したものである．また，→［事項索引］という表記も使用した．
（5） 企業名の終わりにつく and は&, Company は Co., Limited は Ltd. と略称して表記することにした．
（6） 企業名に Messrs. のついているものに関しては，これをイタリック体で表記し，これに続く単語の最初のローマ字によって分類することにした．また，銀行などの社名についている冠詞は，同じくこれをイタリック体で表記し，分類も同じように処理した．
（7） 著名な国際カルテルもここに掲げた．

A

African Banking Corporation　203
Amiens-Boulogne (Railway)　88
Anatolian Railway　218
Anglo-Argentine Bank　207
Anglo-Egyptian Bank　206
Messrs. Ansaldo (Ordnance Mfr.)　146
Messrs. Armstrong, Whitworth, & Co., Ltd. (Heavy Industry)　146
Arthur Heywood (Banker)　87

B

Bank of Africa　203
Bank of Alexandria　206
Bank of British West Africa　195
Bank of Egypt　206
Banque Argentine et Française　207
Banque Austro-Égyptienne　206
Banque du Nord　162
Banque Française et Italienn　207
Banque Française pour le Brésil　207
Banque Franco-Égyptienne　206
Baring Brothers & Co. →［事項索引］
Basel-Zurich [Zürich] (Railway)　90
Berlin-Zehlendorf (Railway)　90
Bischoffsheim and Goldschmidt (Banker)　206
Bombay Baroda and Central India Railway [BBCI Railway]　120
British South Africa Chartered Co. (Chartered Company)　223
Brussels and Malines (State-Owned Railway)　86
Buenos Aires and Pacific Railway　151
Buenos Aires Great Southern Railway　151
Buenos Aires Western Railway　151

C

Central Argentine Railway　106, 151

Charles Lafitte, Blount & Co. (Banker) 88
Chilian and Peruvian Mining Association 87
Chinese Eastern Railway   158, 161-162, 205
Comptoir National d'Escompte de Paris (Bank)   162, 206
Crédit Lyonnais (Bank)   162, 206
Crédit Mobilier (Bank)   115

D

De Beers Consolidated Mines, Ltd.   177, 217
Dehli Railway   106
Dennison and Heywood (Banker)   87
Deutsche Bank   218
Deutsch-Südwestafrikanischen Kolonialgesellschaft   217
Discount and Loan Bank of Persia [Persian Discount and Loan Bank]   205-206
Dresden-Leipzig (Railway)   91
Düsseldorf-Eckratt (Railway)   90

E

East Hungarian Railway   118
Eastern Bengal Railway   106
English Bank of Rio de Janeiro   207

G

General Credit and Finance Company   206
General Steam Navigation Company   84-85
George Peabody & Co. (Banker)   111-112
Grand Trunk Railway of Canada   117
Great Russian Railway Company   115
Great Southern of India Railway [GSI Railway]   120
Guest, Keen, & Nettlefolds (Heavy Industry)   146

H

Havana-Güines Railway   92
Hope & Co. (Banker)   73, 115
Hottinguer & Co. (Banker)   73, 87, 115, 162
Huth, Frederick [Frederick Huth] & Co. (Banker)   111

I

I. L. Goldsmid (Banker)   87
Illinois Central Railroad Company   112
Imperial Bank of Persia   205
The Imperial Brazilian Mining Association   87
Imperial Continental Gas Association   83
Imperial Ottoman Bagdad Railway Company [Kaiserlich Ottomanischen Gesellschaft der Bagdadbahn; Société Impériale du Chemin de Fer de Bagdad]   218
International Bank of Commerce of St. Petersburg   162
International Rail Makers' Association [IRMA]   138
International Rail Syndicate   138

J

Jardine, Matheson & Co. (Banker)   152
J. R. Bischoffsheim (Banker)   87

K

漢冶萍煤鉄公司［漢冶萍煤鉄鉱廠股分有限公司］ 161
漢陽製鉄所［漢陽鉄廠］ 160-161
京漢鉄道 161

L

Lemberg-Czernowitz Railway 115
Lever Brothers Ltd. (Soap) 175
Liverpool and Manchester Railway 51-52, 85-86
London and Brazilian Bank 207
London and South African Bank 203
London Gaslight and Coke Company 83

M

Mendelssohn & Co. (Banker) 115
Mercantile Bank of the River Plate 207
Merthyr Tydfil Railway 85
南満州鉄道会社 216

N

New Zealand Shipping Co. 171
N. M. Rothschild 152, 177
Nürnberg-Fürth Railway 90-91

O

Orcanera Iron Ore Co. 146
Orléans-Bordeaux Railway Company 89

P

Palmer, McKillop & Dent (Banker) 111
Paris-Le Havre Railway 89
Paris-Lyon Railway 89
Paris Netherlands Bank 162
Paris-Orléans Railway 89
Paris-Rouen Railway 87-89, 118
Pastoral Finance Association 171
Peninsular and Oriental Steam Navigation Company [Peninsular & Oriental Steamship Company; P. & O. Co.] 92

R

盧漢鉄道 160-161
The Rothschilds→ [事項索引]
Russo-Asiatic Bank 162
Russo-Chinese Bank 161-162, 205

S

Saint-Louis=Dakar Railway 156
St. Petersburg-Pawlowsk Railway 90
Scinde, Punjab and Delhi Railway 120
The Second Bank of the United States→ [事項索引]
South-West Africa Co. Ltd. (Development) 217
Standard Bank of South Africa 203
Stockton and Darlington Railway 85
Strasbourg-Basel Railway 89

T

Thomas Brassey (Contractor)→Brassey, Thomas [人名索引]

U

Unilever Ltd. (Soap) 175-176

W

Wernher, Beit & Co. (Banker) 216
West India Company (Development) 83
William Mackenzie (Contractor)→ Mackenzie, William [人名索引]
Woosung Railway [呉淞鉄道] 152

Y

八幡製鉄所 160-161

地名索引

(1) その当時の独立国だけではなく,現在では独立国になっているような地域についても,例外も多少あるが,掲げられていないものが多い.一国内の州に相当するような地域についても同様である.これらの地域に関しては,「事項索引」を参照されたい.
(2) [ ] 内は,別様の表記がなされているもの,あるいは,現在では名称の表記を変えているものなどについて,これらを示したものである.
(3) ( ) 内は,当該地域の所在する「州名,国名」といったものを示したものである.国名は,現在の表記のものを掲げた.

A

Accra (Ghana) 165
Aden (South Yemen) 165
Ahmadabad [Ahmedabad] (Gujarat, India) 120
Alexandria (Egypt) 166, 173
Allahabad (Uttar Pradesh, India) 120
Amiens (France) 88
Amsterdam (Netherlands) → [事項索引]
Antwerp [Anvers; Antwerpen] (Belguim) 209

B

Bagdad [Baghdad] (Iraq) → [事項索引]
Bahia [São Salvador; Salvador] (Brazil) 76, 166
Baltimore (Maryland, U. S. A.) 68
Bangka [Banka], Pulau (Sumatera Selatan, Indonesia) 179
Barbados (West Indies) 166
Basel [Basle] (Switzerland) 89
Basra [Bussora; Bussorah; Al-Basrah; 旧称: Busra; Busrah] (Iraq) 218
Batavia [Djakarta; Jakarta の旧称] (Java, Indonesia) → [事項索引]
Bathurst [Banjul の旧称] (Gambia) 165

Bayern [Bavaria] (Germany) 90, 118
Beira (Mozambique) 155
Belgian Congo [Congo Belge; Belgisch Congo; Zaire (Zaïre)] (Africa) → [事項索引]
Berlin (Germany) → [事項索引]
Birkenhead (Merseyside, England) 121
Bombay (Maharashtra, India) → [事項索引]
Bonny (Nigeria) 165
Bordeaux (France) 89
Borneo (Indonesia) → [事項索引]
Boulogne [Boulogne-sur-Mer] (France) 88
Brass (Nigeria) 165
British Guiana [Guyana の旧称] (South America) 92
Broken Hill [Kabwe の旧称] (Zambia) 155
Brussels [Bruxelles; Brussel] (Belgium) 86, 209
Buenos Aires (Argentina) 166, 170
Bulawayo [Buluwayo] (Zimbabwe) 155

C

Cairo [Al-Qāhirah] (Egypt) 173

地名索引　251

Calais (France)　166
Calcutta (West Bengal, India) → ［事項索引］
California (a State, U. S. A.)　105
Cape Town [Cape-town; Kaapstad] (South Africa)　154, 165-166
Chita (Russia)　161
Cleveland (England)　85
Congo (Africa)　76
Cornwall (England)　82

D

Dakar (Senegal)　156
Darlington (Durham, England)　85
De Aar (Cape, South Africa)　154
Dehli (Delhi) (India)　120, 152
Delagoa Bay [Lourenço Marques, Baía de] (Mozambique)　165
Dover (Kent, England)　166
Durban (Natal, South Africa)　154, 165, 180

E

East London [Oos-Londen] (Cape, South Africa)　154

F

Falkland Islands [Islas Malvinas] (British Colony in S. America)　172
Falmouth (Cornwall, England)　82
Fao (Iraq)　165
Frankfurt [Frankfurt am Main] (Germany) → ［事項索引］
Freetown (Sierra Leone)　165
Fuchien [Fújiàn; Fukien; Fuhkien; 福建］180

G

Galveston (Texas, U. S. A.)　166

Genova [Genoa] (Liguria, Italy)　146
Georgia (a State, U. S. A.)　67
Gibraltar (British Colony in Spain)　173
Guam [Guahan] (U. S. Territory)　166
Güines (Cuba)　92

H

Hamburg (Germany)　209
Hankou [Hànkŏu; Hank'ou; 漢口］160
Hanyang [Hànyáng; 漢陽］160-161
Havana [La Habana] (Cuba)　92, 166
Hong Kong [Xiānggăng; Hsiang Kang; 香港］166, 173, 180, 200

J

Java [Djawa] (Indonesia) → ［事項索引］
Johannesburg (Transvall, South Africa)　154

K

Kalimantan Barat (Borneo, Indonesia)　179
Kanpur [Cawnpore] (Uttar Pradesh, India)　120
Karachi (Pakistan)　165
Katanga [Shaba の旧称] (Zaire [Zaïre])　155
Kimberley (Cape, South Africa)　154, 177
Konya [Konieh; Konia] (Turkey)　218
Kuanghsi [Kwangsi; Guăngxī; 広西］180
Kuangtung [Kwangtung; Guăngdōng; 広東］65, 96, 180, 198
Kypros [Cyprus]　153

L

Lagos (Nigeria)　165-167

Lahore (now: Pakistan) 152
Lancashire (England) → [事項索引]
Leeds (West Yorkshire, England) 85
Le Havre (France) 89
Lisbon [Lisboa] (Portugal) 165
Liverpool (England) → [事項索引]
Louisiana (a State, U. S. A.) 78, 95
Lourenço Marques [Maputo の旧称] (Mozambique) 154
Lüderitz [旧称: Angra Pequena] (Namibia; 旧称: Deutsch Südwestafrika) 155
Lukou Ch'iao [Lukou Chiao; Lúgōu Qiáo; 盧溝橋] 160
Lyon (France) 89

M

Madeira [Madeira, Ilha da] (an autonomous Region of Portugal) 166
Madras (Tamil Nadu, India) 120, 152, 165-166
Maine (a State, U. S. A.) 117
Mali [旧称: French Sudan: Soudan français] 156
Malta [Maltese Islands] (Mediterranean Sea) 173
Manchester (England) → [事項索引]
Manila (Philippines) 173
Marseilles [Marseille] (France) 170
Massachusetts (a State, U. S. A.) 94
Mauritius (Indian Ocean) 92
Mechelen [Malines; Mechlin] (Belgium) 86
Melbourne (Australia) 171
Menado [Manado] (Celebes, Indonesia) 166
Mirzapur (Uttar Pradesh, India) 120
Montreal (Canada) 117, 166
Mulhouse [Mülhausen] (Alsace, France) 87

N

Nagpur (Maharashtra, India) 120
Natal (Rio Grande do Norte, Brazil) 166
New England (U. S. A.) 78
New Guinea [Papua New Guinea; North-East New Guinea] (Australasia) 104
New Hampshire (a State, U. S. A.) 78
New Orleans (Louisiana, U. S. A.) 64, 95, 166
New York (U. S. A.)
—— City 166
—— State 94
Nile [Al-Bahr; Bahr en Nil] (Africa) 127
Nivelles (Belgium) 118
North Carolina (a State, U. S. A.) 78

O

Old Northwest [Northwest Territory] (U. S. A.) 112
Orléans (France) 89

P

Pawlowsk [Pavlovsk] (Russia) 90
Penang [Pinang] (Malaysia) 165
Pennsylvania (a State, U. S. A.) 78, 94
Philadelphia (Pennsylvania, U. S. A.) 64, 95
Philippines 165
Piemonte [Piedmont] (Italy) 118
Port Elizabeth (Cape, South Africa) 154
Portland (Maine, U. S. A.) 117
Pozzuoli (Italy) 146
Pretoria (Transvaal, South Africa) 154

Q

Quebec [Québec] (Canada)　117

R

Rio de Janeiro (Brazil) → [事項索引]
Rouen (France)　87-89, 118

S

Sabah [North Borneo] (Malaysia)　153
Sarawak (Malaysia)　153
Saigon [Sai Gon] (Vietnam)　165
Saint John (New Brunswick, Canada)　117
Saint-Louis (Senegal)　156
St. Petersburg [Sankt Peterburg; Petrograd] (Russia) → [事項索引]
Salisbury [Harare の旧称] (Zimbabwe)　155
Salvador → Bahia
Samarang [Semarang] (Java, Indonesia)　153
São Paulo (Brazil)　76
Shanghai [Shanghǎi; 上海]　152, 165-166
新橋 (日本)　152
Sholapur (Maharashtra, India)　120
South Carolina (a State, U. S. A.)　67
Stockton (Cleveland, England)　85
Strasbourg [Strassburg] (France)　89
Sudan [Soudan] (Africa) → [事項索引]
Suez (Egypt)　165
―― Canal → [事項索引]
Sumatra (Indnesia)　152, 176, 179
Swakopmund (Namibia)　155
Sydney　171

T

Transvaal (South Africa)　177-178

Trinidad (Trinidad and Tobago)　92

U

Umtali [now: Mutare] (Zimbabwe)　155

V

Valparaiso [Valparaíso] (Chile)　166
Virginia (a State, U.S.A.)　78
Vladivostok (Russia)　161, 173

W

Warsaw [Warszawa; Warschau] (Poland)　115
Wellington (Cape, South Africa)　154
Wien [Vienna: Vienne] (Austria) → [事項索引]
Witwatersrand [The Rand] (Transvaal, South Africa)　154, 177-178
Wusung [Wúsōng; Wusong; Woosung; 呉淞]　152

Y

Yap [Uap] (U. S. Trust Territory of the Pacific Islands)　166
横浜 (日本)　152, 166

Z

Zambia [旧称: Northern Rhodesia] (Africa)　156
Zanzibar (seaport, Zanzibar)　165
Zhīfú [Chefoo; 芝罘; Yāntái; Yent'ai; Yentai; 煙台]　180
Zimbabwe [旧称: Southern Rhodesia] (Africa)　156

事項索引

(1) 固有名詞以外の項目は，できるだけ経済史的な意義を表徴しているような内容のものを選んだ．その表現と同じものが当該ページに見つからないときには，内容に即して理解されたい．
(2) ほとんど同一の内容のものについて別の表記がなされているものに関しては，当該部分にアンダーラインをつけ，その部分の別の表記をカッコ内に掲げた．アンダーラインがついていなくて，カッコ内の表記のあるものについては，それらは，当該項目を説明するために，あるいは，当該項目の内容が扱われている時期を示すために付記されたものである．
(3) 異なった位置に違った表現で項目が立てられているが，内容的には重複するものもいくつかあることを諒とされたい．
(4) ――, ―――というように2種類の線が用いられている．長いものは，当該項目ではなく，すぐその上の表記全体を受けるものである．
(5) 当該ページは，それが本文中にあると脚注中にあるとを区別しないで示した．これまでの索引についても同様である．
(6) この索引は，これまでの索引と異なってアイウエオ順に配列した．
(7) 項目の柱として「イギリス」はあえて掲げないことにした．

ア

アイルランド
　――人のブラントはフランスの鉄道建設資金の供給を目的とする銀行をパリに創設 (1831年) …………………………………………………………………… 88
　――などからイギリスの綿工業地帯や関連都市に貧しい人たちが大量に入り込む（綿工業資本主義の時代）………………………………………………… 98
　――やスコットランドが世界の綿工業の労働力の給源地に（同上）………… 49
アジア
　――圏内通商の多面的展開（重工業資本主義の時代）…………………… 197-200
　――圏内労働力の国際移動（同上）………………………………… 179-180, 199
　――の米の相場が世界景気の指標に（同上）………………………… 183-184
　――の主要地域における鉄道延長路線 (1913年, 現在)………………… 153
　――の鉄道の総延長キロ数 (1855-65年)…………………………………… 104
アフリカ
　――諸地域の主要輸出産品と総輸出入額 (1907年と1913年)………… 195-196
　――の主要地域における鉄道延長路線 (1913年, 現在)………………… 156
　――の鉄道建設とその目的（重工業資本主義の時代）……………… 154-155
　――の鉄道の総延長キロ数 (1855-65年)…………………………………… 104
アヘン戦争 (Opium War, 1839-42年)
　――とアロー戦争 (Arrow War, 1856-60年) を契機とする中国の世界資本主義への包摂 …… 105
アムステルダム [Amsterdam]
　――金融市場とロンドン金融市場との関連……………………………… 4, 73, 238

事項索引　255

　　──金融市場を通じての合州国の鉄道建設への投資（鉄工業資本主義の時代）…… 114
　　──資本市場でのフランスの戦時賠償債の発行（1872年）……………………… 209
　　──資本市場では合州国の政府債などは古くから信用ある証券として流通（綿工業資本主義の時代）……………………………………………………………………… 78
　　ラテン・アメリカ諸国の公債の応募や利払いが──資本市場でも（重工業資本主義の時代）……………………………………………………………………………… 209
アメリカ合州国
　　──の州債
　　　　────が世界資本市場に持ち込まれた方法と意義（綿工業資本主義の時代）……… 79-81
　　　　────が大量にロンドン資本市場に持ち込まれる（1830年代）…………… 78-79
　　　　────は金銀と同じようなものとして（同上）…………………………… 81
　　　　────発行の目的（綿工業資本主義の時代）……………………………… 79-80
　　──の鉄鋼業に関する統計数字（重工業資本主義の時代）……………………… 134-137
　　──の鉄道会社
　　　　────の資金調達の方法（綿工業資本主義の時代）……………………… 93-94
　　　　────の社債の外国での保有分（1853年）……………………………… 112-113
　　──の鉄道建設
　　　　────の時代が本格的に到来（1840年代）………………………………… 94
　　　　────の進展と現地の近代的工業化（鉄工業資本主義の時代）…………… 119
　　　　────のために発行された債券類（同上）………………………………… 112-113
　　──の農業
　　　　────は奴隷労働に立脚した棉花プランテーション中心の構造に（綿工業資本主義の時代）……………………………………………………………………… 63-64
　　　　────も酪農業の比重を増大（重工業資本主義の時代）…………………… 170
　　ヨーロッパ全域への棉花供給地のうち──の占める割合（1861-6年）…………… 127
アルジェリア［Algeria; Algérie］(Africa)
　　──の鉄道延長路線（1870年と1913年）……………………………………… 154, 156
アルゼンチン
　　──からの冷凍食肉の供給（1885-1910年）…………………………………… 170-173
　　──の資本主義という用語…………………………………………………………… 32
　　──の主要国との通商関係の推移（1870-1909年）…………………………… 188-189
　　──の鉄道建設の進展と近代的工業化の促進（重工業資本主義の時代）…… 151, 159-160
アングロ＝フレンチ協力態勢（綿工業資本主義の時代）………………………………… 88-89
アンゴラ［Angola; 旧称: Portuguese West Africa］
　　──からブラジルへの奴隷輸出（同上）……………………………………………… 76
　　──の主要輸出産品と総輸出入額（1907年と1913年）……………………………… 195
　　──の鉄道延長路線（1913年）…………………………………………………… 156

イ

イタリア
　　──に工場を建設し兵器製造会社の資本を支配したアームストロング・ホイットワース社

（重工業資本主義の時代）……………………………………………… 146
　　――の鉄道建設のために資金を調達したロスチャイルド（鉄工業資本主義の時代） ………… 115
　　――の鉄道建設を請け負った業者が現地に鉄道関連工場を建設（同上） ……… 118
一国経済史観
　　――を脱却できない学界……………………………………………………… 3
　　――を乗り越えていくには………………………………………………… 4-5
一国資本主義
　　――史か世界資本主義史か………………………………………… 27-34, 229
　　それ自体としては存立しえない―― ……………………………………… 31-32
イラン
　　――におけるイギリス系やロシア系の海外銀行の提携と競争の関係（重工業資本主義の時代） ………………………………………………………………… 205
　　――の資本主義という用語………………………………………………… 32
インド→東インド
インドネシア
　　――における鉄道延長路線（1913年）…………………………………… 153
　　――のコーヒー栽培（プランテーション）（重工業資本主義の時代）……… 176, 199
　　――の砂糖生産と輸出の増大（同上）…………………………………… 176, 199
　　――の東部スマトラのタバコ栽培（同上）………………………………… 176
　　――への米の輸入（同上）………………………………………………… 182, 199
　　――への中国人労働者の導入（同上）……………………………………… 179
　　――への東インドや日本からの綿製品の供給（同上）………………… 199-200

ウ

ウィーン
　　――国際金融市場…………………………………………… 4, 73, 90, 238
　　　　――に活動拠点を置くロスチャイルド（綿工業資本主義の時代）………… 73, 90
ウガンダ［Uganda］(Africa)
　　――からのコーヒーの積み出しの増大（重工業資本主義の時代）……… 176
　　――の公債発行残高（1913年）…………………………………………… 208
　　――の主要輸出産品と総輸出入額（1907年と1913年）………………… 195
ウルグアイ
　　冷凍食肉供給地としての――（重工業資本主義の時代）………………… 172

エ

エジプト
　　――が食料の輸入地域に（鉄工業資本主義の時代）……………………… 125
　　――における鉄道延長路線（1870年と1913年）………………… 154, 156
　　――におけるヨーロッパ系海外銀行の提携と競争の関係（重工業資本主義の時代）……… 206
　　――もイギリスの綿製品の輸出先に（綿工業資本主義の時代）………………… 62

事項索引　257

　　ヨーロッパ全域への棉花供給地のうち──の占める割合 (1861-6 年) ……… 127

オ

オーストララシア［Australasia］
　　──の鉄道の総延長キロ数 (1855-65 年) ………………………………… 104
　　──へのイギリスの綿製品の輸出 (綿工業資本主義の時代) ……………… 62
オーストラリア
　　──からの鉱産物輸出の増大 (重工業資本主義の時代) …………………… 190
　　──における鉱山業の発展 (同上) …………………………………………… 189
　　──の対外通商関係の変化 (同上) …………………………………………… 190
　　──まで海底電線が開通 (1872 年) ………………………………………… 165
　　──やニュージーランドがカナダと海底電線で結ばれる (1902 年) ……… 165
　　──やニュージーランドなどからの冷凍食肉のイギリス (U. K.) の輸入高 (1885-1910 年)
　　　………………………………………………………………………………… 172
　　──やニュージーランドなどから冷凍食肉を輸送する大型冷凍蔵輸送船の就航 (重工業
　　　資本主義の時代) ……………………………………………………… 170-171
オーストリア
　　1860 年代には──からハンガリーの鉄道に 500 輛の貨車が供給される ……… 118
　　鉄工業資本主義の時代に──の鉄道建設のための資金を供給したロスチャイルド… 115
　　東ヨーロッパの鉄道建設のための資金は──からも導入 (1864 年) …………… 115
オープン・クレジッツ［Open Credits］
　　ベアリング社が第 2 合州国銀行に認めた──(綿工業資本主義の時代) ……… 64-65

カ

海運革命の進展 (重工業資本主義の時代) ……………………………………… 162-165
海外 (国際) 銀行 (Overseas Banks; International Banks) (重工業資本主義の時代) …… 203
　　──における提携と競争の関係 (事例は，イラン，エジプト，南アメリカなどについて) (同
　　　上) ………………………………………………………………………… 205-208
海底電線
　　大西洋横断の──の敷設 (1866 年) ………………………………………… 165
　　太平洋横断の──の敷設 (1902, 3 年) ……………………………………… 165
　　──の敷設の急速化と世界的な電信網の形成 (重工業資本主義の時代) ……… 165
　　──網はアフリカにも及ぶ (1879 年から) ………………………………… 165
カナダ
　　──における鉄道建設の進展 (鉄工業資本主義の時代) ………………… 92, 117
　　─────は現地の近代的工業化を促進する契機になったか (同上) ……… 121
　　──の鉱山業に対する外域からの資本の導入 (重工業資本主義の時代) … 190-191
　　──の対外通商の多角化 (同上) ……………………………………………… 191-192
　　──の貿易収支 (イギリス［U. K.］やアメリカ合州国との) (1875-1913 年) …… 193-194
カメルーンズ［Cameroons; Kamerun; Cameroun］(西アフリカの旧ドイツ保護領)

――における鉄道建設の進展（重工業資本主義の時代） ……………………… 155
――の主要輸出産品と総輸出入額（1907 年と 1913 年）……………………… 195
――もココアの重要な供給地に（重工業資本主義の時代）…………………… 176
カルカッタ［Calcutta］(India)
　――からの鉄道路線は棉花地帯を通過（鉄工業資本主義の時代）………… 120
　広東の商人による――からのインド産品の買い付け（綿工業資本主義の時代）…… 96
　――とロンドンが電信で結ばれる（重工業資本主義の時代）……………… 166
　――の世界市場的な位置（同上）……………………………………………… 167
ガンビア［Gambia］(Africa)
　――の主要輸出産品と総輸出入額（1907 年と 1913 年）…………………… 195

キ

機械類
　――のイギリスの輸出額（鉄工業資本主義時代）…………………………… 110
〈機関車ナンバー・ワン〉（綿工業資本主義の時代）……………………………… 85
ギニア［Guinea; 旧: French Guinea; Guinée française］(Africa)
　――の主要輸出産品と総輸出入額（1907 年と 1913 年）…………………… 195
　――の鉄道延長路線（1913 年）………………………………………………… 156
キューバ［Cuba］
　――の鉄道建設の進展（綿工業資本主義の時代）…………………………… 92
　――への中国人契約労働者の導入（19 世紀半ばころからの）……………… 179
教区徒弟
　――が綿工業の不熟練労働者に………………………………………………… 49
金鉱の発見
　カリフォルニアとオーストラリアにおける――（1848 年と 1851 年）…… 105
　南アフリカのウィトウォーターズランドにおける――（1886 年）……… 154, 177
近代的化学工業
　――の興隆の要因（重工業資本主義の時代）………………………………… 148
近代的綿織物工業の勃興
　ヨーロッパ大陸諸地域における――に伴う世界の綿工業の市場構造の変化（綿工業資本
　　主義の時代）…………………………………………………………………… 75
　ヨーロッパ大陸諸地域における――の諸要因（同上）……………………… 74
金融資本
　――という機構の成立（重工業資本主義の時代）………………………… 146-147

ケ

経済史学
　経済学において占める――の位置……………………………………… 23-24, 227
　――と経済学の他の領域との関連……………………………………………… 24-26
　――における時間と空間………………………………………………… 40-42, 230

――における諸事実とは……………………………………………………………… 34-35
　　――における目的意識制約性………………………………………………… 35-36, 229
　　――の主題的な内容…………………………………………………………………… 26-27
　　――を含む経済学の3つの領域は〈三位一体〉の関係を保ちながら経済学の構成要素と
　　　なっている…………………………………………………………………… 24, 227
経済史観
　　――についての3つの見直し……………………………………………………… 34-42
　　発展段階――の見直し………………………………………………………………… 36-40
経済の再生産・循環
　　――は国民経済という枠組みのなかでは達成できない………………………………… 3
　　―――という理由……………………………………………………………………… 27-28
経済領域の拡大
　　イギリス版――の政策（「帝国関税同盟」の構想）（重工業資本主義の時代）………… 223
　　――を目指す闘争（同上）……………………………………………………… 221-222
　　――の達成には他の国家権力の協力が必要（同上）……………………………… 222-223
ケニア［Kenya; Kenia］(Africa)
　　――からのコーヒーの積み出しの増大（同上）…………………………………… 176
　　――の主要輸出産品と総輸出額（1907年と1913年）…………………………… 195
　　――の鉄道延長路線（1913年）……………………………………………………… 156

コ

工業製品
　　――を観察すれば容易に判ることだが………………………………………… 28, 227-228
高炉の大型化
　　主要鉄鋼業国における製銑――（1870-1910年）………………………………… 143
　　――が〈独占〉への道を（重工業資本主義の時代）………………………… 143-144
国民経済重視の考えの難点………………………………………………………………… 28-29
穀物の大量輸入（綿工業資本主義時代のイギリスの穀物危機のときの）
　　――の支払いの手段となった各国政府債…………………………………………… 72
古代経済史や中世経済史
　　――の経済史学において占める位置………………………………………………… 26
国家
　　世界資本主義と――………………………………………………………………… 30
　　現在のような形態の――の清算が歴史的課題……………………………………… 5
小麦と牛肉
　　イギリスにおける――の生産高（1867-71年と1894-8年）…………………… 174
米
　　アジアの――の生産地から大量の――がシンガポールに（1875-1910年）……… 180-181
　　アメリカ合州国の――の生産も奴隷によって………………………………………… 67
　　シンガポールからの――の輸出先と輸出高（1875-1910年）………………… 181-182
　　中国が――の輸入地域に（重工業資本主義の時代）……………………………… 180
　　東インドへのビルマからの――の輸出（同上）…………………………………… 200

ゴールドコースト［Gold Coast; Ghana (Gana)の旧称］(Africa)
　──とイギリス (U. K.) やドイツとの通商関係 (1907年と1913年) ……………… 196-197
　──に〈ココア銀行〉と称されるものが設立 (1894年) ………………………… 195-196
　──の公債発行残高 (1913年) ……………………………………………………… 208
　──の主要輸出産品と総輸出入額 (1907年と1913年) ………………………… 195
　──の鉄道建設の進展と鉄道延長路線 (1913年) ……………………………… 155-156
　──はココアの重要な供給地に (重工業資本主義の時代) …………………… 176, 195

サ

ザイール［Zaire; Zaïre］(Africa) →ベルギー領コンゴ
三角貿易 (イギリス─西アフリカ─西インド諸島を結ぶ)
　──に深く係わった人たちがリヴァプール＝マンチェスター鉄道の建設計画を推進　52
　──の展開と資本主義的綿工業の勃興 ……………………………………………… 53
　──は奴隷貿易を軸として展開 ……………………………………………… 50, 52-53
産業革命
　──の経済史的意義 …………………………………………………………………… 46-47
ザンジバル［Zanzibar］(ザンジバル島の中心都市も同名) (Africa)
　──の主要輸出産品と総輸出入額 (1907年と1913年) ……………………………… 195

シ

シエラレオネ［Sierra Leone］(Africa)
　──の公債発行残高 (1913年) ……………………………………………………… 208
　──の主要輸出産品と総輸出入額 (1907年と1913年) ………………………… 195
　──の鉄道建設の進展と鉄道延長路線 (1913年) ……………………………… 155-156
史的唯物論
　──の俗流的理解 …………………………………………………………………… 37
「資本家団体のあいだでの世界の分割」
　──という事態の進展 (重工業資本主義の時代) ……………………………… 221
資本輸出
　後進地域への──が増大 (重工業資本主義の時代) ………………………… 210-211
　──と国際通商との新たな関係 (同上) ………………………………………… 212-213
　──の新たな役割 (同上) ………………………………………………………… 211-212
　──の世界的分業の態勢の形成 (同上) ………………………………………… 214-215
　──はしばしば政治権力の発動と結びつく (同上) …………………………… 223-224
　──はなぜ増大したか (同上) …………………………………………………… 212
　複数の国が──国に (同上) ……………………………………………………… 209-210
　──をめぐる国際的提携 (同上) ………………………………………………… 216-217
　　───の展開が挫折した事例 (バグダード鉄道への投資をめぐって) (同上) 217-218
　　───はドイツの植民地への──についても (同上) ……………………… 216-217

〈シーメンズ＝マルタン平炉製鋼法〉
　　――採用の意義（同上） ………………………………………………… 134-135
　　――による製鋼の世界的優位の態勢（同上） ………………………… 142-143
　　――のイギリスにおける早期普及の理由（同上） …………………… 135
　　――の普及と海運革命（同上） ………………………………………… 163-164
社会主義圏の存在と世界資本主義システム ………………………………… 33-34
社会的分業のシステム
　　――は世界経済の場においてのみ完結した体系を獲得できる ……… 3, 5, 28, 227
　　　　――ということから資本の再生産・循環も世界経済の場において実現される ……… 27-28, 227
　　　　――という事実は単純明瞭な原理に根ざす ……………………… 28, 227-228
ジャマイカ［Jamaica］（West Indies）
　　――がロンドンと電信で結ばれる（重工業資本主義の時代） ……… 166
　　――の鉄道建設の進展（1840年代後半） …………………………… 92
シャム［Siam; Thai; Thailand］（Asia）
　　――からのシンガポールの米の輸入高（1875-1910年） …………… 181
　　――における最初の鉄道の開通（1893年）と鉄道延長路線（1913年） ……………… 153
　　――は世界の米の生産地に（重工業資本主義の時代） ……………… 181
ジャワ［Java; Djawa］（Indonesia）
　　――における鉄道建設（重工業資本主義の時代） …………………… 152-153
　　――のコーヒーの栽培（同上） ………………………………………… 176
　　――の石油資源獲得のために …………………………………………… 33
　　――へのイギリスの綿製品の輸出（綿工業資本主義の時代） ……… 62
重化学工業資本主義の時代
　　両大戦間の世界資本主義は―― ………………………………………… 235
重工業資本主義の時代
　　――における短期世界金融市場の構造変動 …………………………… 201-203
　　――における長期世界金融市場の構造変動 …………………………… 204-205
　　――における長期世界金融市場の態様の変化 ………………………… 208-212
　　――に現代世界資本主義の原形が形成される ………………………… 232-233
縦断的統合体
　　重工業における――の成立は他の工業部門における横断的結合体形成の契機に（重工業資本主義の時代） ……………………………………………………… 146
〈主導産業〉
　　――が当該時期の世界的景気変動を主導するという歴史事例 ……… 95-96
　　第2次世界大戦後の世界資本主義の―― ……………………………… 235-237
　　――は時代ごとに交替 …………………………………………………… 45
　　――を定立する意義 ……………………………………………………… 43, 230-231
蒸気機関
　　炭坑や船舶への――の導入 ……………………………………………… 84
　　――発明の研究資金は西インド諸島の砂糖プランターたちから …… 52
商業中心地
　　後進地域の――がヨーロッパ大陸などの――と同等の役割を果たすように（重工業資本主義の時代） ……………………………………………………… 167

植民地地域
　——における公債の発行（同上） ……………………………………………… 208
シンガポール [Singapore]
　——からマレー半島地域やオランダ領東インドなどへの米の輸出高 (1875-1910 年)
　　　　　　　　　　　　　　　　　　　　　　　　………………………… 181-182
　　———の推移と中国人契約労働者増大との関連………………………… 182-183
　——へのシャム, フランス領インドシナ, ビルマなどからの米の輸入高 (1875-1910 年)
　　　　　　　　　　　　　　　　　　　　　　　　………………………… 180-181
　——への南半球からの冷凍食肉の供給 (重工業資本主義の時代) ……………… 173
　マドラス＝ペナン＝——間に海底電線が敷設 (1870 年) ……………………… 165

ス

スイス
　イースト・ハンガリアン鉄道に——から客車 35 輌が供給される (1860 年代) … 118-119
　——でも 1837 年に鉄道会社の株式が発行される ……………………………… 90
　——の金融業者によるロンドンで発行された合州国の鉄道会社の社債の引受 (鉄工業資
　　本主義の時代) …………………………………………………………………… 114
　——の鉄道にはロスチャイルドの資金が (同上) ………………………………… 115
スウェーデン
　——の木炭鉄を古くから購入していたイギリス………………………………… 139
スエズ運河
　——開通 (1869 年) の影響 ……………………………………………………… 162-163
　——を通過した船舶の 1 隻当たりの平均トン数など (1870-1912 年) …………… 164
スーダン [Sudan; Soudan] (Africa)
　——が世界資本主義の体制に組み込まれる (1860 年代) ………………………… 127
　——の資本主義という用語………………………………………………………… 32
　——の鉄道延長路線 (1913 年) …………………………………………………… 156
スペイン
　イギリスの製銑業を支えた——の鉄鉱石資源 (重工業資本主義の時代) … 141-142, 146
　——の資本主義という用語………………………………………………………… 32
　——の鉄道建設のための資金調達をしたロスチャイルド (鉄工業資本主義の時代) ……… 115

セ

製鋼業
　——が重工業の縦断的統合体の核に (重工業資本主義の時代) ………………… 145
　特定国の——が世界の製鋼所になるという形はとらず (同上) …………… 136-137
　——における技術革新 (同上) ………………………………………………… 132-133
セイロン [Ceylon; Sri Lanka の旧称]
　——の鉄道延長路線 (1913 年) …………………………………………………… 153

事項索引　263

世界金融市場
　　第2次世界大戦後の――の態様 ……………………………………………… 237-238
　　――の構造変動（重工業資本主義の時代） ………………………………… 201-208
　　――の成立が重視されなければならない ……………………………………… 47-48
　　――の成立は世界商品市場の成立を前提 ………………………………………… 60
　　ロンドン金融市場が――の中心になりえたのはなぜか ……………………… 68, 72
世界経済史
　　――が経済史の本命 ……………………………………………………… 33-34, 228
　　経済史の根本問題への解答を迫る――への接近 …………………………… 229-230
世界経済システム
　　――として資本主義体制は成立 …………………………………………………… 60
世界市場
　　――という筋金が世界資本主義には入っている ………………………………… 48
世界資本市場
　　1830-40年代にも多くの政府債が――で発行される …………………………… 78
　　――の成立（綿工業資本主義の時代） …………………………………………… 47
　　――を前提として世界的な市場や産業の構造の再編成が展開（同上） …… 60-61
　　ナポレオン戦争後――において発行された各国政府債（同上） …………… 70-71
世界資本主義
　　――とはすべての市場が世界市場に通じる体制 ………………………………… 60
　　――の重層的支配の構造の形成（重工業資本主義の時代） ……………… 131-132
　　――の成立した時期（綿工業資本主義の時代） ……………………………… 46, 59
世界商品
　　――市場価格の決定 …………………………………………………………… 66-67
　　――市場の成立 ………………………………………………………………… 47, 60
　　――となった産品 ……………………………………………………………… 65-66
世界中央銀行
　　――の設立という課題 …………………………………………………………… 33
世界通商
　　――の基軸構造の形成（綿工業資本主義の時代） ……………………………… 66
　　――の多角化（重工業資本主義の時代） ………………………………… 184-201
　　　アルゼンチンの事例に見られる―― ……………………………………… 188-189
　　　オーストラリアの事例に見られる―― …………………………………… 190-191
　　　カナダの事例に見られる―― ……………………………………………… 191-194
　　　東インドの事例に見られる―― …………………………………………… 186-188
世界的鉄道建設
　　特にアジア，アフリカにおいていっそう進展した――（重工業資本主義の時代） 150-156
　　――の第1期的な進展（綿工業資本主義の時代） ……………… 84-94, 101-102
　　　―――の経済史的意義 ………………………………………………………… 94-95
　　――のためのイギリスからの蒸気機関車の供給（鉄工業資本主義の時代） ……… 109
　　――のための資金調達（同上） ……………………………………………… 111-116
　　――のための資材調達（同上） ……………………………………………… 106-110
　　本格的な〈――進展の時代〉の到来（同上） …………………………………… 102

264

　　　──に伴い世界の鉄工所イギリスという態勢が（同上） …………… 106-110
　　本格的な──の進展と建設地における近代的工業化の促進（同上） … 102-103, 117-119
　　　──という問題についての東インドの事例（同上） …………… 119-123
世界的な小麦供給地域
　　──の増大（重工業資本主義の時代） ……………………………… 167-168
　　　──の影響（世界的な農業の構造変動） ………………………… 169-170
　　　──を示す指標（イギリスの地域別小麦輸入高 [1879-1912 年]） ………… 168
世界的な情報の中心地
　　──にロンドンはいっそうなっていく（重工業資本主義の時代） ……… 166-167
世界的な電信網の発達（同上）
　　──の経済的な影響 …………………………………………………… 164-167
世界の鉄道
　　──の延長総キロ数（1840-65 年） ………………………………… 104-105
石鹸産業の興隆（重工業資本主義の時代） ………………………………… 175-176
セネガル [Senegal; Sénégal] (Africa)
　　──の主要輸出産品と総輸出入額（1907 年と 1913 年） ……………… 195-196
　　──の鉄道建設の進展と鉄道延長路線（1913 年） …………………… 155-156
銑鉄
　　イギリスからの地域別──の輸出高（1875-96 年） ………………………… 140
　　イギリスの──生産は外域の鉄鉱石への依存を強める（重工業資本主義の時代） … 141
　　イギリスの──の生産高と輸出高（1875-1913 年） ………………………… 140
　　──トン当たりの生産に必要な鉄鉱石と石炭の量（1880-2 年の年平均） ……… 144
銑鋼一貫メーカー
　　──が鉄鋼業の支配的な企業形態に（重工業資本主義の時代） ……………… 144

ソ

創業者利得 [Gründergewinn]
　　──はどのようにして取得されるか…………………………………………… 147
象牙海岸 [Ivory Coast; Côte d'Ivoire] (Africa)
　　──の主要輸出産品と総輸出入額（1907 年と 1913 年） ……………… 195-196
　　──の鉄道建設の進展（重工業資本主義の時代） …………………………… 155
粗鋼生産高
　　世界の製鋼業国の──（1871-1910 年） ……………………………………… 136

タ

対外直接投資
　　すでに 1820 年代にかなり大規模な──が行なわれる ………………………… 82
第 2 合州国銀行 [The Second Bank of the United States]
　　──がベアリング社宛に振り出した銀行手形（綿工業資本主義の時代） …… 64-65, 198
　　　──は世界金融市場で支配的地位を占める（同上） ……………………… 48
　　──の出先機関による棉花手形の買入（同上） ……………………………… 64, 95

事項索引　265

　　──はベアリング社に設けた口座の残高プラス25万ポンドまで同社宛銀行手形の振り
　　　出しを認められる（同上） ··· 64-65
　　──はヨーロッパに合州国の州債を持ち込んだ代表格の金融業者（同上） ············ 81
　　──を頂点として19世紀前半の合州国の金融市場が編成される（同上） ············· 73
〈大不況〉期（1873-1895, 6年）
　　──において不況が長引いた要因 ··· 220
　　──における〈恐慌〉期にロンドン金融市場で金融恐慌が発生しなかったのはなぜか 220
　　──における物価の低落 ·· 219
　　　　──はなぜ生じたか ·· 219-220
　　──の過程を経て独占的・金融的資本主義の体制が確立 ······················ 220-221
多国籍企業
　　──の〈はしり〉とされるような会社が1820年代に設立される ····················· 83
ダホメ［Dahomey; Benin の旧称］（Africa）
　　──の主要輸出産品と総輸出入額（1907年と1913年） ······················ 195-196
　　──の鉄道建設の進展 ··· 155
タンガニーカ（Tanganyika; German East Africa; 現在は Tanzania に統合）（Africa）
　　──の主要輸出産品と総輸出入額（1907年と1913年） ···························· 195
　　──の鉄道建設の進展と鉄道延長路線（1913年） ····························· 155-156
　　──のドイツやイギリスとの通商関係（1907年と1912年） ······················ 196

チ

中国
　　──からの絹や茶の支払い手段となった第2合州国銀行手形（綿工業資本主義の時代）
　　　··· 65, 198
　　──における鉄道建設の進展（重工業資本主義の時代）
　　　　──と外国の資本 ··· 152, 158
　　　　──と現地の近代的工業化の促進 ······································· 160-161
　　　　──とヨーロッパ系銀行の進出 ·· 161-162
　　──の鉄鋼コンビナート（重工業資本主義の時代） ································ 161
　　──への綿製品の輸出（綿工業資本主義の時代） ··································· 62
　　──への東インド産綿糸や日本の綿製品の輸出（重工業資本主義の時代） ····· 198-199
中国人契約労働者
　　アフリカの鉱山業における──の生活と労働（奴隷制度の帝国主義的再編成の形態）（同
　　　上） ··· 179
　　──の世界的な導入の歴史 ·· 179-180
チュニジア［Tunisia; Tunisie］（Afica）
　　──の鉄道延長路線（1913年） ·· 156
チリ
　　──の鉄道延長路線（1895年と1914年） ··· 151

ツ

通信手段の革命（重工業資本主義の時代）
　——とその影響……………………………………………………………… 164-167

テ

帝国（植民地）銀行 [Imperial Banks; Colonial Banks] ……………… 202-203
　南アフリカで事業活動をした——の事例（重工業資本主義の時代）…… 203
帝国主義
　現時点での——の体制………………………………………………………… 226
　古典的——期にその根が植えつけられたもの…………………………… 226, 232
　政治レベルで——を表現すると……………………………………………… 226
　世界——というシステムは存立しえない………………………………… 225-226
　——と重工業資本主義との関連（——の時代になった根拠）………… 224-225
　——に関して指摘されなかった重要な点…………………………………… 225
　——の現代的体制…………………………………………………………… 226, 238
　　　———は生き延びていくか…………………………………………… 238-239
　——の体制下では大国は軍国主義国家に…………………………………… 225
　——の定義…………………………………………………………………… 224
〈鉄から鋼へ〉の時代に（重工業資本主義の時代）…………………………… 133-134
鉄工業資本主義の時代
　——はどのような意味で過渡期とされるのか………………… 129-130, 231-232
鉄鋼業
　各国の——相互間の競争関係（重工業資本主義の時代）……………… 137-139
　——内部の国際分業関係の展開（同上）………………………………… 139-141
　——における国際カルテル（同上）……………………………………… 138-139
　——の新工場の立地条件（同上）………………………………………… 144-145
鉄鋼の輸出高
　主要国の——（1896-1910 年）……………………………………………… 137
鉄道建設→世界的鉄道建設, 国名の項目
鉄道資材
　——の国境を越えての広範な供給態勢が（鉄工業資本主義の時代のヨーロッパ大陸の諸
　　地域）………………………………………………………………………… 118-119
〈鉄道の時代〉（綿工業資本主義の時代）
　——から〈鉄道熱〉の時代へ（イギリス）………………………………… 86
鉄道用鉄材, 鉄鋼, 鉄材, 機械類
　——のイギリスからの輸出高（額）（鉄工業資本主義の時代）………… 106-110
鉄道レール
　主要国の——の輸出高（1901-10 年）……………………………………… 138

──への鋼の採用（重工業資本主義の時代） ················· 150
　　────の結果，不況の長期化が ······················· 157
電信為替送金
　　────という方法の活用（重工業資本主義の時代） ············ 166

ト

ドイツ
　　イギリス製銑鉄の──の輸入高の増大（1875-1896年） ·········· 140-141
　　──からの重要な資本輸出先の地域（重工業資本主義の時代） ······· 214
　　国際カルテルに参加した──の業者（同上） ··················· 138
　　──系海外銀行の南アメリカでの活動（同上） ················· 207
　　──政府による通商条約の締結（1890年代） ·················· 222
　　1880年代には──も資本輸出国に ···························· 210
　　──の植民地への資本輸出をめぐる国際的提携（重工業資本主義の時代） ···· 216-217
　　──の対ロシア資本輸出と通商との関係（同上） ··············· 213-214
　　──の鉄鋼業に関する統計数字（重工業資本主義の時代） ········· 134-138, 140-141, 143
　　──の鉄道業はアメリカ合州国，フランス，ベルギーからも機関車を購入（1840年代） 91
　　──の鉄道建設（綿工業資本主義の時代） ····················· 90-91
　　──の鉄道建設と現地における近代的工業化の促進（鉄工業資本主義の時代） ····· 117
　　──の農業の構造変動（重工業資本主義の時代） ················ 169-170
　　ロンドンから資金的に支えられた──の資本輸出（重工業資本主義の時代） ····· 217
トーゴ［Togo; Togoland］(Former German Protectorate, Africa)
　　──の主要輸出産品と総輸出入額（1907年と1913年） ············ 195
　　──の鉄道建設の進展（重工業資本主義の時代） ················ 155
土地
　　──と世界資本主義 ·· 30-31
　　──銀行［不動産銀行］（綿工業資本主義の時代の合州国） ········· 79-80
トマス＝ギルクリスト製鋼法
　　ドイツや合州国における──の普及（重工業資本主義の時代） ······· 133
奴隷
　　世界の綿工業の発展とブラジルの──需要の増大（綿工業資本主義の時代） ····· 76-77
　　18世紀にアフリカから送り出された──の数 ···················· 49
　　ブラジルなどアメリカ大陸にアフリカから送られた──の数（1817-43年） ····· 76
奴隷貿易
　　イギリス政府による──禁止（1807年）以降も──は ············ 68, 76
　　──がなぜ近代的綿工業勃興の要因とされるのか ················ 49-50
奴隷労働
　　──に依拠した西インド諸島のプランテーションの繁栄と三角貿易の盛行が世界の綿工業成立の前提 ··· 50-53
　　──に依拠したのは合州国の棉花プランテーションだけではなかった ······· 67
　　──を一方のベースとしながら世界通商は発展（綿工業資本主義の時代） ······ 67
トルコ［Turkey; Türkiye］

イギリスの綿製品の輸出先としての——（同上）………………………… 62
　　——における鉄道建設（重工業資本主義の時代）………………… 217-218
　　——におけるヨーロッパ系海外銀行の活動（同上）……………… 206-207

ナ

ナイジェリア［Nigeria］(Africa)
　　——のイギリスやドイツとの通商関係（1907年と1913年）……… 196-197
　　——の公債発行残高（1913年）…………………………………………… 208
　　——の主要輸出産品と総輸出入額（1907年と1913年）………………… 195
　　——の鉄道建設の進展と鉄道延長路線（1913年）………………… 155-156
南西アフリカ［German South West Africa; Deutsch-Südwestafrika; Namibia の旧称］
　　——における進出資本の国際的提携（重工業資本主義の時代）……… 217
　　——の主要輸出産品と総輸出入額（1907年と1913年）………………… 195
　　——の鉄道延長路線（1913年）………………………………………… 156

ニ

ニアサランド［Nyasaland; Malawi の旧称］
　　——の主要輸出産品と総輸出入額（1907年と1913年）………………… 195
　　——の鉄道建設の進展（重工業資本主義の時代）……………………… 155
　　——はタバコの新たな供給地になる（同上）…………………………… 176
西インド諸島
　　——における棉花プランテーションの開発……………………………… 50
　　——の砂糖プランター
　　　　——などの蓄えた富がリヴァプールやマンチェスターでの銀行の設立資金に … 51
　　　　——は海上保険事業に乗り出したり蒸気機関発明の研究資金を供与……… 52, 84
　　綿製品の輸出市場，棉花の供給地としての——（綿工業資本主義の時代）………… 62-63
日本
　　アジア市場に支えられた——における近代的工業化の進展（重工業資本主義の時代） 198
　　世界資本主義への——の包摂（鉄工業資本主義の時代）……………… 105
　　——の綿製品のアジア市場への進出（重工業資本主義の時代）…… 198-200
　　——も世界の綿工業の市場に（綿工業資本主義の時代）……………… 62
　　ロンドンで調達された資金で建設された——の鉄道の開通（1872年）……… 152
ニュージーランド
　　大型冷凍設備を装備した船舶がロンドン＝——間の定期運航に当たる（1883年）… 171
　　——からの酪農製品の供給の増大（重工業資本主義の時代）………… 175
　　——からの冷凍食肉のイギリスの輸入高（1885-1910年）…………… 172
　　大規模な食肉の屠殺冷凍工場が——でも発達（1880年代から）……… 171
　　——とカナダとが海底電線で結ばれる（1902年）……………………… 165

事項索引　269

ネ

熱帯・亜熱帯産品
　プロシア, オーストリア, ロシアにおける――の直接輸入増大の傾向はなぜ生じたか (綿工業資本主義の時代) ……………………………………………………………　75

ハ

バグダード [Bagdad; Baghdad] (Iraq)
　――鉄道会社→［企業名索引］
　――への投資をめぐる国際的提携の頓挫 (重工業資本主義の時代) ……　218
バタビア [Batavia; Djakarta (Jakarta) の旧称] (Java, Indonesia)
　――が海底電線で結ばれる (1870 年) ……………………………………　165
　――周辺の砂糖生産は中国人労働者依存の態勢に (18 世紀) ……………　179
　――と茶やコーヒーの生産地帯とが鉄道で連結 (1873 年) ………………　153
発展段階史観
　――の見直し ……………………………………………………　36-40, 229-230
バーバリ諸国 [Barbary States] (North Africa)
　世界の綿工業の輸出先としての―― (綿工業資本主義の時代) ……………　62
　1870 年までに鉄道建設が進んでいた――の地域 …………………………　153-154
パリ
　――から (へ) の鉄道の建設は国際的資金供給に大きく支えられて (綿工業資本主義の時代) …………………………………………………………　87-89
　――の外港であるルアンにイギリスの鉄道建設請負業者が機関車製造工場を設立 (鉄工業資本主義の時代) ………………………………………………　118
パリ国際金融市場
　――とロンドン世界金融市場との関係………………………………………　4, 73
　ベアリング社の――との係わり ………………………………………　73, 115
　――をも活動の拠点としたロスチャイルド…………………………………　73, 115

ヒ

東インド
　――からのジュート類の世界市場への輸出の増加は, アジア圏内の通商増大の要因に (重工業資本主義の時代) ………………………………………………………　200
　飢餓の――の出現 (綿工業資本主義の時代) ………………………………　96
　――産キャリコに対する西アフリカなど熱帯地域からの需要の増大がイギリスにおける綿工業勃興の契機……………………………………………………　50
　――産綿製品のアジア市場への供給の増大 (重工業資本主義の時代) ……　198-200
　主要国との――の通商関係の推移 (1870-1909 年) …………………………　187
　――における近代的工業化の進展 (重工業資本主義の時代) ………………　198

——の鉄道建設
　　　現地の経済水準と不釣合いな———（鉄工業資本主義の時代）………… 122
　　　——の主目的（ランカシア綿業資本の利益のために）（同上）……… 119-120
　　　——のための資金調達（同上）…………………………………………… 116
　　　——のための鉄道資材の供給（同上）……………………………… 121-122
　　　——の——にとっての意義（同上）………………………………… 122-123
　　　——はイギリスの鉄道関連工業の発展を支える（同上）………… 121-122
　　　——は現地の近代的工業化を促進する契機になったか（同上）……… 123
　　——の棒鋼の輸入元（1904/5 年と 1912/13 年）……………………………… 185
　　——へのインドネシアからの砂糖の輸出の増大（重工業資本主義の時代）… 200
　　——へのビルマからの米の輸出の増大（同上）……………………………… 200
　　ヨーロッパ全域への綿花供給地のうち——の占める割合（1861-6 年）…… 127
非鉄金属
　　——部門の重要性の増大（重工業資本主義の時代）…………………… 148-149
　　——＝自然環境破壊の時代の始まり…………………………………………… 150
　　——類のイギリスの輸入高（1880-1910 年）…………………………………… 149

フ

不定期航行の貨物船
　　——の増大（重工業資本主義の時代）……………………………… 164-165
ブラジル
　　——からのコーヒーや砂糖の輸出の増大（綿工業資本主義の時代）… 76-77
　　——政府債の発行（同上）………………………………………………… 71, 77
　　多額の——が、——のイギリスからの綿製品の大量輸入の資金的な支えに（同上）……… 77
　　——におけるヨーロッパ系海外銀行の活動（重工業資本主義の時代）…… 207
　　——に多数の奴隷が送り込まれるようになったのは（綿工業資本主義の時代）… 76-77
　　——の鉄道建設は現地の近代的工業化を促進する契機になったか（重工業資本主義の時代）………………………………………………………………… 160
　　——は輸入したイギリスの綿製品の約 3 分の 1 を奴隷供給地であるアフリカに再輸出（綿工業資本主義の時代）……………………………………………… 77
フランクフルト［Frankfurt; Frankfurt am Main］(Germany)
　　——国際金融市場
　　　　——からの合州国の鉄道に対する投資の増大（南北戦争後の 1860 年代）…… 114
　　　　——とロンドン世界金融市場との関係……………………………… 4, 73
　　　　——のロスチャイルド…………………………………………………… 73
　　　ラテン・アメリカ諸国の公債類の応募や利払いが——でもなされる（重工業資本主義の時代）……………………………………………………………… 209
フランス
　　エジプトや南アメリカなどに進出した——系海外銀行（重工業資本主義の時代）………………………………………………………………………… 206-207
　　——からの資本輸出の地域的分布（同上）………………………………… 214

事項索引　271

　　——からのバグダード鉄道への投資 (同上) ……………………………………… 218
　　——からのラテン・アメリカへの長期投資残高 (1902 年, 1913 年) …………… 209
　　——とロシアとの投資と通商の関係 (重工業資本主義の時代) ………………… 213
　　——において資本金の 8 分の 5 の公募を行なったロシア＝中国銀行(1895年) ………… 161-162
　　——の機関車製造工場に国外から資本や技術が導入され，製造の機関車はドイツにも供
　　　給される (綿工業資本主義の時代) …………………………………………………… 91
　　——の鉄鋼業に関する統計数字 (重工業資本主義の時代) ……………… 134-138, 140, 143
　　——の鉄道建設
　　　————に対するイギリスからの資金や鉄道資材などの供給 (綿工業資本主義の時代)
　　　　　　　　　　　　　　　　　　　　　　　　　　　　　　　　　　　　　　　 88-89
　　　————の資金調達に係わったベアリング社 (綿工業資本主義の時代) ……………… 115
　　ロシア＝中国銀行の設立に参加した——などの金融業者 (重工業資本主義の時代) … 162
　　ロンドンに支店を開設した——などの主要な銀行 (同上) ………………………… 202
フランス領インドシナ [French Indochina; Indochine française] (Asia)
　　——からのシンガポールの米の輸入高 (1875-1910 年) …………………………… 181
　　——の鉄道延長路線 (1913 年) ……………………………………………………… 153
　　——へはフランスからの資本輸出が主要な位置を占めた (重工業資本主義の時代) …… 215
フランス領ギニア [French Guinea; Guinée française] (Africa)
　　——の主要輸出産品と総輸出入額 (1907 年と 1913 年) ……………………… 195-196
　　——の鉄道建設の進展と鉄道延長路線 (1913 年) …………………………… 155-156
フランス領赤道アフリカ [French Equatorial Africa; Afrique Équatoriale française]
　　——の主要輸出産品と総輸出入額 (1907 年と 1913 年) ……………………… 195-196
　　——の鉄道建設の進展 (重工業資本主義の時代) …………………………………… 155
プロシア
　　——における機械制綿織物工業の勃興 (1820 年代後半) ……………………………… 74
　　——における鉄道建設の進展 (綿工業資本主義の時代) ……………………………… 90
　　——はナポレオン戦争後ロンドン世界資本市場で政府債を発行 ……………………… 74-75
　　——は熱帯・亜熱帯産品をイギリスを介さないで直接購入する傾向を強める (1820 年代)
　　　　　　　　　　　　　　　　　　　　　　　　　　　　　　　　　　　　　　　 75

へ

ベアリング社 [Baring Brothers & Co.]
　　——が第 2 合州国銀行に認めた銀行手形の振り出しと〈オープン・クレジッツ〉(綿工業資
　　　本主義の時代) ……………………………………………………………… 64-65, 95-96
　　——による第 2 合州国銀行を介しての棉花手形の買い取り (同上) ……………… 64, 95
　　——によるブエノスアイレス債やヨーロッパ諸政府債の発行 (同上) ………… 70-71, 78
　　——はパリのオッタンゲル社やアムステルダムのホープ社と提携し，合州国の金融市場
　　　を支配する (同上) …………………………………………………………………… 73
　　——も合州国の鉄道会社のロンドンでの社債発行に大きく係わる (鉄工業資本主義の時
　　　代) …………………………………………………………………………………… 112
　　——も合州国の鉄道用鉄材の輸入業務に本格的に乗り出す (同上) ……………… 111
　　——もフランスやロシアの鉄道建設の資金調達にも係わっていく (同上) ………… 115

平炉鋼
　　主要国の鋼生産のうち——生産の占める割合 (1875-1910 年) ……………………… 135
ベッセマー転炉製鋼法の普及 (重工業資本主義の時代) …………………………………… 133
ペテルスブルク [St. Petersburg; Sankt Peterburg; Petrograd] (Russia)
　　——からの民間鉄道の開通 (1837 年) …………………………………………………… 90
　　——からワルシャワまでの鉄道の完成を目ざした大ロシア鉄道会社の国際的な資金調達
　　　　(1857 年) ………………………………………………………………………………… 115
　　——国際金融市場とロンドン世界金融市場との関係………………………………………   4
ベネズエラの資本主義という用語………………………………………………………………… 32
ベルギー
　　——の鉄鋼業に関する統計数字 (重工業資本主義の時代) …………… 134-138, 140, 143
　　ヨーロッパ大陸で先鞭をつけた——の鉄道建設 (綿工業資本主義の時代) ……… 86-87
ベルギー領コンゴ [Belgian Congo; Congo Belge; Zaire (Zaïre) の旧称]
　　——の主要輸出産品と総輸出入額 (1907 年と 1913 年) ……………………………… 195
　　——の鉄道建設の進展と鉄道延長路線 (1912 年) ……………………………… 155-156
ベルリン [Berlin] (Germany)
　　——国際資本市場でもラテン・アメリカ諸国の公債の応募や払いがなされる (重工業資
　　　　本主義の時代) ………………………………………………………………………… 209
　　——にてロシア=中国銀行と中国政府との間で東中国鉄道建設に関する契約が結ばれる
　　　　(1896 年) ………………………………………………………………………………… 161
ペルー
　　——に入った中国人労働者の数 (1847-74 年) ………………………………………… 179

ホ

ポルトガル
　　——の資本主義という用語……………………………………………………………………… 32
　　——の奴隷貿易商人の活動 (綿工業資本主義の時代) ………………………………… 68, 76
ポルトガル領ギニア [Portuguese Guinea] (Africa)
　　——の主要輸出産品と総輸出入額 (1907 年と 1913 年) ……………………………… 195
ポルトガル領西アフリカ→アンゴラ
ポルトガル領東アフリカ→モザンビーク
ボルネオ [Borneo] (Indonesia)
　　——の金鉱への中国人労働者の導入 (18 世紀) ………………………………………… 179
　　——の石油資源獲得のために…………………………………………………………………… 33
ボンベイ [Bombay] (India)
　　——からの 3 つの鉄道路線の建設はいずれも棉花地帯を目ざすものであった (鉄工業資
　　　　本主義の時代) ………………………………………………………………………… 120
　　スエズ=——間に海底電線が敷設される (1870 年) …………………………………… 165
　　——は主要鉄道幹線の起点に (鉄工業資本主義の時代) ……………………………… 152

マ

マダガスカル [Madagascar; Malagasy] (Africa)
　——からブラジルへの奴隷の輸送（綿工業資本主義の時代）……………… 76
　——の鉄道延長路線（1913 年）……………………………………………… 156
マーチャント・バンカーズ
　一般的な——の概史 …………………………………………………………… 31
　大物——宛に振り出された手形は世界金融市場において優位を占める…… 48
　大物——に主導された世界資本市場の再編成（重工業資本主義の時代）… 204
　大物——に主導された短期金融世界市場の再編成（同上）………………… 203
　大物——も単独では世界的な金融活動を展開していくことはできなかった…… 73
　——が係わったヨーロッパ大陸の鉄道建設（鉄工業資本主義の時代）…… 115-116
　——から供与された資金の源泉がヨーロッパの地方の農村からということも多々あった
　　（同上）……………………………………………………………………… 113
　合州国の鉄道会社への——からの資金供与（同上）………………………… 112
　合州国の鉄道用材の輸入業務に——が乗り出す（同上）…………………… 111
　短期金融世界市場において支配的地位を占めていた——が世界資本市場の担い手として
　　登場（綿工業資本主義の時代）…………………………………………… 69
　短期金融世界市場も長期金融世界市場もともに——が支配………………… 70
　——と他の金融機関との提携の強化（重工業資本主義の時代）…………… 202-203
　ナポレオン戦争後——は各国政府債の発行業務を行なった結果，当該国の通商の増大に
　　伴う利得も入手……………………………………………………………… 71
　ナポレオン戦争中——はイギリス政府債の大口引き受け業者としてロンドン資本市場を
　　支配…………………………………………………………………………… 69-70
　——は長期金融業務にさらに重点を（重工業資本主義の時代）…………… 204
　ロンドン世界金融市場における——の活動を保証したこの市場の〈自由〉…… 72
マラヤ（マレー半島）[Malaya; Malay Peninsula]
　シンガポールから——への米の輸出高（1875-1910 年）…………………… 182
　錫の産地の——が社会的分業の世界的編成の網の目に（重工業資本主義の時代）… 149
　——における最初の鉄道の開通（1885 年）と半島縦断鉄道の完成（1909 年）………… 153
　——の資源の獲得のために…………………………………………………… 32-33
　——の錫鉱山への中国人労働者の導入（重工業資本主義の時代）………… 179
マンチェスター [Manchester] (England)
　——と三角貿易や西インド諸島の砂糖プランテーションとの係わり……… 50-52
　——の綿製品市場価格は安定する傾向を強める（綿工業資本主義の時代）… 66-67
　リヴァプール＝——鉄道の開通（1830 年）………………………………… 85-86

ミ

南アフリカ [South Africa]
　——で業務活動を行なう帝国銀行の設立（1861 年から）………………… 203

——の鉱山業の労働力調達の困難克服の道（中国人契約労働者の導入にいたる）（重工業資本主義の時代）……………………………………………………………… 177-178
　　——の主要輸出産品と総輸出入額（1907年と1913年）………………………… 195
　　——の対外通商関係（イギリスやドイツとの）（同上）………………………… 196-197
　　——の鉄道建設の進展と鉄道延長路線（1913年）……………………………… 154-155
　　——への冷凍食肉の供給（重工業資本主義の時代）……………………………… 173
　　——連邦の公債発行高（1913年）………………………………………………… 208
南（ラテン・）アメリカ [South (Latin) America]
　　——からのイギリスの冷凍食肉輸入高（1885-1910年）………………………… 172
　　——諸地域の政府債の発行とこの地域の国際通商の増大（綿工業資本主義の時代）………… 71
　　——で事業活動を営む鉱山会社の設立（同上）…………………………………… 81-82
　　——に進出したヨーロッパ系海外銀行の提携と競争の関係（重工業資本主義の時代）
　　　……………………………………………………………………………… 206-207
　　——の鉄道の総延長キロ数（1840-65年）………………………………………… 104
南半球からの冷凍食肉の供給
　　イギリスへの——高（1885-1910年）……………………………………………… 172
　　——先は南アフリカやアジアなどにも及んだ（重工業資本主義の時代）……… 173
　　——に依存する態勢下のヨーロッパの畜産業（同上）…………………………… 173-174
　　——に依存する態勢に（同上）……………………………………………………… 172-173
ミュール紡績機
　　大型——と自動——の普及（1820年代）………………………………………… 61

メ

棉花
　　安価にして豊富な——が合州国から供給されたことの意義（綿工業資本主義の時代）
　　　……………………………………………………………………………………… 63-64
　　——が世界商品になることによって（同上）……………………………………… 64-66
　　東インドの——地帯（鉄工業資本主義の時代）…………………………………… 120
棉花飢饉
　　——の時期におけるランカシア綿工業地帯の状況（同上）……………………… 124
　　——の発生に伴う東インドやエジプトなどでの棉花耕作の増進（同上）……… 124-125
棉花手形
　　——の振り出し（綿工業資本主義の時代）………………………………………… 64, 95
綿工業資本主義の時代の歴史的位置……………………………………………… 97-99, 231
綿製品
　　ランカシアの資本主義的——の輸出比率と主要な輸出先（同上）……………… 62-63
　　イギリスから輸入した——の再輸出の見返りにアフリカから奴隷を大量に輸入したブラジル（同上）………………………………………………………………………… 77

モ

モザンビーク [Mozambique; Moçambique; Portuguese East Africa]

──からブラジルに送られた奴隷の数 (1817-43 年) ……………………… 76
　　──では 1878 年まで奴隷貿易が行なわれた ……………………………… 154
　　──の主要輸出産品と総輸出入額 (1907 年と 1913 年)………………… 195
　　──の鉄道延長路線 (1913 年) ……………………………………………… 156
　　──の北部の港湾都市の Moçambique (1879 年に敷設されたアデン＝ダーバン間の海底電
　　　線の中継地点) ……………………………………………………………… 165
モノカルチュア経済体制の発展
　　後進地域における──と世界通商の多角化 (重工業資本主義の時代) ………… 194-197
モロッコ [Morocco; Maroc; Marruecos] (Africa)
　　──の鉄道延長路線 (1913 年) ……………………………………………… 156

ヤ

椰子油
　　──の重要性の増大 (重工業資本主義の時代) …………………………… 175-176

ヨ

ヨーロッパ
　　──全域への棉花供給地のうちアメリカ合州国, 東インド, エジプトの占める割合 (1861-6
　　　年) ……………………………………………………………………………… 127
　　──の畜産業の構造変動 (重工業資本主義の時代) ……………………… 174
　　──の鉄道の総延長キロ数(1840-65 年) ………………………………… 104

ラ

酪農製品や魚肉
　　──の世界的な供給態勢の変化 (重工業資本主義の時代) ……………… 174-175
落花生
　　重要な世界商品となった西アフリカ産の──の買付け業務にリバー・ブラザーズ社が進出
　　　(重工業資本主義の時代) ………………………………………………… 176
　　〈──鉄道〉['Groundnut Railway']が開通して (1885 年)セネガルの──の輸出が増大
　　　……………………………………………………………………………… 156
ランカシアの (資本主義的な) 綿工業
　　──が出現したことによって世界経済全体が資本主義の体制に包摂されたことの意義 (綿
　　　工業資本主義の時代) ……………………………………………………… 66
　　──はどのような点から「世界の綿工業」とされるのか (同上) ………… 59-60, 62-63
　　──勃興の諸要因 ……………………………………………………………… 49-53

リ

リオデジャネイロ [Rio de Janeiro] (Brazil)
    アフリカからの奴隷のブラジル最大の輸入港であった―― (綿工業資本主義の時代) 76
    第2合州国銀行手形を用いて貿易商人は――でコーヒーや砂糖を有利に購入 (同上)
        .... 65, 96
    ――とロンドンとの電信の開通 (重工業資本主義の時代) 166
リヴァプール [Liverpool] (Merseyside, England)
    ――における奴隷輸送船の建造 (綿工業資本主義の時代) 68
    ――に設立された銀行の資金の源泉は三角貿易や砂糖プランテーションの経営によって蓄積された富 51
    ――の合州国への鋼材輸出商もこの国の鉄道建設のために発行された債券類を好んで受領 (鉄工業資本主義の時代) 111-112
    ――棉花取引所の開設 (1808年) 63
    棉花の世界相場は――で定まる (綿工業資本主義の時代) 66
力織機
    イギリスでは――の採用が急速に進んだことに条件づけられ大規模な紡織兼営が綿工業の支配的な経営形態に (同上) 62

レ

冷凍蔵食肉輸送船
    大型――の就航や大型屠殺冷凍工場の建設 (重工業資本主義の時代) 170-172

ロ

労働力商品の担い手
    ――はもっぱら国民的であるか (労働力の国際移動の問題) 29-30
ロシア
    イギリスの――からの小麦輸入高 (1879-1912年) 168
    イランにおける――系銀行の設立 (1891年) 205
    ――＝中国銀行の進出 (重工業資本主義の時代) 161-162
    ――の粗鋼生産高 (1871-1910年) 136
    ――の鉄道建設 90, 158
    ――――と現地における近代的工業化の進展 (重工業資本主義の時代) 159
    ――――と小麦輸出高増加との照応関係 (同上) 168
    ――は資本をフランスから近代的工業製品をドイツから輸入 (同上) 213-214
ロスチャイルド [The Rothschilds]
    ――が大物マーチャント・バンカーとしての地位を保ちえたのは 73
    合州国の鉄道会社のロンドンでの社債発行に大きく係わった―― (鉄工業資本主義の時代) 112

事項索引　277

　　1855年からイタリア,スペイン,オーストリア,スイスの鉄道建設の資金調達もした――
　　　　(同上) ･･･ 115
　　――とフランスの鉄道建設との係わり (綿工業資本主義の時代) ･･････････････････ 88
　　――とベルギー政府債発行との係わり (同上) ･････････････････････････････････ 87
　　――はナポレオン戦争後ヨーロッパ大陸の諸国やブラジルの政府債のロンドン市場での
　　　　発行業務を行なう (同上) ･･･ 70-71, 78
　　ブラジルは〈――の国〉と呼ばれるようになる (同上) ･･･････････････････････ 71
　　南アフリカの鉱山業への資金供与を行なった―― (重工業資本主義の時代) ･･･ 177, 217
ローデシア [Rhodesia] (Africa)
　　――における特許植民会社であるイギリス南アフリカ特許会社 (1889年設立) の活動
　　　　･･･ 223
　　――の主要輸出産品と総輸出入額 (1907年と1913年) ････････････････････････ 195
　　――の鉄道延長路線 (1913年) ･･ 156
ロンドン
　　――において棉花を除く農林世界商品の市場価格が定められる (綿工業資本主義の時代)
　　　　･･ 66
　　――には世界中の商人や金融業者が進出し,そこに世界の商業情報が集中する ･･･ 73-74
　　　　――傾向は世界的な電信網の発達に伴いいっそう強まる (重工業資本主義の時代)
　　　　･･･ 166-167
　　――は世界の海上保険事業のセンターに (綿工業資本主義の時代) ･････････････ 74
ロンドン世界金融市場
　　――と他の国際金融市場との関係 (同上) ･･････････････････････････････ 4, 72-73
　　――におけるマーチャント・バンカーズの位置 (同上) ･･････････････････････ 69-70
　　――はまずは世界の短期金融市場として成立し,それを基盤に長期金融世界市場に (同
　　　　上) ･･ 68-71

著者紹介

入江節次郎（いりえ・せつじろう）

1921年岡山市に生まれる。1944年東京帝国大学法学部卒業（旧制の岡山一中・六高を経て）。同志社大学名誉教授、経済学博士。専攻・世界経済史。2014年逝去。

主　著　『独占資本イギリスへの道』（ミネルヴァ書房）
　　　　『帝国主義論序説』（ミネルヴァ書房）
　　　　『帝国主義論への道』（ミネルヴァ書房）
　　　　『帝国主義の解明』（新評論）
　　　　『イギリス資本輸出史研究』（新評論）
　　　　『世界金融史研究』（藤原書店）
編　著　『世界経済史』（ミネルヴァ書房）
共編著　『帝国主義研究Ⅰ 帝国主義論の方法』（御茶の水書房）
　　　　『帝国主義研究Ⅱ 帝国主義の古典的学説』（御茶の水書房）
　　　　『講座 西洋経済史 Ⅲ 帝国主義』（同文舘出版）

世界経済史の方法と展開
──経済史の新しいパラダイム（1820-1914年）──

2002年 2月28日　初版第 1 刷発行 ⓒ　入江節次郎 2002
2024年 7月20日　初版第14刷発行

著　者　入　江　節次郎
発行者　藤　原　良　雄
発行所　株式会社　藤　原　書　店

〒162-0041　東京都新宿区早稲田鶴巻町523
　　　　　　電　話　03（5272）0301
　　　　　　FAX　03（5272）0450
　　　　　　振　替　00160-4-17013
　　　　　　info@fujiwara-shoten.co.jp

印刷・製本　モリモト印刷

落丁本・乱丁本はお取替えいたします　　Printed in Japan
定価はカバーに表示してあります　　ISBN978-4-89434-273-6

日本経済改革の羅針盤

五つの資本主義
（グローバリズム時代における社会経済システムの多様性）

B・アマーブル
山田鋭夫・原田裕治ほか訳

THE DIVERSITY OF MODERN CAPITALISM
Bruno AMABLE

市場ベース型、アジア型、大陸欧州型、社会民主主義型、地中海型──五つの資本主義モデルを、制度理論を背景とする緻密な分類、実証をふまえた類型化で、説得的に提示する。

A5上製 三六八頁 **四八〇〇円**
（二〇〇五年九月刊）
◇978-4-89434-474-7

「大東亜共栄圏」の教訓から何を学ぶか？

脱デフレの歴史分析
（「政策レジーム」転換でたどる近代日本）

安達誠司

明治維新から第二次世界大戦まで、経済・外交における失政の連続により戦争への道に追い込まれ、国家の崩壊を招いた日本の軌跡を綿密に分析、「平成大停滞」以降に向けた指針を鮮やかに呈示した野心作。

第1回「河上肇賞」本賞受賞

四六上製 三二〇頁 **三六〇〇円**
（二〇〇六年五月刊）
◇978-4-89434-516-4

生きた全体像に迫る初の包括的評伝

ケインズの闘い
（哲学・政治・経済学・芸術）

G・ドスタレール
鍋島直樹・小峯敦監訳

KEYNES AND HIS BATTLES
Gilles DOSTALER

単なる業績の羅列ではなく、同時代の哲学・政治・経済学・芸術の文脈のなかで、支配的潮流といかに格闘したかを描く。ネオリベラリズムが席巻する今、「リベラリズム」の真のあり方を追究したケインズの意味を問う。

A5上製 七〇四頁 **五六〇〇円**
（二〇〇八年九月刊）
◇978-4-89434-645-1

世界の「いま」

パラダイム・シフト 大転換
（世界を読み解く）

榊原英資

サブプライム問題、原油高騰として現実化した世界の混乱。国際金融に通暁しつつも、金融分野に留まらない幅広い視野から、金融の過剰な肥大化と経済の混乱にいち早く警鐘を鳴らしてきた〝ミスター円〟。ニュースや株価だけでは見えない、いま生じつつある世界の大転換の本質に迫る！

対談＝山折哲雄＋榊原英資

四六上製 二八八頁 **一九〇〇円**
（二〇〇八年六月刊）
◇978-4-89434-634-5